O MUNDO EM JOGO

HANNAH ARENDT

Durante o processo de edição desta obra, foram tomados todos os cuidados para assegurar a publicação de informações técnicas, precisas e atualizadas conforme lei, normas e regras de órgãos de classe aplicáveis à matéria, incluindo códigos de ética, bem como sobre práticas geralmente aceitas pela comunidade acadêmica e/ou técnica, segundo a experiência do autor da obra, pesquisa científica e dados existentes até a data da publicação. As linhas de pesquisa ou de argumentação do autor, assim como suas opiniões, não são necessariamente as da Editora, de modo que esta não pode ser responsabilizada por quaisquer erros ou omissões desta obra que sirvam de apoio à prática profissional do leitor.

Do mesmo modo, foram empregados todos os esforços para garantir a proteção dos direitos de autor envolvidos na obra, inclusive quanto às obras de terceiros e imagens e ilustrações aqui reproduzidas. Caso algum autor se sinta prejudicado, favor entrar em contato com a Editora.

Finalmente, cabe orientar o leitor que a citação de passagens da obra com o objetivo de debate ou exemplificação ou ainda a reprodução de pequenos trechos da obra para uso privado, sem intuito comercial e desde que não prejudique a normal exploração da obra, são, por um lado, permitidas pela Lei de Direitos Autorais, art. 46, incisos II e III. Por outro, a mesma Lei de Direitos Autorais, no art. 29, incisos I, VI e VII, proíbe a reprodução parcial ou integral desta obra, sem prévia autorização, para uso coletivo, bem como o compartilhamento indiscriminado de cópias não autorizadas, inclusive em grupos de grande audiência em redes sociais e aplicativos de mensagens instantâneas. Essa prática prejudica a normal exploração da obra pelo seu autor, ameaçando a edição técnica e universitária de livros científicos e didáticos e a produção de novas obras de qualquer autor.

FINA BIRULÉS

Traduzido do catalão por **Luis Reyes Gil**

O MUNDO EM JOGO

HANNAH ARENDT

Copyright © Editora Manole Ltda., 2025.
Amarilys é um selo editorial Manole.

Copyright © 2023 by Fina Birulés
Título original: *Hannah Arendt: el món en joc*
Publicado originalmente em catalão pela Arcàdia

Edição em língua portuguesa publicada por meio de contrato com MB Agencia Literaria S.L.
A tradução desta obra contou com o apoio do Institut Ramon Llull

Editora: Lívia Oliveira
Projeto gráfico: Departamento Editorial da Editora Manole
Tradução: Luis Reyes Gil
Diagramação: Amarelinha Design Gráfico
Capa: Ricardo Yoshiaki Nitta Rodrigues

CIP-BRASIL. CATALOGAÇÃO NA PUBLICAÇÃO
SINDICATO NACIONAL DOS EDITORES DE LIVROS, RJ

B524b

    Birulés, Fina, 1956-
    Hannah Arendt: o mundo em jogo / Fina Birulés; traduzido do catalão por Luis Reyes Gil. – 1. ed. – Barueri [SP]: Amarilys, 2025.
    232 p. ; 23 cm.

    Tradução de: Hannah Arendt: el món en joc
    Inclui bibliografia e índice
    ISBN 9788520468135

    1. Arendt, Hannah, 1906-1975. 2. Ciência política – Filosofia. I. Gil, Luís Reyes. II. Título.

25-96331
                        CDD: 320.01
                        CDU: 321.01

Meri Gleice Rodrigues de Souza – Bibliotecária – CRB-7/6439

04/02/2025 10/02/2025

Todos os direitos reservados.
Nenhuma parte deste livro poderá ser reproduzida,
por qualquer processo, sem a permissão expressa dos editores.
É proibida a reprodução por fotocópia.

A Editora Manole é filiada à ABDR – Associação Brasileira
de Direitos Reprográficos

Edição – 2025

Editora Manole Ltda.
Alameda Rio Negro, 967 – cj 717
Alphaville – Barueri – SP
CEP 06454-000
Fone: (11) 4196-6000
www.manole.com.br | https://atendimento.manole.com.br/

Impresso no Brasil
Printed in Brazil

Sumário

Introdução VII
1. Considerações preliminares a partir de uma entrevista 1
   Filosofia política: um oxímoro? 1
   Língua e exílio 6
   Uma judia alemã 10
   O desejo de compreender 14
2. O totalitarismo, um fenômeno sem precedentes 18
   Elementos que se cristalizaram no totalitarismo 20
   O acontecimento esclarece seu próprio passado 30
   Terceiro movimento totalitário e as mudanças
   de significado da lei 33
   Isolamento e solidão 38
   Pensar em campo aberto 44
3. Em torno do mundo 47
   Elogio da artificialidade 50
   Companhias para o pensamento. Lessing e
   a literatura 52
   Sócrates, um cidadão reflexivo e um pensador
   pré-filosófico 61
   Um passado para o presente. Educação e autoridade 69
4. A especificidade da política 77
   Pensar sobre o que fazemos 77
   Espaço público e liberdade política 84
   Sobre a pluralidade e a natalidade 90

5. Crise 98
   A qualidade da culpa ou Arendt sobre Eichmann 101
   O lugar da verdade e da mentira no mundo moderno ... 119
   A figura do pária e os sem-mundo 128
   Sobre a especificidade da violência humana 138
   Desobediência civil e responsabilidade 143

6. Em consideração ao mundo 149

Notas 157
Índice onomástico 209
Sobre a autora 219

Introdução

Nos últimos anos, Hannah Arendt se tornou uma das autoras mais citadas e estudadas; são conhecidas e elogiadas a sua aposta em pensar a *vita activa* e a política a partir da categoria de natalidade, a sua análise dos regimes totalitários, a escandalosa – em seu momento – expressão "banalidade do mal" ou, por fim, suas reflexões em torno da república e do tesouro perdido da tradição revolucionária. Seria possível dizer, quase cinquenta anos após sua morte, que estamos em pleno processo de reabilitação ou, até mesmo, de normalização de um pensamento, por outro lado e, paradoxalmente, não domesticável, nem fácil de reduzir aos lugares-comuns do discurso contemporâneo.[1] Certamente, a estratégia conceitual dessa pensadora dificulta situá-la em algum dos escaninhos nos quais costumamos ordenar o saber acadêmico ou as tradições filosóficas contemporâneas.

Como é sabido, suas reflexões partem da constatação de que os fatos do totalitarismo comportaram uma situação na qual era preciso lavrar ata da heterogeneidade das velhas ferramentas conceituais e da experiência política do século XX. Para Arendt, a ruptura do fio da tradição deixou de ser uma questão pertinente apenas à história das ideias e se tornou um fato de importância política. A falência já podia ser detectada na desconexão das gerações tão logo terminou a Primeira Guerra Mundial, "mas não se havia cumprido, já que a consciência da ruptura pressupunha ainda a lembrança da tradição, coisa que, em princípio, tornava reparável a desconexão. A quebra foi produzida pela primeira vez após a Segunda Guerra Mundial, quando já não era percebida".[2] Por isso Arendt fala de um "pensar sem corrimão", e sua obra se caracteriza não só por uma feroz independência intelectual, mas pela presença de uma multiplicidade de registros ou idiomas, uns procedentes do debate filosófico e das ciências sociais, outros da literatura, especialmente da poesia. Os escritos de Arendt não são, portanto, fruto de um esforço de recordar ou recuperar os grandes princípios ou as grandes perguntas, mas de uma teimosa e lúcida vontade de compreender e da pesquisa de formas de pensamento e de organização política que fazem falta ao mundo moderno: um tempo marcado pelas transtornadoras experiências políticas, em particular as de duas guerras mundiais, dos regimes totalitários e da ameaça de uma guerra atômica.[3] De fato, seu pensamento é de caráter tentativo, não tem uma finalidade conceitual, como a filosofia, nem aspira a uma clausura explicativa, como fazem a história e com frequência a teoria política, já que o foco se encontra no presente, ou melhor, entre passado e presente.

Arendt nunca escreveu duas vezes o mesmo livro, nem escreveu dois livros consecutivos a partir do mesmo ponto de vista, o que faz da sua obra um experimento de pensamento continuado e inacabado.[4] Efetivamente, nela não encontramos uma vontade de sistema, e sim um gesto de partir da experiência, de deixar-se interpelar e repensar. Daí que suas reflexões planteiem questões que ainda reclamam nossa atenção, não tanto pelas suas respostas como pelo rigor e a coragem de suas interrogações.[5] Por volta do final de sua vida, afirma: "Tudo o que fiz e escrevi é provisório. Considero que todo pensamento – a maneira em que eu me permiti pensar talvez seja um pouco desmesurada, extravagante – tem a marca de ser experimental".[6]

Ao longo das páginas seguintes, ilumina-se a atualidade dessa pensadora que não apenas pode intervir com voz própria em alguns dos nossos debates como também questionar os termos em que estão propostos. Não obstante, seria um erro considerá-la simplesmente uma pensadora radical adequada à nossa época. Suas respostas podem não satisfazer necessariamente nossas expectativas, mas seus "experimentos de pensamento" nos surpreendem pela honestidade e porque quase sempre projetam luz onde não olhávamos e nos obrigam a julgar nossos enfoques a partir de outra perspectiva. Nesse sentido, considero importante não correr a renunciar aos autores e autoras dos quais nos nutrimos, como parece que somos às vezes convidados a fazer a partir do que poderíamos chamar de "consenso pós--colonial",[7] posto que, como a própria Arendt nos lembra e como veremos, sempre pensamos a partir das palavras herdadas, e fazê-lo também é perguntarmo-nos como fazê-las servir e revisá-las hoje.

No transcurso deste livro iremos entrever também uma figura que, diante dos fatos do presente que viveu, não se dobrou à própria filosofia, nem negou o mundo, e que tampouco se entregou à melancolia,[8] mas tratou de compreendê-los em sua especificidade; em suas mãos, a compreensão se torna uma tarefa infindável que nos acompanha ao longo da vida e nos ajuda a conseguir que o mundo não se nos torne alheio. O epitáfio que Sheldon Wolin sugeriu, "Viveu a vida teórica, o *bios theoretikos*", nos oferece alguma pista importante sobre seu pensamento, se levamos em conta que, embora breve, essa legenda não é de modo algum simples: viver a vida teórica não consiste apenas em buscar a verdade, mas em dizê-la, em contá-la. De fato, podemos afirmar que, como teórica, Arendt foi uma *truth-teller*.[9]

Hannah Arendt: o mundo em jogo reúne alguns dos "trens de pensamento" (*trains of thought*) de Arendt pelos quais me interessei nos últimos anos. O resultado é um conjunto de reflexões feitas quase em forma de círculos concêntricos ao redor de duas categorias, "mundo" e "natalidade", que permitem iluminar aspectos menos abordados de seu pensamento. Consiste em um pensamento sempre aberto e sem nenhuma vontade de confluir em uma filosofia política acabada; antes, propõe-se realizar uma tarefa humilde e corajosa: partir e deixar-se interpelar pela experiência. Envolvidos em "mundo" e "natalidade" encontramos boa parte dos fios e dos problemas que ocuparam Arendt ao longo de sua vida, nos quais podemos descobrir um pensar que se tece e destece de modo incessante e incansável.

As cinco partes do livro apresentam diferentes percursos, e giram em torno de questões vinculadas ao fato de que sempre nascemos num mundo que já existia antes da nossa chegada. A primeira, "Considerações preliminares a partir de uma entrevista", com base na conhecida conversa que Arendt manteve com Günter Gaus para o programa da televisão alemã ocidental "Zur Person",[10] pretende ser um perfil biográfico e uma caracterização da obra dessa pensadora, ao mesmo tempo que uma tentativa de apresentar seus "exercícios de pensamento" ligados à implacável vontade de compreender os acontecimentos do seu tempo, que a caracterizava, e as experiências com as quais se viu confrontada.

A segunda parte, "O totalitarismo, um fenômeno sem precedentes", mostra a forma propositalmente pouco ortodoxa da tentativa arendtiana de compreender e aproximar-se do totalitarismo. Assim, aponta para o fato de que do seu gesto de isolar os elementos que cristalizaram a emergência dos regimes totalitários aflora uma espécie de roteiro para a reflexão sobre "tempos sombrios", um roteiro complexo, difícil de catalogar e que entrevemos na sua obra posterior.

"Em torno do mundo" e "A especificidade da política", que constituem a terceira e quarta partes do volume, propõem questões derivadas da maneira como Arendt entrelaça natalidade, pluralidade e mundo, junto com as diversas tentativas de repensar o sentido, a especificidade e a dignidade da política. A condição de natais, malgrado não ter sido escolhida nem estar nas nossas mãos, dá sentido à nossa existência, de maneira que no centro do tratamento arendtiano da política não encontramos a questão do sujeito nem a questão social, e sim o mundo. Nestas páginas, destaca-se que, para Arendt, o mundo é um tecido de relações, caracterizado pelo seu caráter temporal, contingente e frágil, e ao mesmo tempo é o espaço que emerge *entre* os que o habitamos e que, como veremos, tanto nos vincula quanto nos separa. Ao considerar que este *entre* permite a liberdade política e a pluralidade, Arendt nos obriga a repensar o lugar que habitualmente designamos aos limites e à interdependência.

Em Arendt, a pergunta sobre o sentido da política vai sempre acompanhada por um diagnóstico do próprio tempo; um tempo em que não há nada mais duvidoso que a nossa atitude em relação ao mundo. Por isso ela procura, por exemplo, com a companhia de Sócrates ou de Lessing, vias para um pensar pré-filosófico do mundo comum ou para articular perguntas como: até que ponto continuamos comprometidos com o mundo, quando ele nos expulsou ou nos retiramos dele?

A quinta parte entra em algumas intervenções públicas de Arendt na década dos anos 1960 e início da década seguinte. A palavra "crise", que dá título a esta parte, não costuma figurar na rede conceitual com a qual costumam ser feitas as aproximações ao pensamento arendtiano; em contrapartida, ao mostrá-lo como um dos nós que vibram nos seus ensaios daquele período, não somente se faz referência à crise que naquele momento vivia a república norte-americana[11]. Nesses textos, muitos deles fruto da sua participação em debates públicos, Arendt lembra que cada crise é uma oportunidade para voltar a refletir e ao mesmo tempo uma perda, um pedaço de mundo que afunda. Ao prestar atenção à palavra *crise*, lança luz em problemas do seu presente que ainda ressoam em alguns dos nossos: o tratamento dos excluídos, a identificação das figuras sem mundo, o lugar da mentira política, a preocupação com uma realidade comum, a tentação da violência nos movimentos em favor dos direitos civis, ou a desobediência civil e sua criminalização.

A última parte do livro constitui uma espécie de epílogo no qual são retomados alguns dos trens de pensamento de Arendt que procurei acompanhar nas páginas precedentes, especialmente aqueles que evidenciam o equilíbrio precário entre pensamento e ação, o caráter aberto das suas reflexões, e seus gestos em favor do mundo. Todos eles passam fundamentalmente por tentar compreender o que acontece, levando em conta a resistência que a realidade opõe diante das ferramentas que costumamos utilizar para compreendê-la. Isso explica as guinadas paradoxais das suas sequências de pensamento que se ramificam e se estendem aqui e ali.

Em "Em consideração ao mundo", mostra que os gestos em favor do mundo têm a ver tanto com a ação quanto com a compreensão, isto é, com os nossos intentos de "dizer o que é", de "contar a verdade". Daqui, volta-se ao lugar que Arendt concede ao relato, à narração, ao nexo conflituoso entre natalidade e esperança e à sua busca, flanqueada por Walter Benjamin e Isak Dinesen, de outra forma de relação com o passado, uma vez que a fratura irreversível da tradição deixou uma brecha entre o passado e o futuro que é preciso repensar a fim de não habitar um presente absoluto, sem projetos nem memória.

*

Este livro não teria sido possível sem os convites para falar em diversos fóruns e sem o que me foi ensinado por muitos anos de trabalho e de debate no âmbito do Seminário Filosofia e Gênero-ADHUC da Universidade de Barcelona. Agradeço a Àngela Lorena Fuster e a Elena Laurenzi pela ajuda, pelas sugestões e pelas pacientes leituras; à Arcàdia, por ter proposto a mim a publicação deste livro e por ter me acompanhado na edição. Da mesma forma, agradeço à Editora Amarilys por acolher sua tradução e a Luis Reyes Gil pelo trabalho minucioso de verter suas páginas para a língua portuguesa.

1
Considerações preliminares a partir de uma entrevista

Filosofia política: um oxímoro?

> *A única coisa que posso dizer é que sempre soube que estudaria filosofia, desde que tinha catorze anos [...] De alguma maneira a questão para mim era: ou posso estudar filosofia ou me atiro pela janela.*
> HANNAH ARENDT

DAS ESTANTES DE LIVROS DA CASA DE SUA FAMÍLIA e aos catorze anos de idade, Arendt havia lido Kant, Kierkegaard e Jaspers. Posteriormente realizou estudos universitários de filosofia, como primeira especialização, e, além disso, de teologia cristã e língua grega em Marburg, Heidelberg e Friburgo. Heidegger, Bultmann e Jaspers foram alguns de seus professores.[1] Em 1928 concluiu o doutorado com uma tese sobre "O conceito de amor em Agostinho de Hipona", na qual se percebe certa influência de Heidegger, apesar de ter sido orientada por Karl Jaspers.[2] Heidegger e Jaspers foram seus dois grandes mestres. O primeiro era o jovem professor que no início dos anos 1920 fascinava os estudantes que queriam aprender a pensar; Arendt assistiu aos seus seminários, nos quais teve contato, entre outros, com Hans Jonas, Karl Löwith, Elisabeth Blochmann, Herbert Marcuse e Günter Stern.[3] Como se sabe desde que Elisabeth Young-Bruehl tornou isso público em 1982, a jovem estudante Arendt e seu professor iniciaram uma relação sentimental. Com as circunstâncias políticas e a ascensão ao poder dos nazistas, a relação foi interrompida e os dois só voltaram a se ver em 1950.[4] Em contrapartida, Karl Jaspers, seu antigo orientador de tese e companheiro de Heidegger na rejeição dos aspectos bem estabelecidos da filosofia universitária, continuará sendo seu amigo intelectual e pessoal até a morte dele, como mostra sua interessante e contínua correspondência.[5]

Cabe recordar que, apesar de ter estudado filosofia e de perfilar-se como uma figura que prometia uma notável carreira acadêmica, em diversas ocasiões ao longo de sua vida Arendt se opôs a que se utilizasse a definição "filosofia política" para se referir à tarefa que desenvolvia: preferia a denominação de "teoria política". Embora hoje, no contexto do crescente interesse pela sua obra, a tendência seja deixar de lado essa recusa ou não lhe conceder relevância na hora de resenhar a especificidade de seu pensamento, considero que levar em conta suas palavras abre para nós uma via para entender seu itinerário de reflexão. Na entrevista de 1964, afirma de maneira categórica que não é uma filósofa. Entre muitos outros motivos para justificar essa recusa, dois são essenciais para entender sua obra: primeiro, Arendt considerava que entre a filosofia e a política – entre teoria e práxis – há uma tensão não eliminável, e, em segundo lugar, não compartilhava a secular animosidade dos filósofos em relação à política e pretendia olhar a política com "olhos não turvados pela filosofia". Certamente, considerava que a maior parte da filosofia, de Platão até Marx, pode ser interpretada sem dificuldade como fruto das diversas tentativas de encontrar bases teóricas e formas práticas que permitam escapar totalmente da política.[6] De modo que, ao asseverar que não era filósofa, assinalava que não se sentia herdeira do legado da tradição da filosofia.

A afirmação de não pertencer ao círculo dos filósofos, longe de indicar que ignorasse uma tradição da qual provinha e na qual se movia comodamente, tem a ver com uma possível forma de assinalar questões que serão centrais em seu pensamento, como a busca pela especificidade e pela dignidade da liberdade política ou a pergunta a respeito de qual é o sentido da política (questões que não pertencem à tradição da filosofia política nem brotaram dela).[7] Isso não quer dizer, porém, que sua maneira de conduzir a reflexão sobre a política se desenvolva numa luta frontal com a filosofia, e sim num diálogo com ela a partir das margens. Como diz na entrevista com Günter Gaus: "Naquilo que me consta, disse um adeus definitivo à filosofia. Estudei filosofia, como o senhor deve saber, mas isso não implica que continue me dedicando a ela".[8] Seu interesse radica mais em encontrar uma "nova ciência da política",[9] uma nova maneira de pensar a política e de sublinhar a dignidade, e não tanto em destacar detalhadamente os limites da tradição filosófica.[10]

O que Arendt nomeia como seus "trens de pensamento" parte quase sempre dos fatos e experiências que lhe coube viver e da sua vontade de compreendê-los. Quando em 1951 publica *As origens do totalitarismo*, livro no qual trata de identificar os elementos que se cristalizaram no surgimento dos governos totalitários e que a tornará conhecida nos Estados Unidos, Arendt já anunciara o fim da tradição e, consciente de que esse colapso nos deixa fora, à intempérie, decidiu trabalhar com fragmentos e adotar uma via experimental, à qual se manteria fiel ao longo da vida. Por volta do final, comentou: "Qual é o objeto de nosso pensamento? A experiência! Nada mais! E se perdemos o chão da experiência vamos deparar com todo tipo de teorias".[11] Certamente, podemos considerar que do impacto dos fatos que viveu, isto é, do surgimento dos regimes totalitários, seguiram-se tentativas de compreender o que havia acontecido e tentativas precisas e sutis de se comprometer e de examinar a fundo os resquícios e fragmentos de liberdade depois da catástrofe.[12] Formada, como vimos, na filosofia da existência de Heidegger e Jaspers, em certa oportunidade manifestou que se considerava uma espécie de fenomenóloga, "mas não à maneira de Hegel ou de Husserl".[13] Fica difícil esclarecer o que queria indicar com essas palavras, mas talvez uma maneira de nos aproximarmos disso é lembrar o que acabamos de dizer em relação à incapacidade da filosofia de pensar a política. De momento, podemos assinalar que, ao falar em "incapacidade", Arendt alude à característica propensão do pensamento especulativo à abstração, a criar para si um reino próprio separado da realidade; e assinala a necessidade de analisar o vínculo desse pensamento com a pretensão de governar, de dominar a contingência por meio das ideias. Certo, mas Arendt não entende a contingência como uma deficiência, mas como uma forma positiva de ser: a forma de ser da política. Embora mais adiante iremos analisar em detalhes esse ponto, agora já podemos dizer que seus "exercícios de pensamento político" partem da suposição de que o pensamento nasce da experiência viva, dos acontecimentos, aos quais temos que nos manter vinculados, já que são os únicos indicadores para podermos nos orientar.[14] Portanto, as suas reflexões sempre têm um caráter experimental, e Arendt prefere contradizer-se e dar algum sentido aos acontecimentos com os quais se vê confrontada a conseguir um sistema de pensamento coerente e que aspire a poder explicar qualquer fato. Esse caráter aberto e *dóxico* pode nos parecer em sintonia com uma característica própria do pensar filosófico da época – a crítica da tradição da metafísica ocidental –, porém é mais o fruto dos esforços de Arendt, após o surgimento dos regimes totalitários, de se afastar de qualquer forma de teoria ou de ideologia que menospreze a particularidade do acontecimento. Dito de outro modo, Arendt tenta encontrar um pensamento que não anule o contingente e que não seja indiferente à realidade nem à experiência. Poderíamos até considerar que o que nos oferece são meditações, no sentido de "exercícios", como nos sugere a etimologia grega desse termo (*meletea*), ou no sentido dos ensaios de Montaigne. Trata-se de uma atividade vigilante, de experimentos de pensamento, entre o discurso e a experiência.[15] Uma mostra disso é o fato de que o seu pensamento não é do tipo "ou bem isso, ou bem aquilo", mas, como ressaltou Françoise Collin, um pensamento do tipo "e, e"; algo que é possível apreciar, por exemplo, se confrontamos dois textos escritos à mesma época, um publicado por ela mesma, *A condição humana*, e, o outro, uma coleção de manuscritos reunidos postumamente, *O que é a política?*: no primeiro, encontramos o elogio quase incondicional da dimensão da política e, no segundo, uma coletânea de todas as incertezas referentes à validade e aos limites da política.[16] Essa característica das meditações arendtianas também pode ser observada no fato de que, por exemplo, seu tratamento com frequência entusiástico da natalidade, da capacidade humana de começar, de interromper, de fazer aparecer o inédito, apresenta-se acompanhado de certa prevenção em relação aos processos que podemos desencadear com as nossas ações. Assim, escreve, "da ação [...] iniciamos processos cujo resultado é imprevisível, de maneira que a incerteza mais que a fragilidade se torna o caráter decisivo dos afazeres humanos".[17]

Em toda a obra de Arendt, o "retorno aos fenômenos" próprio da fenomenologia pode ser lido na sua reabilitação ou elogio das aparências.[18] É suficiente reunir algumas palavras que apontem de maneira clara para a especificidade do seu pensamento: "Os homens, embora tenham que morrer, não nasceram para morrer, e sim para iniciar".[19] Em contraste com os metafísicos, que viram a mortalidade como a experiência limite da finitude humana, ela aposta na natalidade. Não é a mesma coisa dizer "todos os seres humanos são mortais" que dizer "todos os seres humanos são natais":[20] diferentemente de morrer, nascer é passar a fazer parte de um mundo que já existia antes que chegássemos e que sobreviverá quando partirmos; nascer também é aparecer pela primeira vez, iniciar, irromper, interromper, tornar-se visível: a liberdade política necessita da presença dos outros, exige pluralidade, requer um espaço *entre* os homens. Nesse espaço público, onde nada nem ninguém pode "ser" sem que alguém olhe, sem aparecer diante dos outros, multiplicam-se as oportunidades para que cada um possa se distinguir, e mostrar com a ação e as palavras "quem é" [ver a Seção 4]. Como veremos mais adiante, este é o motivo pelo qual Arendt enfatiza que, no espaço político, ser e aparecer coincidem. Como escreve em *A condição humana*: "Para nós, a aparência – aquilo que é visto e sentido pelos outros ao mesmo tempo que por nós mesmos – constitui a realidade [...] A presença dos outros que veem aquilo que vemos e sentem aquilo que sentimos ratifica-nos a realidade do mundo e de nós mesmos".[21] Portanto, quando ela se define como uma fenomenóloga *sui generis* o faz referindo-se a este "salvar os fenômenos", tal como se tornam evidentes em sua multiplicidade e diversidade, e assinala categorias que serão centrais em seu pensamento: a irredutível *pluralidade* própria da liberdade política, indissociável de seu nexo com o *mundo* e a sua fragilidade.[22]

Língua e exílio

A Europa de antes de Hitler? Não sinto nostalgia, isso não.
O que restou dela? Restou a língua.
HANNAH ARENDT

Poucos anos após sua chegada aos Estados Unidos, Hannah Arendt escreve no seu conhecido texto "Nós, os refugiados": "Perdemos a nossa língua, ou seja, a naturalidade das reações, a simplicidade dos gestos, a simples expressão dos sentimentos".[23] Ao longo da sua vida conjugou essa fidelidade à língua materna com o uso da pluralidade de línguas. Isso era evidenciado pela sua biógrafa, Elisabeth Young-Bruehl, quando fazia constar que as cartas, os documentos e as obras que reuniu para elaborar a biografia estavam escritas em vários idiomas: além do alemão, "a língua de seu primeiro exílio, o francês, da sua segunda cidadania, o inglês – com um assumido sotaque alemão –, e dos idiomas de seus ancestrais políticos, o grego e o latim".[24] Por outro lado, o fato de que nos seus *Cadernos de pensamento*, iniciados em 1950, possamos ler anotações em seis línguas pode ser visto como uma maneira de administrar seu exílio e como uma manifestação do fato de lidar com frequência com os textos filosóficos. Tudo isso mostra o quanto era bem consciente de que a pluralidade das línguas é um fato determinante para a constituição do mundo comum.[25] Como afirma Barbara Cassin, é preciso falar pelo menos duas línguas para entender que a linguagem que falamos não é *logos*, mas uma língua entre outras.[26]

Porém voltemos à fidelidade à língua materna. Ao lado das palavras da entrevista com Günter Gauss que abrem esta seção, lembramos daquelas outras, célebres, que impactaram Jacques Derrida: "Não foi a língua alemã que ficou louca".[27] Em afirmações como essa e outras similares, Arendt desvincula língua e povo.[28] É a língua materna e não a terra dos pais o que constitui sua pátria; não é uma exilada de seu país, Alemanha: é exilada de uma língua. Como repete diversas vezes: "Há uma diferença enorme entre a língua materna e uma outra língua".

"No meu caso, posso dizê-lo de maneira terrivelmente simples: em alemão, sei de cor uma grande parte de poemas alemães. Sempre estou com eles na cabeça de alguma maneira – *in the back of my mind*; isso não é possível conseguir de novo nunca mais", lemos na entrevista. E Arendt acrescenta que quem esqueceu a língua materna pode chegar a falar muito bem uma língua estrangeira, mas faz isso encadeando um clichê atrás do outro, "porque a produtividade que você tem na língua própria ficou cortada no momento de esquecê-la".[29] Como observou Barbara Cassin, ao desvincular povo e língua, Arendt mostra que esta não pertence a ninguém (o alemão não é a língua nacional ou do regime político vigente) e, ao mesmo tempo, assinala que é do exílio que a língua foi poupada de ter restado como o idioma da Alemanha nazista.[30] Em uma carta a Jaspers de 30 de janeiro de 1933, escrevia: "para mim, a Alemanha é a língua materna, a filosofia e a poesia, e a tudo isso posso e tenho que responder".[31]

A noção comum de "edição original" não pode ser aplicada à obra de Arendt: alguns textos são escritos inicialmente em alemão, outros primeiro em inglês, e, quando aparecem posteriormente em outra língua, constatamos que ela nunca se limitou a fazer uma simples tradução. Assim, por exemplo, em *As origens do totalitarismo* (obra publicada pela primeira vez em inglês em 1951) redige uns capítulos em alemão e outros parcialmente em inglês. "Esta é a versão alemã do livro *The Origins of Totalitarianism*, publicado na primavera de 1951 na América. Não é uma tradução do texto inglês fiel palavra por palavra [...] da reelaboração em alemão resultaram mudanças, supressões, acréscimos aqui e ali, que não merecem ser inventariados aqui caso a caso", escreve na introdução.[32] Outro caso ilustrativo pode ser *A condição humana*, cuja primeira edição foi publicada em inglês em 1958, enquanto a edição alemã apareceu em 1960 com outro título, *Vita Activa*, e com notáveis acréscimos e variações. Além disso, como destacaram, entre outros, Sigrid Weigel ou Marie Luise Knott, podemos considerar que os "originais" redigidos em inglês já são, por si mesmos, traduções, pois a língua materna da autora era o alemão. Assim, no fim das contas, talvez todos os seus textos não sejam outra coisa que versões.[33] No decorrer da leitura das diversas "versões" dos escritos arendtianos percebemos que uma ideia publicada em inglês é reescrita – não apenas traduzida – em alemão e, ao mesmo tempo, essa reescrita é utilizada novinha em folha na seguinte edição inglesa. Não se estranha, pois, que atualmente se considere que as versões estadunidense e alemã das suas obras fundamentais constituem dois originais diferentes, apesar de coexistentes.

Mary McCarthy, amiga e primeira executora de sua obra, no "Posfácio" da edição póstuma de *A vida do espírito*, assegura que todos os livros e artigos de Arendt escritos em inglês antes de chegarem à impressão haviam passado por uma correção, e comenta que essa era uma tarefa encarregada a amigos, como era seu caso, ou a pessoas vinculadas a editoras e revistas. Com muita frequência, nessa *inglesização* dos manuscritos intervinham várias mãos, que não se conheciam, e que contavam com o consentimento de Arendt "mas nem sempre com a sua colaboração".[34] Como exilada da República de Weimar, em 1941 Arendt chegou aos Estados Unidos, um país que – diferentemente do que ocorreu na França, onde ela residiu como "apátrida" a partir de 1933 – não sentia muita atração pelos escritores europeus e que tinha uma cultura política e intelectual totalmente diversa.[35] Por esse motivo podemos encontrar em muitos dos seus textos publicados em inglês uma acentuada preocupação a respeito de como transmitir ou traduzir sem se tornar um personagem inconsistente ou cair na melancolia, que era o que havia acontecido na Europa em um contexto em que o pensamento não havia sido destruído pela experiência da Primeira Guerra Mundial e que conhecia bem pouco as questões propostas pela modernidade teórica e artística, o fascismo e o nazismo.[36] Em 1954, escreve: "As experiências com o totalitarismo, tanto na forma de movimentos totalitários como de dominação totalitária completa, são conhecidas de todos os países europeus, com exceção de Suécia e Suíça. Para os americanos, essas experiências são estranhas e não americanas, tão forasteiras quanto aos europeus costumam parecer as experiências especificamente contemporâneas americanas".[37] Assim, em sua novela *Das zweite Paradies* (1968), a escritora alemã Hilde Domin – que também passou vinte e dois anos no exílio – situa a casa de Arendt no Atlântico, entre a América e a Europa, pois, já que pertencer ao mesmo tempo a ambos os continentes era impossível, habitava entre os dois.[38]

Convencida de que a Europa das Luzes, da razão, dos direitos humanos, havia ficado esmigalhada e que o fio da tradição havia se partido de maneira irreversível, anotará no prólogo de *Homens em tempos sombrios*: "Os tempos sombrios, além de não serem novos, não são nem um pouco raros na história, embora talvez fossem desconhecidos na história norte-americana, que por outro lado tem uma quantidade considerável, no passado e no presente, de crimes e desastres".[39]

Foi dito que o exílio significa a certeza de que toda expressão, todo gesto, todo sentimento, toda reação precisarão ser traduzidos, transpostos, adaptados, e Arendt chega a se perguntar, por exemplo, se é mais difícil inculcar uma consciência política nos alemães ou transmitir aos norte-americanos uma ideia, por mínima que seja, do objeto da filosofia.[40] E então, bem no meio da Guerra Fria, traduz para seus compatriotas norte-americanos, e para si mesma, a força inovadora da história revolucionária norte-americana em seu livro de 1963, *Sobre a revolução*. Em quase todos os seus escritos, Arendt dá muita atenção às experiências políticas, passadas ou presentes, que o potencial público leitor pode conhecer. Assim, por exemplo, em um texto como *Sobre a violência*, publicado em 1970 e do qual falaremos bastante na Seção 5, que parte dos "acontecimentos" da década de 1960 com o pano de fundo de um século XX de guerras e revoluções e onde faz uma reflexão crítica sobre a retórica em favor do uso da violência, encontramos referências e exemplos bem diferentes nas edições norte-americana e alemã.

À luz do que acabamos de ver, podemos considerar que, da maneira como a obra de Arendt nos é acessível hoje em dia, ela traz consigo as decisões de seus editores e tradutores. O que quero dizer é que, de um lado, as editoras optaram por tornar acessíveis os livros que a autora publicou em vida em uma das suas versões (até agora, no nosso país [Espanha], praticamente todas as traduções foram feitas a partir da versão inglesa) e, por outro lado, e à medida que sua obra é resultado do que ela chamou de "exercícios de pensamento político",[41] caracterizados por serem o fruto de deixar-se interpelar pelos fatos do seu presente, para tentar responder às experiências com as quais se viu confrontada, com frequência as anotações de cursos, conferências e artigos foram coletadas, sob títulos escolhidos postumamente pelos editores de cada país, em volumes que nem sempre têm equivalências entre eles. Um tema à parte são os inéditos, que desde 2005 Jerome Kohn foi compilando e que foram traduzidos para diversas línguas sem uma discussão das escolhas e decisões que, como editor, esse antigo ajudante de Hannah Arendt fez na New School University.[42] Também é preciso ter presente que foram publicados e considerados centrais para a interpretação de seu pensamento alguns textos que a autora rejeitara publicar ou que, após uma primeira edição, nunca mais quis que voltassem a ver a luz; um exemplo seria seu artigo "O que é a filosofia da existência?",[43] hoje talvez mais lido após a publicação dos *Cadernos negros* de Heidegger. De qualquer modo, é altamente provável que a edição crítica da obra, que recentemente começou a fazer seu curso e que leva em consideração o caráter bilíngue dos textos, assim como a nova digitalização e o novo acesso público aos Hannah Arendt Papers na Biblioteca do Congresso, comporte novas leituras e interpretações do pensamento arendtiano.[44]

**

Uma judia alemã

Eu me perguntava apenas como era possível fazer [os estudos de teologia] sendo judia... Eu não tinha a menor ideia, você me entende, não?
HANNAH ARENDT

Em 1943, dez anos após o incêndio do Reichstag e já instalados nos Estados Unidos, Arendt e seu marido tomam conhecimento da existência dos campos de extermínio: "Foi realmente como se um abismo se abrisse".[45]

Embora, desde o final da década dos anos 1920, ela tivesse consciência das nuvens que entrevavam a República de Weimar, o incêndio do Reichstag (27 de fevereiro de 1933) e as posteriores prisões nas celas da Gestapo ou nos campos de concentração produziram em Arendt um forte impacto – o "choque de realidade" –,[46] e a partir daquele momento ela não conseguiu, nem quis mais, ser uma simples espectadora. Com a ajuda de seu amigo Kurt Blumenfeld,[47] começou a colaborar em atividades vinculadas à Federação Sionista da Alemanha (ZVfD), e por esse motivo foi detida, mas a sorte a acompanhou e foi libertada; naquele momento tornou efetiva uma decisão que há tempos havia tomado: cruzar ilegalmente a fronteira. De fato, antes da detenção tinha muito claro que ela de maneira nenhuma pensava em circular pela Alemanha como cidadã de segunda classe.

Trinta anos mais tarde, e em relação com aquele momento, explicava que "o problema, o problema pessoal não era o que nossos inimigos faziam, mas o que faziam os nossos amigos [...] Fui embora da Alemanha dominada pela ideia – naturalmente sempre um pouco exagerada – de deixar aquilo de uma vez por todas! Não terei mais contato com nenhuma espécie de história intelectual".[48] Com essas palavras Arendt estava aludindo, entre outras coisas, ao fenômeno da "uniformização" (*Gleichschaltung*), isto é, à "sincera e súbita mudança de opinião que afetou a grande maioria das figuras públicas de todos os âmbitos e ramos da cultura, acompanhada, além disso, por uma incrível facilidade de romper e descartar amizades da vida inteira", com o afã já muito pressuroso de marchar ao passo e de não perder o trem da História.[49]

Uma vez refugiada em Paris, trabalhou numa organização sionista dedicada a alojar jovens na Palestina, a Aliyah, o que lhe permitiu ter um conhecimento em primeira mão da experiência dos *kibbutzim*, ao mesmo tempo que assistia com seu primeiro marido, Günther Stern, aos seminários sobre Hegel ministrados por Alexandre Kojève.[50] Em Paris também conhecerá em 1936 aquele que será seu segundo marido, Heinrich Blücher, e estabelecerá importantes contatos com Walter Benjamin,[51] assim como, entre outros, com Raymond Aron, Jean Wahl, Alexander Koyré e Gershom Scholem. Ficará na cidade até que, na condição de "inimigos estrangeiros", fossem internados em campos de concentração: Blücher no de Villernlard, ela no de Gurs.[52] Graças ao momento de confusão gerado durante as duas semanas que se seguiram ao armistício de 22 de junho de 1940, Arendt, junto com outros internos, saiu do campo. Então reencontrou Blücher, com quem permaneceria em terras francesas até obter o visto para ir aos Estados Unidos, via Lisboa, em 1941. Viveriam ali mais tempo e, uma vez adquirida a cidadania norte-americana, em 1951, agora já com "documentos", ela passa a viajar com certa periodicidade à Europa. Faz isso para visitar os lugares que sempre desejara conhecer (Grécia, Itália), para ver amigos – Jaspers, Heidegger, entre outros –, dar conferências e receber prêmios e reconhecimentos, e também pelo fato de ser membro destacado da Jewish Cultural Reconstruction Inc. (JCR).[53]

Por volta do final de sua vida, continuava a se apresentar em público com palavras similares a estas: "Como podem ver, sou um indivíduo judeu *feminini generis*, nascida e educada na Alemanha, como não é difícil adivinhar; e ao longo de oito longos e felizes anos formei-me na França".[54] Com essas palavras, parecia sugerir que não pensava em dissertar sobre as condições dadas, embora certamente falaria a partir dessas condições. Arendt não esquecerá nunca que provinha de uma Alemanha que um dia se converteria em inimiga dos judeus alemães a ponto de querer eliminar-lhes a existência e da qual, como temos visto, restava-lhe apenas a língua materna. Porém, cabe dizer que nunca renunciou totalmente à "sua Alemanha", de maneira que ao publicar em 1948 a "Dedicatória a Jaspers", como prefácio da edição de *Sechs Essays*, escreveu: "Não é fácil para um judeu publicar hoje na Alemanha, nem mesmo sendo um judeu de fala alemã. Tendo em vista o que sucedeu, a tentação de voltar a escrever na própria língua, mesmo tratando-se do único retorno para casa desde o exílio de *uma que nunca consegue se desterrar de vez dos seus sonhos*, conta bem pouco. Contudo, nós, judeus, não somos ou já não somos exilados, e dificilmente temos direito a esses sonhos".[55] Talvez escreva essas palavras consciente de que, depois do regime nazista, o judaísmo alemão já não existia ou que a história dos judeus alemães havia terminado.

Justamente, já em 1933, em carta a Jaspers que faz referência ao livro deste último, *Max Weber: Deutsches Wesen im politischen Denken, im Forschen und Philosophieren*,[56] Arendt faz-lhe notar a distância dela da "essência alemã": ela não é uma alemã como os outros (judia alemã, em vez de alemã judia), já que não pertence ao povo alemão.[57] Anos mais tarde fica claro no seu pensamento político que "povo" é tanto aquilo que nos foi dado como local de nascimento como o fruto de organizar-se a partir de interesses comuns (*inter-esse*). Assim, na entrevista de 1964, diz a Günter Gaus: "Pertencer a um grupo é antes de tudo uma condição natural [...]. Mas pertencer a um grupo [...], em outro sentido [...] isto é, organizar-se, é outra coisa".[58] Ser de um povo nesta última acepção quer dizer participar do poder político. Certamente, com esses comentários, Arendt sinaliza que, com o auge do nazismo, os judeus ficaram reduzidos ao que lhes foi dado e que, portanto, "se te atacam como judeu, tens que defender-te como judeu. Não como alemão ou como cidadão do mundo ou como titular de direitos humanos ou qualquer coisa desse tipo".[59] Este é um dos motivos que a levarão a estudar a experiência de um povo europeu oprimido. De fato, no início dos anos 1940, para Arendt, como afirma Martine Leibovici, a sorte do povo judeu não era jogada na construção da Palestina e sim na Europa, de maneira que o desafio residia em compreender a natureza do totalitarismo;[60] daí que em sua obra de 1951 consiga definir a especificidade do antissemitismo moderno. Contra a teoria do "bode expiatório" – os judeus foram vítimas acidentais – e a do antissemitismo eterno – segundo a qual os judeus são as vítimas inevitáveis –, ela parte da convicção de que o antissemitismo contemporâneo está vinculado ao caráter apolítico do povo judeu e ao processo da sua emancipação iniciado em fins do século XVIII.[61]

Ao levar a sério a ameaça de antissemitismo, Arendt sublinha que, malgrado a emancipação e a cidadania, o povo judeu não desapareceu, como alguns partidários da assimilação pareciam querer defender.[62] De modo que dedicou boa parte de seus esforços a analisar as condições de possibilidade do antissemitismo moderno por meio de um estudo do desenvolvimento paralelo do processo de emancipação dos judeus na Europa de fins do século XVIII e de aumento do antissemitismo no século XIX e na primeira metade do XX. Portanto, não é estranho que o primeiro livro que escreveu, logo que concluiu seu doutorado, fosse um ensaio no qual trabalha em torno da ideia de que a moderna emancipação dos judeus implica novas condições na sua exclusão. Em 1933, embora boa parte de *Rahel Varnhagen. A vida de uma mulher judia* já estivesse pronta – apesar de publicado nos Estados Unidos apenas após a guerra –, o restante foi concluído ao longo de seus anos em Paris, onde também escreveu o ensaio "Antissemitismo", que ficou inconcluso, no qual aprofundava a análise da especificidade do antissemitismo moderno.[63] Decerto, no prólogo que em 1958 Arendt escreveu para o livro sobre Rahel Varnhagen, ela afirmava ter sido redigido com consciência da destruição da comunidade judaica na Alemanha, mas que, pelo fato de tê-lo preparado um pouco antes da ascensão de Hitler ao poder, faltava-lhe aquele distanciamento que permitia ver o fenômeno em sua totalidade.[64]

O desejo de compreender

O que quero é compreender, e quando outras pessoas também compreendem então sinto uma satisfação comparável ao sentimento que experimentamos quando nos encontramos em um terreno familiar.

HANNAH ARENDT

"Isso não deveria ter ocorrido nunca [...] Ali sucedeu algo com o que não poderemos nos reconciliar. Nenhum de nós pode." Com essas palavras, Arendt alude ao fato de que, com a instituição dos campos de extermínio, fica eliminada a opção de reconciliar espírito e realidade por meio daquela perícia, de raiz hegeliana, que permite harmonizar e ver em qualquer mal algo de bom. Assim, portanto, quando encontra argumentos como estes na filosofia que lhe é contemporânea não há outro remédio que não considerá-los fruto de uma falta de sentido da realidade ou começar a suspeitar da sua má-fé: "Quem ousaria reconciliar-se com a realidade dos campos de extermínio ou jogar o jogo de tese-antítese-síntese até descobrir, com a sua dialética, "sentido" no trabalho dos escravos?".[65] De fato, longe da reconciliação dialética, em um de seus artigos mais brilhantes, "Compreensão e política", escreve sobre as dificuldades de uma atividade por meio da qual aceitamos a realidade e nos reconciliamos: a compreensão.[66]

As reflexões de Arendt partem da experiência dos fatos derivados do surgimento dos regimes totalitários e, a partir daí, exploram as possibilidades do pensamento e da compreensão, considerando que, como dizia antes, esses fatos deixaram um sulco dramático no qual não há outro remédio que não ler nele a heterogeneidade entre as velhas ferramentais conceituais e a experiência política do século. Arendt considera o surgimento dos regimes totalitários um fenômeno sem precedentes e, quando diz "sem precedentes", refere-se ao fato de que os acontecimentos do totalitarismo significaram uma ruptura, em primeiro lugar porque causaram a implosão de todas as nossas ferramentas de julgamento e parâmetros de medida – não podemos esquecer de que o horror totalitário emergiu sem encontrar uma verdadeira oposição;[67] e, em segundo lugar, porque não constituíram um simples acidente, um "pequeno" parêntese, em uma história que logo prosseguiria o seu curso progressivo.[68] Como escreve em 1951: "Já não podemos nos dar ao luxo de pegar do passado o que era bom e nomeá-lo simplesmente como nossa herança, e de descartar o ruim considerando-o um peso morto que o próprio tempo enterrará no esquecimento".[69]

Depois de rompido o fio da tradição de maneira irreversível e sem a possibilidade de recorrer àquela reconciliação de raiz hegeliana que acabamos de mencionar, Arendt questiona como compreender o ocorrido, como atribuir-lhe razão. Além disso, conforme veremos no próximo capítulo, na medida em que a característica dos regimes totalitários tem sido o completo abandono da liberdade política, e não apenas a intromissão da política em todas as dimensões da vida – como alguns consideraram –, encontraremos no centro das suas reflexões de fins da década de 1950 a pergunta sobre o sentido e a dignidade da política.

Com o colapso da tradição, a compreensão adquire a função de ancorar-nos no mundo, já que não adia o julgamento e não obscurece a avaliação do significado de um acontecimento particular. Arendt considera que compreender o acontecimento não é "negar a atrocidade, nem deduzir de precedentes aquilo que não tem precedentes ou explicar os fenômenos por analogias e generalizações de modo que já não se façam sentir nem o impacto da realidade nem o choque da experiência. Significa mais examinar e apoiar conscientemente a carga que o nosso século colocou sobre nós – e não lhe negar a existência nem nos submetermos mansamente ao seu peso".[70] Reconciliar-se com o que sucedeu não significa, portanto, descobrir a astúcia da razão hegeliana na História, mas superar nossa estranheza e manter contato com um mundo onde coisas como essas são possíveis. De fato, aceitar que já não somos capazes de compreender seria admitir que não podemos criar raízes, que estamos condenados à superfície.[71]

À medida que o surgimento dos regimes totalitários não implicava apenas uma crise política, mas também um problema de compreensão, Hannah Arendt admitia que uma das dificuldades do trabalho que levou a termo em seu livro *As origens do totalitarismo* estava no fato de que, por um lado, ela não pertencia a nenhuma escola e quase nunca recorria a ferramentas oficialmente reconhecidas, nem às ortodoxas, e, por outro, que a análise que ela realiza resiste a ser situada no mapa do conhecimento.

Nessa obra percebe-se a posição a partir da qual a autora se esforça em compreender os acontecimentos políticos de seu tempo, que serão a base para desenvolver seu posterior e mais elaborado diagnóstico crítico da modernidade, como é possível ler em *A condição humana*. Todavia, trata-se de uma posição que tão somente se perfila com a ênfase dada aos limites ou às insuficiências de outras formas de abordar os fatos do totalitarismo, especialmente os das ciências sociais e, em particular, os da historiografia.

"O primeiro problema era como escrever historicamente sobre algo – o totalitarismo – que eu não queria conservar, antes o contrário, que me sentia comprometida a destruir. Minha forma de solucionar o problema deu margem à crítica de falta de unidade do livro."[72] Essas palavras expressam a convicção de Arendt de que toda abordagem historiográfica significa sempre e de maneira necessária a salvação e, com frequência, uma suprema justificativa daquilo que ocorreu. De fato, sabemos que as ciências históricas tradicionais não podem dar conta do que é inédito, já que a narrativa histórica pressupõe sempre uma continuidade de fundo, justificada pela vontade do historiador ou historiadora de preservar a matéria de que se ocupa e de legá-la às gerações futuras. Talvez essa seja uma das razões pelas quais Arendt entende que o terror totalitário tem que ser analisado a partir de seu caráter "sem precedentes" e bem longe da tendência, demasiado fácil, dos historiadores de traçar analogias. O objetivo não podia ser, portanto, escrever uma "história do totalitarismo", mas expor a razão da configuração dos "elementos que o cristalizaram" e levar a termo uma análise histórica da estrutura elementar dos regimes totalitários. O uso da imagem da cristalização aproxima Arendt das conhecidas reflexões de Walter Benjamin, nas quais fala de seu projeto de descobrir a cristalização do acontecimento total na análise dos pequenos momentos particulares, e também a relaciona com as palavras da *Crítica da faculdade de julgar* com as quais Kant introduz essa imagem como metáfora da contingência: "A conformação acontece então por *cristalização*, isto é, por uma solidificação súbita e não por uma passagem progressiva do estado líquido ao sólido, mas, de alguma maneira, por um salto".[73] Certamente, a solidificação súbita não é uma simples combinação de elementos preexistentes, mas os elementos só se tornam elementos em virtude da cristalização, que se define pela sua novidade e ilumina nossa experiência do ocorrido.[74]

Ao enfatizar a cristalização também se coloca acento na contingência, o que faz a compreensão adquirir um caráter dóxico e fragmentário. Com a abordagem deliberadamente fragmentária, ligada à convicção de que não se trata de estabelecer uma espécie de continuidade inevitável entre o passado e o futuro que nos obrigue a ver o que vai suceder como se tivesse que ocorrer necessariamente, Arendt mostra o que dominará seu percurso: compreensão e conhecimento científico não são a mesma coisa, muito especialmente no âmbito da política. Assim, em *As origens do totalitarismo* a ênfase é colocada na irredutível novidade dos fatos do totalitarismo, em seu caráter de acontecimento sem precedentes. Essa ênfase na contingência faz que a compreensão que é alcançada só possa ser entendida como um processo inacabável, como uma abordagem do acontecimento que nunca podemos dominar totalmente.

Tudo isso implica um gesto de responsabilidade, de coragem, por estarmos às voltas com fragmentos e cristalizações. A preocupação de Arendt é evitar que, uma vez rompido o fio que nos ligava, todo o passado se corrompa junto com nossas tradições, de modo que busca um pensamento que, alimentado no hoje, trabalhe com fragmentos arrancados do passado, extraídos de seu contexto original, que possam ter a força dos pensamentos novos. Por trás dessa intenção de chegar a uma forma não tradicional de relação com o passado encontramos a convicção de que, mesmo que o mundo ceda à ruína, é possível ao mesmo tempo trabalhar para seguir aquelas cristalizações de elementos que nutrem o presente. Com isso também parece querer deixar claro o caráter falacioso da oposição entre ruínas e progresso.

2

O totalitarismo, um fenômeno sem precedentes*

"O PROBLEMA DO MAL SERÁ A QUESTÃO-CHAVE da vida intelectual da Europa do pós-guerra",[1] escrevia Hannah Arendt em 1945, e tinha razão, desde que levemos a sério – como ela fez – que para orientarmo-nos entre o bem e o mal já não bastam os tradicionais instrumentos da teologia ou da filosofia moral.[2] Nesta seção vou esboçar algumas notas em torno da concepção arendtiana do mal como aquilo que ameaça nossa condição humana, a pluralidade. Mais adiante, na Seção 5, dedicada a Eichmann, abordarei o tema a partir da conexão que tem com como o pensamento, a culpa e a responsabilidade. Como observou Richard Bernstein, ao longo do pensamento ocidental, a "gramática" do mal sempre envolveu a ideia da *inten*ção maligna.[3] Arendt, em contrapartida, descreve o que ocorreu nos regimes totalitários do século XX em termos de atos horríveis sem motivos abomináveis: atos levados a cabo para além de considerações econômicas ou de intentos de acabar com a resistência ao regime: aquela "monstruosa máquina de massacre administrativa", aquele mundo carente de sentido, funcionou perfeitamente graças à participação direta de uma faixa de "pessoas normais", simples "funcionários", e à cumplicidade passiva de "um povo inteiro".[4]

---

* Uma primeira versão desta seção foi publicada com o título *Llibertat política i totalitarisme* (BARCELONA: GEDISA, 2019).

Se assumimos que a maioria de nossas ações é de caráter utilitário e que as nossas más ações nascem de levar ao extremo nossos próprios interesses, temos de concluir que o surgimento dos totalitarismos se situa além da nossa compreensão. Hannah Arendt observa que a bestialidade, o ressentimento e o sadismo e a humilhação têm uma longa história, mesmo assim continuam sendo categorias que se apresentam a nós como humanamente compreensíveis. Em contraposição, a barbárie nazista e o assassinato de milhões de pessoas sob um regime que aspira à dominação "total" podem ser considerados sem precedentes, de modo que não é estranho que em 1946 ela afirme que "não há na História humana uma história mais difícil de contar" que a do totalitarismo.[5] A essência do regime totalitário é o "terror", que exige uma criminalidade legalizada em si, mas não se trata, como veremos, de um meio para assegurar uma dominação, mas de um princípio do movimento. A natureza dos movimentos totalitários ficou evidente quando estes chegaram a controlar estados e não se detiveram para ajustar-se às realidades comuns do poder político: tratava-se de um processo para o qual não havia um final. Nesse sentido, Arendt sublinha a difícil posição dos juízes de Nuremberg "que depararam com crimes de uma magnitude tamanha que transcendiam qualquer castigo possível". Ela fala, com Kant, de mal radical e, ao fazê-lo, refere-se ao momento em que "o impossível é tornado possível", e o mal se torna incastigável, imperdoável.[6]

Arendt considera que os regimes totalitários do século XX são uma nova forma de poder, desconhecida até o momento de seu ressurgimento e que excede as categorias da filosofia política clássica, de Platão a Montesquieu. Na sua opinião, o totalitarismo não deve ser entendido como um regime a mais, a ser acrescentado aos já conhecidos, já que, ao eliminar a dimensão de imprevisibilidade e espontaneidade própria da ação livre nos seres humanos, caracteriza-se por convertê-los em supérfluos e pela completa supressão do mister político. De fato, a preparação do terror remonta ao ano de 1936, quando toda resistência interna organizada havia desaparecido, momento em que Himmler propôs uma expansão dos campos de concentração.

Elementos que se cristalizaram no totalitarismo

Dividido em três partes, "Antissemitismo", "Imperialismo" e "Totalitarismo", o livro *As origens do totalitarismo* estuda o aparecimento de uma nova forma de domínio, baseada no terror, na qual se cristalizam, após a Primeira Guerra Mundial, dois elementos já existentes: o antissemitismo moderno, nascido após a emancipação dos judeus na Europa do século XIX, e o imperialismo, que emergiu graças à expansão colonial europeia iniciada no último terço do século XIX e que pode ser considerada finalizada com a liquidação da dominação britânica da Índia.[7] De todo modo, e como veremos, a emergência da nova forma de domínio, o totalitarismo, não pode ser entendida como uma consequência lógica de alguma tradição ou cultura nacional particular nem da secularização ou da irreligiosidade, tampouco suas raízes iniciais podem ser encontradas na primeira modernidade.[8]

Como já comentei, pouco depois de ter concluído sua tese de doutorado, Arendt, em 1929, inicia a redação de *Rahel Varnhagen. A vida de uma mulher judia*, livro no qual trabalha – como fará também na primeira parte de *As origens do totalitarismo* – em torno da ideia de que a emancipação moderna dos judeus comportou novas condições de exclusão, como fica evidente na importância do salão judeu na sociedade berlinense da virada para o século XVIII.

O livro sobre Rahel Varnhagen (Berlim, 1771-1833) nos oferece uma estranha autobiografia/biografia da filha de um comerciante judeu que se debate a vida inteira entre a luta para superar seu estatuto de pária, junto com sua condição de judia, e a vontade de evitar o destino de *parvenue*, isto é, a de nunca ser aceita totalmente na sociedade em que se integra. Neste livro, Arendt estuda os paradoxos da emancipação judaica que aparecem entre o processo de abertura do gueto e o surgimento do estado-nação no século XIX; nessa época (1790-1806) o salão de Rahel floresce em Berlim; os salões eram ambientes onde o público e o privado se cruzavam num novo tipo de espaço social. De fato, nas palavras de Seyla Benhabib, é possível dizer que nos salões judeus de fins do século XVIII em Berlim abrem-se âmbitos nos quais se formam amizades, mais pessoais que políticas, embora os limites entre umas e outras não sejam claros.[9] À parte o fato de terem em seu centro a comunidade judaica, implicavam uma sociedade mista de aristocratas e artistas e intelectuais de classe média; o que havia em comum era que, como os judeus, nenhum deles pertencia à sociedade respeitável. O de Rahel Varnhagen era um salão estabelecido nos limites da sociedade e não compartilhava nenhuma de suas convenções ou preconceitos.

Nesse contexto, o status ambivalente de Rahel Varnhagen, meio pária, meio *parvenue*, não era de todo desvantajoso.[10] Esse sonho de uma sociedade mista, diz Arendt, foi o produto de uma constelação casual em uma época de transição. Os judeus convertiam-se em uma solução temporal, um pedaço, entre um grupo social em decadência – a aristocracia – e outro ainda não estabilizado – a burguesia; "justamente porque os judeus estavam fora da sociedade, foram, durante uns anos, uma espécie de território neutro no qual se reuniam pessoas de cultura. E, da mesma maneira que, como veremos, a influência judaica no Estado se esvai quando a burguesia começa a ter um peso político, o elemento judeu será excluído da vida social mais uma vez [...] assim que apareçam os primeiros sinais de uma vida social própria dos burgueses cultos".[11] Judeus como Rahel Varnhagen tentaram negar sua judeidade, mesmo exibindo seu caráter de "exceção aceita", ao deixar patente sua capacidade de "pensar por si mesmos", e alienando-se do mundo que lhes oferecia apenas uma condição de estrangeiros dentro de seu próprio país, coisa que os deixava altamente vulneráveis. Ao longo da vida, foi ficando claro para Rahel Varnhagen que sempre seria uma *outsider*, e a partir disso começou a aceitar o caráter inescapável das suas origens, como ilustrado pelas conhecidas palavras que proferiu no leito de morte: "Aquilo que por muito tempo na minha vida foi a vergonha maior, a maior dor e infelicidade, ter nascido hebreia, agora não desejaria que me faltasse de nenhuma maneira", palavras com as quais Arendt começa seu livro. Arendt toma a situação dos judeus emancipados como um modelo de quem é estrangeiro em sua própria terra e, nesse contexto, faz funcionar como categorias a noção de pária e de assimilado (*parvenu*). Para nos aproximarmos disso vale a pena voltar aos termos empregados na entrevista de 1964: "Quando se é atacado na qualidade de judeu, é preciso se defender como judeu. Não, como alemão, como cidadão do mundo ou até em nome dos direitos do homem". É apenas assim que o pária pode se definir em função da sua ausência de pluralidade, da sua exclusão do mundo, da luz. Um pária é aquela pessoa cuja assimilação é impossível; é aquele ou aquela que se encontra sempre a certa distância da comunidade à qual pertence segundo todas as aparências (ver a Seção 5, onde é retomada a figura do pária). Em princípio não é uma condição escolhida, e sempre pressupõe apenas duas opções: a identidade coletiva dos oprimidos ou a absoluta ausência de identidade. A atitude de assimilado é a de negar o próprio destino, enquanto tenta ser como os outros, apagando as diferenças e assemelhando-se, a fim de poder se converter em uma exceção aceita.

A análise do antissemitismo que Arendt realiza tem estreito vínculo, de um lado, com a tentativa de compreender a especificidade do antissemitismo moderno em relação às perseguições seculares derivadas do ódio religioso aos judeus e, de outro, com a vontade de responder à pergunta sobre como o antissemitismo chegou a se tornar elemento catalisador no nazismo. Nesse sentido, Arendt distingue entre o antissemitismo moderno pré-totalitário, vinculado à situação social e política dos judeus emancipados e assimilados no estado-nação do século XIX, e o antissemitismo totalitário, que já não tem nada a ver com a situação real dos judeus nem com a história das perseguições religiosas, e sim com as condições de socialização, resultado da busca imperialista da "expansão pela expansão", da crise do estado-nação e do aparecimento de uma massa de seres humanos atomizados e isolados.[12] Embora sem entrar nos detalhes da análise arendtiana, creio que vale a pena destacar um par de aspectos.[13]

O primeiro ponto consiste em ressaltar o fato de que sua tentativa de compreender o antissemitismo foge do tópico segundo o qual os judeus se tornaram de maneira arbitrária o bode expiatório de paixões inflamadas que não tinham nada a ver com eles. Não os culpabiliza, mas quer compreender os acontecimentos que lhe coube viver.

Depois da destruição do Templo, os judeus nunca mais possuíram nenhum território próprio nem um Estado e, para a sua existência física, sempre tiveram de depender de autoridades não judias. Isso não quer dizer que não tivessem poder, mas essa situação os tornava altamente vulneráveis em qualquer conflito.[14] Certamente, Arendt entende que, ao longo de sua história, o povo judeu evitou a ação política, de maneira que se distinguiu por seu caráter apolítico:[15] "A história judaica oferece o extraordinário espetáculo de um povo, único nesse aspecto, que iniciou sua história com um conceito bem definido da história e uma resolução de certo modo consciente de realizar um plano bem delimitado na Terra e que, depois, sem renunciar a esse conceito, evitou qualquer ação política ao longo de dois mil anos. O resultado foi que a história política do povo judeu se tornou muito mais dependente de fatores imprevistos e acidentais que a história das outras nações, de tal maneira que os judeus avançaram aos trancos de um papel a outro, sem aceitar nenhuma responsabilidade".[16] Arendt rejeita a vitimização absoluta que deriva da tese segundo a qual o genocídio judeu foi causado pelo eterno e inevitável antissemitismo e da consideração de que os judeus não haviam cumprido nenhum papel na sua história, já que isso pressupõe a negação de qualquer forma de ação ou de intervenção e alimenta ainda mais a despolitização e a sua falta de poder. Como observou Anya Topolski, assumir a responsabilidade significa que todo agente tem um papel a desempenhar na rede das relações.[17]

Como é sabido, na esfera europeia os judeus apareceram como banqueiros das monarquias e da aristocracia. Certo, mas Arendt ressalta que no século XIX, por suas necessidades financeiras, os governos e os monarcas começaram a recorrer de maneira progressiva à nova burguesia capitalista. Assim, esta adquiriu novo poder e os judeus prósperos do âmbito das finanças perderam sua função pública: embora possuíssem dinheiro, não tinham nem poder nem alguma utilidade clara, o que lhes trouxe a hostilidade de todas as classes sociais, junto com a perda de influência e de prestígio. Em *As origens do totalitarismo* lemos: "Nem a opressão nem a exploração em si mesmas foram jamais a causa principal do ressentimento; a riqueza sem função visível é muito mais intolerável, porque ninguém consegue compreender por que teria que ser tolerada".[18]

Apenas nos séculos XIX e XX, depois da assimilação e emancipação, momento em que os judeus aspiravam a serem admitidos na sociedade não judaica, o antissemitismo alcançou sua cota máxima. De fato, desde o Iluminismo, o compromisso em torno da igualdade de direitos confunde-se, por sua proximidade, com a ideia de igualação ou de uniformidade. Essa confissão é amplificada pelas reivindicações, características dos modernos estados-nações, de uma existência homogênea e autárquica. Como comentaremos mais adiante, Arendt, apesar de conceder importância primordial ao fato de pertencer a uma comunidade política, a um estado de direito, também é consciente de que os direitos de cidadania que regem o estado-nação têm sido e podem ser redutores da diversidade humana, como veremos na Seção 4.

Não obstante, embora os sentimentos antissemitas não fossem os mesmos da época do nazismo, estes últimos se desenvolveram no marco desse legado de hostilidade. Os judeus subestimaram os perigos sem precedentes que se apresentavam e, como um grupo, não se protegeram dessa inimizade; estavam divididos entre os que ainda queriam encontrar seu lugar entre as classes altas da sociedade e a maioria que, sem participar da vida política e social dos países em que residiam, vivia refugiada nas suas tradições. Assim, por exemplo, Arendt presta atenção ao fato de que os emancipados do século XIX obstinaram-se em não ver a discriminação social que sofriam, acreditaram que o mundo se abriria a eles com a condição de serem como os outros, ou seja, com a condição de desaparecerem como judeus. Assim, a condição judaica coletiva foi ficando progressivamente imperceptível, e reduzida a um problema individual que atormentava a vida privada, como no caso de Rahel Varnhagen. Ou seja, ao supor a integração dos indivíduos – um por um – nas diferentes comunidades nacionais, a via de acesso à cidadania teria significado a atomização do grupo.

O segundo ponto que me parece importante destacar é o que se refere ao fato de que, ao distinguir entre o antissemitismo pré-totalitário e o totalitário, Arendt se afasta da errônea concepção segundo a qual qualquer forma de antissemitismo conduz ao totalitarismo.[19] Nesse sentido, podemos considerar que essa interpretação, tão difundida, foi a verdadeira base das deficiências que puderam ser observadas nas atuações do tribunal que processou Eichmann em Jerusalém em 1961. Isso não quer dizer que Arendt não compreendesse perfeitamente que muitas das vítimas do genocídio nazista pensavam que a catástrofe em que se viram mergulhadas sob o império de Hitler "não constituía o mais novo dos delitos [...], e sim o mais antigo de que tinham memória".[20] Decerto, Arendt deixará muitas vezes evidente que, convencidos da persistência do mesmo antissemitismo ao longo de todos os tempos, os judeus (especialmente os alemães) foram incapazes de distinguir entre seus amigos e seus inimigos.

*

Antes que o desenvolvimento econômico e o ritmo de aceleração sempre crescente da produção industrial forçassem os limites territoriais do estado-nação, o imperialismo colonial europeu era um fenômeno desconhecido. Certamente, como temos visto, a emancipação política da burguesia, que até aquele momento não havia aspirado a nenhuma espécie de poder político e se limitara a ter preeminência econômica, foi o acontecimento central do período imperialista da Europa. Arendt considera que foram motivos econômicos e não políticos os que impulsionaram a expansão imperialista; o mundo inteiro converteu-se em um campo de enriquecimento e de expansão potencial para o Ocidente. A característica mais destacada desse período, "a expansão pela expansão", indica uma política que deixa de lado tudo aquilo que anteriormente havia sido considerado de interesse nacional: a defesa do território e a expansão limitada por meio da anexação de territórios vizinhos.

No marco de uma nova economia e em um mercado mundial emergente, o imperialismo foi o resultado da tentativa do estado-nação de sobreviver. As novas circunstâncias propunham obstáculos de difícil solução, como o conflito entre a expansão exigida pelos interesses econômicos dos indivíduos e o fato de que os mecanismos utilizados para essa expansão precisavam estar em consonância com o nacionalismo tradicional, com a identidade histórica de povo, Estado e território; de fato, os conflitos entre, de um lado, os administradores coloniais e, de outro, os parlamentos, a opinião pública e a imprensa da nação foram incessantes. Em alguns momentos o controle destes últimos impossibilitou "realizar 'massacres administrativos', ensaiados em todos os lugares como 'meios radicais de pacificação'".[21] Por exemplo, os imperialistas britânicos sabiam muito bem que por meio de "massacres administrativos" podiam manter as colônias submetidas ao seu jugo, mas, ao mesmo tempo, sentiam que a opinião pública da sua metrópole não toleraria medidas desse tipo; certamente eram conscientes de que esses conflitos não ocorreriam se os estados-nações, eliminando seus escrúpulos morais e apreensões políticas, "tivessem se suicidado e convertido em tiranias". O que os imperialistas desejavam realmente era a expansão do poder político sem a fundação de um corpo político.[22] É assim que Arendt, talvez contradizendo Lênin, escreve que o imperialismo deve ser considerado "como a primeira fase da dominação política da burguesia, e não como a última fase do capitalismo".[23] E entende que a única grandeza do imperialismo radica no fato de ter ganhado a batalha que a nação travou para se defender (Arendt fala do efeito bumerangue sobre a "mãe pátria"). Embora os empresários imperialistas não tivessem conseguido comprar muitos representantes nacionais, a verdadeira tragédia não foi a corrupção, mas o fato de que esses incorruptíveis estavam convencidos de que o imperialismo era a única maneira de levar a termo uma política mundial. Na realidade, todas as nações necessitavam de postos marítimos e de acesso às matérias-primas, mas os defensores da nação não compreenderam que a anexação e a expansão não obravam em favor dela; não entenderam "a diferença fundamental entre a antiga fundação de postos comerciais e marítimos em benefício do comércio e a nova política de expansão".[24]

*

Pode-se dizer que a primazia crescente do aspecto econômico parecia exigir para a burguesia colonialista uma progressiva eliminação do aspecto político. De fato, essa absorção do político pelo econômico é uma das características da época, e o mundo moderno indica a progressiva perda da liberdade política, pois, se a estrutura econômica não requer limites como indica a "expansão pela expansão" imperialista, a estrutura política precisa deles sempre, como veremos nas seções seguintes. Desse modo, Arendt se situa longe daqueles que apoiam a tese segundo a qual a república é burguesa, e se alinha a Rosa Luxemburgo: a burguesia ameaça a república.

"É bem conhecido que as classes possuidoras haviam aspirado bem pouco a governar, porque se contentavam com qualquer tipo de Estado ao qual fosse possível a proteção dos direitos de propriedade."[25] Até o momento, esse comportamento havia mantido a classe burguesa fora do poder político e indiferente aos assuntos públicos: antes de serem súditos ou cidadãos, eram essencialmente pessoas particulares. Bem, mas na era do imperialismo, quando os homens de negócios se convertem em políticos, no momento em que os homens de Estado só são levados a sério se falam a linguagem dos empresários de sucesso e se "pensam em continentes", a preocupação básica em ganhar dinheiro e os princípios da vida privada e particular ficam gradualmente transformados em normas e princípios para a gestão dos assuntos públicos. Arendt sublinha que o fato significativo desse processo, que começou em fins do século XIX, é que se inicia com a aplicação das convicções e critérios burgueses aos assuntos externos e que apenas lentamente foi estendido à política interna. "Por essa razão as nações envolvidas praticamente não foram conscientes de que a indiferença, que havia prevalecido na vida privada [...], estava prestes a ser alçada à categoria de único princípio público publicamente respeitado."[26]

Antes da era imperialista, que abrangeu três décadas, não havia nada que se assemelhasse a uma política mundial. Em princípio, a expansão colonialista apresentou-se como a saída para um excedente de produção de capital e ofereceu um remédio: a exportação desse excedente. Apenas quando os proprietários de capital supérfluo exigiram proteção governamental para os seus investimentos é que voltaram a penetrar na vida da nação. Durante esse período, o sistema do estado-nação mostrou-se totalmente incapaz de conceber novas normas para manejar os assuntos externos que haviam se convertido em assuntos globais, tampouco de fazer o resto do mundo observar uma *Pax Romana*. Essa pobreza e miopia políticas desembocaram no desastre do totalitarismo, nos horrores sem precedentes, que tornaram ainda mais sombrios os abomináveis acontecimentos e a ainda mais abominável mentalidade do período anterior.[27]

Arendt mostra que a expansão imperial europeia significou a brecha maior em relação às tradições de justiça estabelecidas e a investida mais devastadora contra os direitos do homem de que os povos europeus já haviam sido culpados.[28]

À parte esse imperialismo colonialista europeu, Arendt analisa outra forma, a do imperialismo continental intraeuropeu e anexionista, que também se abateu sobre o estado-nação e sua estreiteza. Nesse caso, porém, em vez de opor-lhe argumentos econômicos, afrontou-o com uma consciência tribal ampliada que se acreditava capaz de unir todos os povos de origem parecida independentemente da história e do lugar onde tivessem vivido. Arendt encontra essa variante de imperialismo no pangermanismo e no pan-eslavismo, que desenvolveram uma forma de racismo tribal ou étnico, não estatal, mas internacionalista.[29]

Arendt não deixa de lembrar que os totalitarismos se formaram em um mundo que não era totalitário. Certamente, seu surgimento converteu-os em reveladores de realidades que existiam, mas que operavam de maneira subterrânea e que só foram pressentidas por bem poucos, como diz Bérénice Levet,[30] raros espíritos, como alguns dos escritores citados em diversos momentos de *As origens do totalitarismo*, como Péguy ou Chesterton.[31] Talvez isso explique, como observam Ariella Azoulay e Bonnie Honig, que, quando Arendt fala de falta de precedentes e ao mesmo tempo reconhece precedentes parciais, não está fazendo uma afirmação cronológica: está convidando a revisitar o passado. Está nos fazendo retornar ao arquivo, nos impulsiona a catalogar os precedentes daquilo que não tem precedentes. Cuidar do mundo exige trabalho de arquivo, uma reconsideração constante das relações entre os crimes precedentes e os sem precedentes.

Além da riqueza supérflua, cabe recordar outro subproduto da produção capitalista presente no imperialismo colonial: a mão de obra supérflua, que foi deslocada para as colônias junto com o dinheiro supérfluo. O que ela nomeia como a turba (*mob*) não é redutível à crescente classe trabalhadora industrial, mas está constituído por descartes de todas as classes, um produto derivado da sociedade burguesa. Longe e à margem da nação dividida em classes, nas colônias a turba e seus representantes pareciam ser o autêntico povo, de maneira que no final do século XIX a alta sociedade demonstra uma admiração pela chusma que encontrará também certa continuidade no totalitarismo.[32] Na empresa colonial há, como vimos, uma primazia do econômico e do seu correlato, o social, e, na opinião de Arendt, ambos costumam devorar o político.

Em termos marxistas, o novo fenômeno de uma aliança entre a turba e o capital parecia antinatural e tão obviamente em conflito com a doutrina da luta de classes que os verdadeiros perigos do intento imperialista – dividir a Humanidade em raças de senhores e raças de escravos, castas superiores e inferiores, povos de cor e homens brancos, todos eles voltados a unificar o povo sobre a base da turba –[33] ficaram totalmente desatendidos. Quando Arendt assinala o racismo do colonialismo imperial, ela o diferencia do extermínio das populações nativas que se produziu com a colonização da América, Austrália e África.

Por outro lado, a consciência nacional perverteu-se em consciência racial; a própria solidariedade entre os "homens brancos em terras distantes" despertou a consciência da própria identidade das raças submetidas. Assim, junto com o racismo, o nacionalismo fez sua aparição na Ásia e na África. E, como observa Arendt, embora a burocracia colonial de mentalidade imperialista pudesse se desentender das aspirações nacionais que ela mesma havia despertado, o estado-nação não podia fazê-lo sem negar o princípio de sua existência. Mostra disso foram os conflitos entre a burocracia colonial e as metrópoles.[34]

Alguns aspectos fundamentais dessa época são tão próximos do fenômeno totalitário do século XX que pode parecer justificado considerar todo o período uma fase preparatória das catástrofes que viriam.[35] Nesse sentido, Dana Villa sublinha que, na hora de identificar os "elementos" centrais da constelação de acontecimentos, práticas e mentalidades que tornaram possível o totalitarismo, Arendt coloca a experiência do imperialismo e do racismo europeus em primeiro plano. E, ao fazê-lo, rompe radicalmente com as perspectivas que davam grande importância a tradições nacionais específicas (p. ex., a herança política antiliberal e autoritária da Alemanha) ou a narrativas em grande escala sobre a modernidade e a secularização (como as de Voegelin e da Escola de Frankfurt): "O totalitarismo, na sua opinião, foi um fenômeno sem precedentes, cujo aparecimento foi preparado, mas de maneira nenhuma determinado por racismo, antissemitismo, imperialismo, declínio do estado-nação e o que ela nomeia como a "aliança entre a turba e a elite".[36]

De momento, basta lembrar, como faz Arendt nas primeiras páginas de sua obra de 1951, que os regimes totalitários surgidos na Europa ao longo dos anos 1930 não eram em absoluto uma variante do despotismo. Por esse motivo, entende que o terror totalitário deve ser analisado a partir de seu caráter "sem precedentes" e bem longe da tentação de traçar analogias. "O fato é que Hitler não se assemelhava a Gêngis Khan nem era pior que qualquer outro grande criminoso, mas totalmente distinto. O assassinato em si, o número de vítimas ou de pessoas que se aliaram para perpetrar esses crimes, não é o que está carente de precedentes. O que não tem precedentes é o absurdo ideológico que os provocou, a mecanização da sua execução e instituição cuidadosamente programada de um mundo de moribundos onde nada fazia sentido".[37] O objetivo, portanto, não podia ser escrever uma história do totalitarismo, e sim dar a razão da configuração dos "elementos que cristalizaram o totalitarismo" e levar a termo uma análise histórica da estrutura de elementos dos regimes totalitários.

**

O acontecimento esclarece seu próprio passado

As origens do totalitarismo converte-se em uma das interpretações clássicas do totalitarismo, mas a análise particular dos fatos, feita por Arendt, gerou, nos anos 1950, entre intelectuais, historiadores e cientistas sociais, inúmeras críticas quanto à sua parcialidade e à sua forma de abordar a história. Entre os aspectos que foram – e continuam sendo – objeto de grande discussão destacam-se a ausência de unidade entre as três partes do livro – "Antissemitismo", "Imperialismo" e "Totalitarismo" –, a explicação da passagem do imperialismo ao totalitarismo e, por fim, a precoce e, naquele momento, escandalosa equiparação entre nazismo e stalinismo.[38] Na maior parte das críticas podemos ler uma objeção maior: no livro, o totalitarismo emerge como um universal abstrato do qual haveria apenas duas manifestações: nazismo e stalinismo. Assim, segundo o parecer de autores como Eric Voegelin, não é feita uma análise científica e objetiva do que havia ocorrido, mas simplesmente foram enfileiradas associações metafísicas. Na correspondência que manteve com Karl Jaspers e na sua réplica a Eric Voegelin,[39] Hannah Arendt admitiu que uma das dificuldades que a obra apresenta é a de não ser em absoluto assimilável a uma mera abordagem científica do fenômeno do totalitarismo.[40]

Justamente por isso podemos considerar que nessa obra se percebe o lugar a partir do qual Hannah Arendt se esforça para compreender os acontecimentos políticos da sua época, já que está convencida de que, "enquanto nossos padrões de precisão científica não deixaram de crescer e hoje são mais elevados que antes, nossos critérios e padrões de verdadeira compreensão parecem não parar de declinar [...] A precisão científica não tolera nenhuma compreensão que vá além dos estreitos limites do factual, e com essa arrogância pagou um preço muito alto, pois as superstições selvagens do século XX, revestidas de um cientificismo enganoso, começaram a suprir suas deficiências".[41]

Assim escrevia na sua resposta à crítica de Voegelin: "O problema com o qual originalmente me via confrontada era ao mesmo tempo simples e desconcertante: toda historiografia é necessariamente uma operação de salvação e com frequência de justificação [...] e não é provável que desapareçam com a interferência de juízos de valor, que normalmente interrompem na narração e fazem o relato parecer enviesado e "não científico".[42]

Nesta obra o totalitarismo é considerado, como temos visto, uma mistura de determinados elementos presentes em todas as condições e problemas políticos da época: o antissemitismo, a decadência do estado-nação, o racismo, a expansão pela expansão ou a aliança entre o capital e a turba, mesmo que cada um deles tomado separadamente não seja suficiente para caracterizá-lo.[43] Por trás de cada um desses elementos esconde-se um problema real, presente, não resolvido: a questão judaica por trás do antissemitismo; a nova organização dos povos por trás da decadência do estado-nação; a necessidade de um novo conceito de humanidade por trás do racismo; a organização de um mundo que deixou de ser pequeno por trás da expansão pela expansão, ou a sociedade de massas por trás da aliança entre o capital e a turba. Dessa maneira, podemos pensar que o que Arendt pretende com a obra não é apenas oferecer um olhar que torne inteligível um tempo passado, mas principalmente mostrá-lo em relação com os problemas do presente.

Desde que não identifiquemos "origens" com "causas" podemos entender que esses elementos constituem as origens do totalitarismo;[44] os elementos se convertem em origens quando entram em relação com outros elementos sem que possamos prever o tipo de composição que emergirá. Quando Arendt fala de "origens", não se refere a causas nem a germes que tenham que se desenvolver inevitavelmente. Como escreveu em 1954: "Os elementos, em si mesmos, provavelmente nunca são a causa de nada. Convertem-se em origens de acontecimentos se, e quando, se cristalizam em formas fixas e definidas. Então e só então podemos rastrear retrospectivamente sua história. O acontecimento ilumina seu próprio passado, mas nunca pode ser deduzido".[45] Isso indica que, por mais que sejamos capazes de saber do passado, isso não nos permite conhecer o futuro. Assim, por exemplo, ainda que com a derrota do totalitarismo nazista tenha sido destruído um conglomerado especialmente terrível e tenham ficado a descoberto elementos antigos que, por estarem agora desvinculados, são menos nocivos, isso não quer dizer que não possam se cristalizar outra vez em uma direção inesperada. É claro que a cristalização não se reduz a uma simples soma dos elementos, pois o acontecimento ultrapassa todos os elementos considerados em seu conjunto. Tanto em *As origens* como na sua obra posterior, Arendt insiste no fato de que a teoria tem de ser incansável e implacavelmente concreta, já que considera a atenção ao particular e às ações e acontecimentos que tiveram lugar como um fundamento do juízo político.

A ênfase arendtiana na contingência faz a compreensão assumir o caráter de um processo interminável, com uma abordagem do acontecimento que nunca nos permite dominá-lo totalmente. Para Arendt, o verdadeiro significado do acontecimento transcende sempre qualquer número de "causas" passadas que possamos lhe atribuir. Como escreveu na sua última obra: "Basta pensar no número de volumes que foram escritos para explicar a necessidade da eclosão das duas últimas guerras, mesmo com cada teoria elegendo uma causa particular diferente – quando com certeza nada parece mais plausível que considerar que foi uma coincidência de causas, talvez finalmente postas em movimento por uma causa adicional, o que "ocasionou contingentemente" as duas conflagrações".[46]

Portanto, para Arendt o surgimento dos regimes totalitários não implicava apenas uma crise política, mas também um problema de compreensão, tendo em conta que, como já foi dito, não resultava inteligível em termos das categorias conceituais da tradição política ocidental.

Com a abordagem deliberadamente fragmentária ligada à convicção de que não se trata de estabelecer uma espécie de continuidade inevitável entre o passado e o futuro que nos obrigue a ver o que ocorreu como se precisasse ter ocorrido necessariamente, Arendt mostra que compreensão e conhecimento científico não são a mesma coisa, muito especialmente no âmbito da política. Desse modo, o fato de que em *As origens do totalitarismo* o título fale de origens e não de origem parece ser indicação de uma decidida vontade de escapar do modelo de explicação histórica.

**

Terceiro movimento totalitário e as mudanças de significado da lei

Contrariando aqueles que para explicar o governo totalitário o assimilam a algum mal já conhecido ou do passado (o despotismo, a tirania e a ditadura), Arendt afirma a irredutível originalidade dos governos totalitários, considerando que suas ações e instituições já não são classificáveis em categorias jurídicas, éticas e políticas sobre as quais se dirige nossa faculdade de compreender; concretamente, essas ações e instituições esmagaram a alternativa entre governo legal e ilegal, ou entre poder legítimo e poder arbitrário, básica para definir a essência dos governos em filosofia política.

Na terceira parte de seu livro, declara que o que estava em jogo sob o domínio do totalitarismo era "a natureza humana como tal".[47] A tirania, por exemplo, caracterizou-se tradicionalmente como um governo ilegal no qual o poder está nas mãos de um só, como um regime dominado por um poder arbitrário, não limitado pela lei, manejado em interesse do governante e contra o dos governados, e sempre guiado pelo medo que o dominador e o povo têm um do outro. Diferentemente dos ditadores ou dos tiranos, os líderes totalitários não veem a si mesmos como detentores de um poder sem nenhuma sujeição a regra ou norma, e em vez disso se consideram servidores de leis sobre-humanas que regem o universo. Em sua análise, Arendt mostra que o governo totalitário desafia todas as leis positivas, até as que ele mesmo prescreveu, e que, no mesmo gesto, afirma obedecer de maneira estrita "àquelas leis da Natureza ou da História das quais, supostamente, procedem todas as leis positivas".[48] Longe de ser ilegal, o totalitarismo se situa nas fontes de autoridade que concedem a legitimação por trás das leis positivas, de modo que seria possível dizer que encontrou a via para estabelecer a justiça na Terra – algo que a legalidade do direito positivo nunca poderá alcançar.[49] Dessa maneira, a lei da História ou da Natureza é executada sem necessidade de tradução a normas daquilo que é justo e do que é injusto para o comportamento individual. E isso se perpetra a partir da convicção de que, se forem aplicadas adequadamente, essas leis produzirão a Humanidade como um resultado final sem deter-se no comportamento dos homens particulares.[50]

Esta é a expectativa que existe por trás da aspiração de dominação mundial de todos os governos totalitários: a política totalitária pretende transformar a espécie humana em portadora ativa e inefável de uma Lei. Nesse ponto radica a diferença fundamental entre o conceito totalitário do direito e os demais conceitos do direito: não se substitui um conjunto de leis por outro nem se cria, por meio de uma revolução, uma nova forma de legalidade; o direito se impõe sem o *consensus iuris,* já que promete fazer da própria Humanidade a encarnação da Lei.[51]

Na opinião de Arendt, essa eliminação da discrepância entre legalidade e justiça não tem nada a ver com a antiga ideia segundo a qual a Natureza ou a Divindade são a fonte de autoridade pelo *ius naturale,* ou a dos mandamentos divinos historicamente revelados. Estes últimos não faziam do homem a encarnação da lei, mas exigiam obediência e, como fontes estáveis de autoridade para as leis positivas, eram considerados permanentes e eternos. Em contrapartida, na interpretação totalitária, todas as leis se convertem em leis do movimento: a Natureza e a História deixam de ser fontes de autoridade e de estabilidade para as ações humanas; são movimento nelas mesmas. Um exemplo disso pode ser encontrado no fato de que, na consideração nacional-socialista das leis raciais como expressão das leis da Natureza no homem, há subjacente a ideia darwiniana do homem como produto da evolução natural – que não se detém necessariamente no estágio atual dos seres humanos. De modo similar, a crença bolchevique na luta de classes como a expressão da lei da História se baseia na noção marxista da sociedade como produto de um movimento histórico gigantesco que se move segundo a sua própria lei de deslocamento até o fim dos tempos históricos, quando chegará a ser abolido por si mesmo.

Nessas ideologias, o termo "lei" muda de sentido: deixa de expressar o marco de estabilidade dentro do qual podem dar-se as ações e os movimentos humanos e se torna expressão do próprio movimento.[52] Mais que uma estrutura, o totalitarismo é um movimento em marcha perpétua, entendido como um processo natural e não como fruto das atividades humanas. As receitas ideológicas que as políticas totalitárias seguiram mostraram a autêntica natureza desses movimentos ao manifestarem, de maneira clara, que se tratava de um processo sem final: "As diversas manifestações ideológicas do racismo e do materialismo dialético transformaram a Natureza e a História, que deixaram de ser o solo firme que sustenta a vida e a ação humanas para se tornarem forças supragigantescas, cujos movimentos atravessam a humanidade inteira e arrastam todos os indivíduos, queiram ou não [...] Ambas as ideologias podem ser diferentes e complicadas; mas é surpreendente como, para todos os efeitos de política prática, essas ideologias têm como resultado uma mesma 'lei' de eliminação de indivíduos em nome do processo ou do progresso da espécie".[53]

Quando chegou a controlar estados, o movimento totalitário não parou para se ajustar às realidades comuns do poder político, de modo que o terror tornou-se total, pois tornou-se independente de qualquer oposição ou resistência ao regime.[54] Pelo que vimos até agora, não deve nos surpreender que os habitantes de um país totalitário se sintam atirados e aprisionados ao "processo" da Natureza ou da História, com o único objetivo de acelerar seu movimento: podem ser apenas executores ou vítimas da sua lei inerente. Assim, culpa e inocência se tornam noções carentes de sentido: culpado é quem atrasa o processo natural ou histórico de desaparição das "raças inferiores", das "classes moribundas e dos povos decadentes", ou quem se interponha em seu caminho. A dinâmica do processo pode chegar a fazer que aqueles que hoje executam tenham de ser amanhã imolados, e isso é assim até o ponto em que os próprios dominadores, observa Arendt, não dizem ser justos ou sábios, mas apenas meros executores de um movimento conforme a sua lei. A fim de guiar o comportamento dos súditos, a dominação totalitária necessita despossuí-los da sua condição humana, reduzi-los ao estado de objeto ou de instrumento, negar-lhes a capacidade de julgar, coisa que inclui uma preparação que os torne igualmente aptos ao papel de executores e de vítimas. Essa dupla preparação é a ideologia,[55] que em *As origens do totalitarismo* Arendt destacará com uma das chaves do funcionamento dos regimes totalitários.

Arendt caracteriza a ideologia a partir do que esse próprio nome indica: a lógica de uma ideia – a ideologia da Natureza e a ideologia da História. O traço distintivo de uma ideologia é a consistência lógica com a qual pretende, cientificamente, explicar o passado e delimitar o curso dos acontecimentos futuros. Para satisfação de seus seguidores, os diversos "ismos" ideológicos podem explicar qualquer fato deduzindo-o de uma só premissa, mas, por isso mesmo, nenhuma ideologia, desde que pretenda descrever todos os acontecimentos, pode suportar a imprevisibilidade caracteristicamente humana: os seres humanos são capazes de trazer à luz algo tão novo que ninguém é capaz de prever. Desse modo, preenche-se de conteúdo a afirmação arendtiana segundo a qual o que as ideologias totalitárias tentam conseguir, na realidade, não é a transformação do mundo exterior ou a transmutação revolucionária da sociedade, mas a transformação da natureza humana:[56] o que é próprio dos seres humanos é sua espontaneidade, sua capacidade de iniciar alguma coisa tão nova que não seja possível explicá-la como simples reação ao ambiente. Como algo mais que reação animal e realização de funções, poderíamos dizer que os homens são totalmente supérfluos para os regimes totalitários. Ao eliminarem a espontaneidade e reduzir os seres humanos a espécimes de uma espécie animal chamada Homo, esses regimes convertem a crença de que "tudo é possível" na de que "tudo pode ser destruído".

Com sua pretensão de explicação total, o pensamento ideológico torna-se independente de qualquer experiência, emancipa-se da realidade que percebemos com os cinco sentidos e insiste em uma "realidade mais verdadeira", oculta atrás das coisas perceptíveis. Na medida em que essa realidade só pode ser captada por meio da ideologia, todos os regimes totalitários têm necessidade de doutrinamento. A ideologia não é, segundo Arendt, a mentira das aparências, e sim a suspeita projetada sobre as aparências, a apresentação sistemática da realidade que temos diante dos olhos como uma tela superficial e enganosa; portanto, o que caracteriza a ideologia é a incredulidade e nunca a fé perceptiva. Desse modo, nem o nazista nem o comunista convictos são o sujeito ideal do regime totalitário, mas o indivíduo para o qual já não existem nem a realidade da experiência nem a distinção entre fato e ficção, ou entre o verdadeiro e o falso.[57] O propósito da educação totalitária nunca foi o de inculcar convicções, e sim o de destruir a capacidade de formular alguma.

O que distingue os novos ideólogos totalitários dos antigos é que o que os atrai na ideologia já não é a "ideia" ou suas doutrinas – a luta de classes e a exploração dos trabalhadores, ou a luta de raças ou a custódia dos povos germânicos –, mas suas propriedades formais, o *processo lógico* que pode se desenvolver, as práticas que dele podem ser derivadas. A "irresistível força da lógica" permite passar da "existência de classes moribundas" à afirmação de que essas classes estão constituídas por pessoas condenadas à morte. Entendida como guia para a ação, essa lógica estrita atravessa a estrutura dos movimentos e governos totalitários. Arendt entende que corresponde à natureza das políticas ideológicas o fato de que o verdadeiro conteúdo da ideologia – a atenção à classe trabalhadora ou aos povos germânicos, que em sua origem determinou a ideia, a luta de classes como lei da História ou a luta de raças como lei da Natureza – seja devorado pela lógica com que a "ideia" é *realizada*.[58]

Os regimes totalitários surgidos na Europa durante os anos 1930 não representam uma variante do despotismo, já que não se fundamentavam no temor, mas no terror. O terror é a realização da lei do movimento; seu objetivo principal é permitir que a força da Natureza ou da História corra livremente, sem ver-se entorpecida por ações espontâneas ou por indivíduos que possam se sentir responsáveis pelo que acontece. Se ocorrem fatos inconvenientes, que contradizem a ideologia, são os fatos e não a ideologia que é preciso transformar.

Além disso, Arendt destaca que, nos governos totalitários, o poder é uma sombra descentralizada, totalmente o contrário de uma estrutura estável fundada sobre a responsabilidade. Em contraste com a conformação piramidal do poder tirânico, a estrutura própria dos totalitarismos é similar à da cebola com suas múltiplas camadas ou estratos. É característico do Estado totalitário o fato de que o poder, mesmo estando em última instância encarnado por uma única figura, se propague por camadas sucessivas e coexistentes que gerem duplicidades e se controlem mutuamente. Por trás da fachada das estruturas do Estado e do exército, estendem-se ramificações da organização do partido, por sua vez duplicadas pela rede da polícia secreta. Trata-se de um regime em contínuo movimento no qual a multiplicação de estratos de poder (algo que nada tem a ver com a divisão de poderes) provoca uma vigilância e um controle permanentes de todos os que estão envolvidos,[59] de maneira que todo mundo se converte em um potencial suspeito. Assim, por exemplo, a totalidade dos níveis da máquina administrativa do Terceiro Reich estava sujeita a uma curiosa réplica de organismos, com a qual se tinha o suficiente para criar confusão, mas não para explicar a "falta de forma de toda a estrutura".

**

Isolamento e solidão

Definitivamente, segundo Arendt, o totalitarismo não persegue um governo despótico sobre os homens, mas um sistema no qual estes se tornem supérfluos. Ao tentar encaixar tudo em uma ideologia determinista, o terror se converte em algo necessário para que o mundo continue consistente e se mantenha nesse estado. Embora seja falso que todos os judeus são pedintes sem passaporte, é suficiente que o jornal oficial das SS, *Das Schwarze Korps*, deturpe os fatos de modo que aquilo que antes não era certo agora passe a ser. De modo similar, o fato de que um homem chamado Trótski tenha comandado o Exército Vermelho deixará de ser verdade quando os bolcheviques tiverem o poder de mudar os textos de história. À medida que a consistência ideológica – que reduz tudo a um fator oniabrangente – entra em conflito com a inconsistência do mundo, há que exercer a dominação total e demonstrar que "tudo é possível" por meio da eliminação, em todos os níveis, da pluralidade e da característica imprevisibilidade da ação e do pensamento humanos.

A dominação total, que "aspira a organizar a pluralidade e diferenciação infinitas dos seres humanos como se a humanidade fosse um só indivíduo", só é possível se todas e cada uma das pessoas puderem ser redutíveis a uma identidade nunca variável de reações, de modo que esses feixes de reações possam intercambiar-se.

A característica da propaganda totalitária é sua efetiva literalidade, a transformação imediata do conteúdo ideológico em realidade viva por meio de instrumentos de organização totalitária. "Se a legalidade é a essência do governo não tirânico e a ilegalidade é a essência da tirania, então o terror é a essência da dominação totalitária".[60] O que não tem precedentes no totalitarismo não é, portanto, seu conteúdo ideológico, mas o próprio acontecimento da dominação total; a transformação de uma perspectiva geral, por exemplo, o antissemitismo, em um único princípio que governa todas as atividades. Justamente num dos últimos capítulos do terceiro volume de *As origens do totalitarismo*, o que tem por título "Dominação total", Arendt afirma que os campos de concentração são a instituição mais consequente do governo totalitário, são o ideal social da dominação total.[61] De fato, no contexto da ideologia totalitária, nada poderia ser mais sensato e coerente: se os que estão internados são insetos, é lógico que tenham que ser eliminados com gases venenosos.

O terror total, como dizia, começa só quando o regime já não tem que temer nada da oposição. Os campos revelam verdades elementares sobre o exercício totalitário do saber, sobre a ideologia totalitária: os fatos podem ser mudados; o que hoje é verdadeiro amanhã pode ser falso, de maneira que se habita um mundo onde a verdade e a moral perderam qualquer expressão reconhecível. A existência dos campos não pode ser explicada em termos "funcionalistas", nem atende a nenhum critério de utilidade. Arendt sublinha a ausência de sentido do gesto de "castigar" gente totalmente inocente, e o fato de que nem as condições em que são mantidos os prisioneiros nem as tarefas que se os obriga a fazer permitem extrair alguma espécie de proveito daquele trabalho. E enfatiza também que o programa de extermínio do regime nazista absorvia grande quantidade de recursos logísticos, que por outro lado eram enormemente valiosos para a empresa bélica: "Era como se os nazistas estivessem convencidos de que era muito mais importante o funcionamento das instalações de extermínio do que ganhar a guerra".[62]

Os campos são laboratórios nos quais é evidente que "tudo é possível", que as velhas distinções entre vivos e mortos, entre algozes e vítimas, podem esfumar-se de modo permanente, criando-se com isso um universo totalmente autoconsistente, vazio de realidade e impermeável a qualquer refutação fática. Ao comprimir uns contra os outros em um anel de ferro que os uniformiza e iguala, destrói-se o único "pré-requisito essencial de todas as liberdades, que é simplesmente a capacidade de movimento, que não pode existir sem espaço".[63]

O terror só pode dominar de maneira absoluta homens isolados; por esse motivo o isolamento é um dos objetivos do governo totalitário e também o seu resultado, já que o poder emana sempre de homens que atuam "concertadamente", dirá Arendt em suas reflexões posteriores. Em *As origens* escreve: "O isolamento é o beco sem saída para onde são arrastados os homens quando se destrói a esfera política de suas vidas, onde atuam juntos na prossecução de um interesse comum [...] apenas quando é destroçada a mais elementar forma de criatividade humana, que é a capacidade de acrescentar alguma coisa própria ao mundo comum, o isolamento se torna imediatamente insuportável. Isso pode ocorrer em um mundo cujos principais valores sejam prescritos pelo trabalho, isto é, no qual todas as atividades humanas tenham sido transformadas em trabalho. Sob condições similares, resta apenas o simples esforço do trabalho, que é o esforço de manter-se vivo, e a relação com o mundo como um artifício humano fica rompida".[64] Transformado em *animal laborans* – limitado a atividades que lhe permitam manter sua vida, no sentido biológico do termo – só e desenraizado, o indivíduo pode ser substituído por outro qualquer e, portanto, torna-se supérfluo. Estar desenraizado significa não ter um lugar reconhecido e garantido pelos outros, e ser supérfluo significa não pertencer ao mundo.[65]

Os campos de concentração são o ideal social da dominação total: o horror real, presente, converte os seres humanos em meros corpos sofredores, pois paralisa de modo inexorável tudo aquilo que não seja pura reação e elimina a distância que permite elaborar o imediato, o vivido. Como escreveu em 1950: "A dominação total é alcançada quando a pessoa humana, que de alguma maneira é sempre uma mistura particular de espontaneidade e condicionamento, ficou transformada em um ser totalmente condicionado e suas reações podem ser calculadas até mesmo no momento de ser levada a uma morte segura".[66] As câmaras de gás não se destinam a casos particulares, mas a uma população em geral; uma população na qual um indivíduo não se distingue de outro, já que todos são reduzidos ao mínimo denominador comum da vida orgânica.[67]

No caminho para essa dominação total, o primeiro passo básico é anular o indivíduo como sujeito de direito, como cidadão: "Matar no homem a pessoa jurídica", o que significa perder a capacidade de ação normal, e também a de ação delitiva, em ficar eliminada qualquer possibilidade de adivinhar o nexo entre o aprisionamento e a ação realizada. Encontramos antecedentes desse passo no mundo extraeuropeu por obra do imperialismo colonial e entre os judeus emancipados como consequência do antissemitismo moderno,[68] mas sua culminação chega com a dominação totalitária e os decretos de desnacionalização massiva de indivíduos, cujos direitos, a partir daquele momento, não serão defendidos em parte alguma. Nos campos de concentração e de extermínio, a reclusão não tem de ser convertida em nenhum caso em um castigo calculável por delitos tipificados.

O passo seguinte, prefigurado também pelos massacres coloniais e pelo que ocorreu no caso Dreyfus, consiste no "assassinato da pessoa moral no homem" e culmina com a perda do conteúdo da própria noção de solidariedade nos campos de concentração e extermínio; perda bem evidente nesses "poços de esquecimento" onde a morte se torna anônima, "o homicídio é tão impessoal quanto o esmagamento de um mosquito".[69] Até em seus períodos mais sombrios, o mundo ocidental, observa Arendt, sempre havia outorgado ao inimigo morto o direito de ser lembrado; nos campos, a morte foi privada de seu significado como o final de uma vida realizada; de certa maneira, a própria morte foi arrebatada do indivíduo.

A destruição da individualidade, da autonomia pessoal, constitui o último passo para a dominação total e, na instituição mais consequente do governo totalitário, traduz-se na metamorfose dos homens em meros espécimes de animal humano, em cadáveres viventes. Desse modo, o objetivo de convertê-los em supérfluos é alcançado ao se impor um estilo de vida em que o castigo não tem conexão com nenhum delito, em que se realiza um trabalho sem produto e em que se explora sem benefício; é conseguido, definitivamente, por meio da perda total de sentido de tudo o que acontece.

Arendt mostra que, com a literalidade efetiva, com a transformação imediata do conteúdo ideológico, na realidade, os nazistas, longe de serem simples gângsteres enfiados na política, inventaram uma perversidade que vai além do vício. Essa perversidade, então, estabelece uma inocência absoluta que vai além da virtude, de modo que inocência e perversidade se encontram fora da esfera da realidade política.[70] O horror dos campos de concentração e extermínio reside no fato de que os internos, embora continuem vivos, estão mais isolados do mundo dos vivos do que se tivessem morrido, porque o terror impõe imediatez e esquecimento. O extermínio tem a ver com seres humanos que, para efeitos práticos, já estão "mortos".

Como dissemos em páginas anteriores e veremos em seguida, para Arendt, nossa sensação de realidade depende totalmente da aparência e, portanto, da existência de uma esfera pública. A realidade mundana só aparece de modo autêntico e verdadeiro ali onde as coisas podem ser vistas por muitos em uma variedade de aspectos e sem mudar sua identidade, de maneira que aqueles que se agrupam em torno sabem que veem o mesmo na total diversidade. Assim a liberdade basicamente tem a ver com a experiência da realidade em um espaço relativamente estável no qual há perspectivas diversas e irredutíveis. Por isso, Arendt caracteriza o totalitarismo como a eliminação do político, com a supressão da esfera pública na qualidade de espaço de aparências, o que não só sublinha a conversão dos seres humanos em puro feixe de reações como também a perda da realidade humana, do mundo compartilhado, como veremos na Seção 5.

Para dizê-lo de algum modo, o totalitarismo teria desejado uma humanidade sem mundo e teria introduzido a possibilidade de converter os fatos verdadeiros em falsos. Não só isso: a mentira totalitária mostrou de que modo assuntos falaciosos podem se converter em verdades. É como se, para utilizar as palavras de Simona Forti,[71] o totalitarismo tivesse ultrapassado o limiar de uma ontologia milenar, ao converter a ideologia em um dispositivo que permite mudar e definir os limites do humano. Dessa maneira, pode-se afirmar que as reflexões de Arendt sobre o mundo fictício que emerge da ideologia em *As origens do totalitarismo* "demonstram que o totalitarismo cria um mundo paralelo desconectado da realidade, um mundo construído pelos líderes totalitários a fim de dominar o mundo real. E pode ser colocado no lugar do mundo real porque contém elementos de experiência assim como de realidade. Seu efeito mais bem-sucedido é que torna as pessoas incapazes de diferenciar entre ideologia e realidade. Coloca a obediência e a obrigação no lugar do julgamento e da responsabilidade".[72]

Arendt justifica desse modo o tipo de abordagem que leva a termo em seu livro, uma abordagem afastada das ciências sociais. Trata-se de entender elementos que simplesmente superam nossa capacidade de compreensão; por exemplo: como podemos utilizar uma categoria como a do assassinato para descrever a produção em massa de cadáveres? Ou como podemos tentar analisar o comportamento psicológico dos internos ou dos membros das SS, quando o que se tem de compreender é como a *psyche* pode ser destruída ou se desintegra prescindindo da destruição física do homem? Daí que Arendt considere que, a fim de compreender o totalitarismo, é preciso certamente deter-se "nos horrores",[73] já que os campos são a instituição mais consequente da dominação totalitária. E faz apelo ao papel da imaginação como a única que nos torna capazes de olhar de frente para os horrores – e de refletir sobre eles – sem nos vermos inundados ou emudecidos pela dor. Assim, escreve: "Apenas as imaginações aterrorizadas daqueles que se sentiram comovidos por esses fatos, mas que não os sofreram na própria carne e que, portanto, estão livres do terror bestial e desesperado que, quando alguém depara com sua presença e realidade sente que paralisa de maneira inexorável tudo o que não seja uma simples reação, é que podem se permitir continuar pensando sobre os horrores".[74] Com essas palavras, Arendt assinala o lugar a partir do qual julga com severidade as ciências sociais e a compreensão histórica, como veremos nas próximas páginas.

Pensar em campo aberto

É preciso viver e pensar em campo aberto.
HANNAH ARENDT

A consolidação do nazismo como totalitarismo deixou uma marca definitiva no pensamento de Arendt. Em todos os seus livros e artigos perdura uma espécie de programa de reflexão estreitamente vinculado à paixão em compreender, à vontade de examinar e de tomar pé de seu tempo, e a decisão de encontrar vias para ir além do sentimento de vergonha que, uma vez derrotado o nazismo, invadiu as vítimas e todo o povo alemão.

Do seu esforço para isolar os elementos que se cristalizaram no surgimento dos regimes totalitários, aflora algo parecido com um roteiro complexo para o pensamento em "tempos sombrios", difícil de catalogar e entretecido de considerações que nem sempre se encaixam facilmente na imagem que temos atualmente de uma autora na qual podemos encontrar uma "variante do radicalismo", e que resulta especialmente confortável pelo fato de "não estar contaminada pelo materialismo, o leninismo ou o historicismo",[75] e que tampouco se encaixa no que o atual "consenso pós-colonial" desejaria de sua análise do imperialismo.[76]

As categorias e os problemas centrais de seu pensamento devem muito a esse roteiro meio oculto; certamente, muitos podem ser lidos como se fossem imagens invertidas dos conceitos dos quais se serviu em *As origens do totalitarismo*. Assim, podemos pensar que sua aposta para entender a comunidade política em termos de distância e não de proximidade, e sua afirmação de que a liberdade tem a ver com o espaço *entre* os homens, contrapõem-se ao fato de os internos nos campos estarem comprimidos uns contra os outros por um anel de ferro que faz desaparecer a pluralidade e a substitui por um Homem de dimensões gigantes. Além disso, a ação pensada sob a matriz da natalidade, da imprevisibilidade e da novidade absoluta é a imagem especular da extinção total da liberdade e da vontade humanas em uma conduta convertida em serial. Sua preocupação persistente com a durabilidade e a estabilidade constitui uma resposta ao caráter de movimento incessante que tiveram as ideologias e os governos totalitários. Igualmente, a relevância política que

Arendt concede à singularidade e à pluralidade pode ser considerada a imagem inversa do terror e da monstruosa uniformização e igualação própria dos campos: "No âmbito da pluralidade tudo aquilo que denominamos 'parte' pode ser mais que o 'todo' a que pertence".[77] Enfim, a antítese dos "poços de esquecimento" seria sua aposta na memória, entendida não apenas como um recordatório do sofrimento dos judeus no século XX – já que massacres e dores foram abundantes ao longo da história –, mas também como ênfase no papel da palavra e do relato como vias para julgar e outorgar sentido àquilo que fazemos e sofremos.

Na medida em que não considera o totalitarismo como resultado de um excesso de política em todos os âmbitos, mas como a destruição da política, muitos dos trabalhos de Arendt podem ser considerados frutos de sucessivos esforços para repensar o sentido, a especificidade e a dignidade da política, distinguir entre domínio e poder político, e entre autoridade e poder, ou abordar o problema da fundação da liberdade.

Arendt está afastada da confiança generalizada em um retorno à Europa das Luzes e, de fato, sabe que não é o século XVIII, mas o XIX que se interpõe entre aquela Europa e nós.[78] Na sua obra, dirige o olhar aos dois polos extremos da modernidade, o totalitarismo do século XX e as revoluções modernas. O fato de ter identificado no século XIX as "origens" do totalitarismo leva-a a se aprofundar na análise da sociedade moderna como processo de despolitização e de despojamento da liberdade pública – de atomização dos indivíduos na sociedade de massas –, à sua distinção conflitiva entre o social e o político, a uma releitura de Marx e a um estudo das novas figuras contemporâneas sem mundo: o pária, o apátrida e o refugiado. Dirigir o olhar ao século XIX e, então, repropor-se a pergunta sobre a especificidade da liberdade política levá-la a considerar as revoluções como momentos nos quais a ação voltou a ser possível, em que teve lugar um novo início que aspirava a criar um espaço público duradouro, estável, onde a liberdade pudesse aparecer. Arendt apresenta o acontecimento revolucionário como abertura e momento fulgurante do mister político, como conjunto de episódios que só foram possíveis nas condições da Idade Moderna; com isso, diz também que a autêntica política se manifesta apenas naquelas frestas da história em que parece que a progressão temporal é suspensa, interrompida. Assim, nesse ponto, podemos entender que a liberdade política tem a ver mais com os espaços de tempos que fogem à ordem da dominação e com as dinâmicas e movimentos sociais e históricos do que com algum tipo de utopia política.

Essas são algumas mostras do projeto que pode ser entrevisto nos escritos arendtianos, embora certamente coubesse matizar que nem tudo o que encontramos na sua obra provém de *As origens do totalitarismo*. Como disse nas primeiras páginas, em Arendt não há nenhuma intenção de sistema, e sim de encontrar um pensamento que não evite o particular, o contingente, o temporal. Isso, porém, não significa uma renúncia a pensar ou uma submissão ao acidental, e sim uma clara e decidida vontade de assumir a responsabilidade em relação ao mundo e de julgar e compreender os tempos que nos coube viver. E compreender ou julgar quer dizer pensar e expressar o que fazemos, ou seja, *falar disso*, dar nome às coisas e às pessoas, indicando as responsabilidades próprias e alheias, tomando posição em relação ao que acontece. Decerto, Arendt sabe que um dos perigos maiores na hora de reconhecer o totalitarismo como a maldição do século seria ficarmos obcecados ao ponto da cegueira diante dos inúmeros pequenos males, e não tão pequenos, do nosso tempo.

Ao se dirigir a Jaspers, Arendt escreveu que uma das coisas que aprendera de seu mestre e amigo é que "temos de viver e pensar em campo aberto e não reclusos na própria concha, por mais confortável que seja".[79]

3

Em torno do mundo

Mundo comum é um ato e não um fato, pois "mundo" designa ao mesmo tempo a herança a receber, a compartilhar e a transmitir, e a pluralidade daqueles com quem compartilhamos a responsabilidade e, às vezes, a alegria.
FRANÇOISE COLLIN

CONTRASTANDO COM OS OUTROS SERES VIVOS, nós humanos não precisamos aceitar o que nos é dado, podemos transformá-lo; diante dos processos devoradores da natureza, edificamos um mundo de civilização, capaz de sobreviver a nós e de prover-nos um espaço estável onde habitar. Ao destacar essa possibilidade humana de transformar o que é dado, Hannah Arendt não fez apenas alusão à história do *homo faber*, como desejou destacar também o caráter artificial da política, já que, no seu entender, nem todas as formas humanas de convivência são políticas. Os fatos do totalitarismo encarregaram-se de mostrar que, na natureza e na condição humanas, não há nada que não possa ser transformado ou alterado. O especificamente humano não tem nada de natural, de inevitável nem de irreversível, e talvez seja nessa chave que podemos ler uma anotação escrita em 1956 segundo a qual o humanismo havia chegado a seu final.[1] Desse modo, Arendt considera que, mais que voltar a interrogar-se em torno da dignidade do homem, o que é peremptório é fazer a si mesmo a pergunta: o que é a liberdade?, e em seguida encontramos a questão urgente: a política? Ela ainda tem um sentido?

Depois da primeira tentativa de Arendt de compreender os fatos do totalitarismo, encontramos a segunda tentativa nos três livros que, como ela gostava de dizer, "jorraram da sua mão" na década de 1950: *A condição humana*, *Sobre a revolução* e *Entre o passado e o futuro*. Nestes livros, e em outros textos do mesmo período, o objetivo era justamente repensar a liberdade política.

Ao formular interrogações como que sentido tem a política? ou o que é a liberdade política?, Arendt deixa clara sua preocupação com o mundo comum, que havia ficado totalmente aniquilado nas mãos dos regimes totalitários e cuja perda já se fazia sentir ao longo da era e do mundo modernos. Assim, nas primeiras páginas de *A condição humana*, escreve: "Do ponto de vista privilegiado das nossas novas experiências e dos nossos recentes temores", a proposta é levar a termo uma reconsideração das condições da vida humana, "vida, natalidade e mortalidade, mundanidade, pluralidade a Terra".[2]

Considero importante sublinhar que, ao colocar atenção no mundo em que nascemos inesperadamente e onde atuamos, Arendt não só se afasta da tradição da filosofia política moderna, que no centro da sua reflexão situou a questão do sujeito, como comporta também uma forma de aceitação da contingência e fragilidade tanto da ação quanto do espaço comum. De fato, como veremos, quando Arendt traslada a questão da liberdade para fora do enquadramento centrado no sujeito, desvincula-a do que é incondicionado. Embora possa parecer paradoxal, a finitude e a fragilidade da liberdade não fazem outra coisa que não seja reforçá-la e intensificá-la.

Centrar-se no mundo e não no sujeito significa partir do fato de que cada um de nós atua em uma rede já existente de relações humanas, com suas inúmeras e conflitantes intenções e vontades. Em outros termos: quer dizer partir do *factum* da pluralidade, sem entendê-la já de saída como um problema a resolver, mas como um pressuposto fundamental da política, o que equivale a aceitar que, quando atuamos, sempre estamos em relação com, e *entre (inter-homines)*, os outros.

O mundo não é um mero equivalente da Terra – espaço que delimita o movimento dos seres humanos – nem da natureza, condição geral da vida orgânica: antes de mais nada encontra-se vinculado ao artifício humano, a tudo o que é produto das nossas mãos, e também aos assuntos que têm lugar entre os que habitamos juntos nesse mundo. "Conviver no mundo significa, em essência, que há um mundo de coisas entre os que têm esse mundo em comum, da mesma maneira que a mesa está localizada entre aqueles que se sentam em volta dela; e, assim como tudo aquilo que se encontra no meio, que está *entre*, o mundo junta e separa aqueles que o têm em comum".[3] Poderíamos dizer que o mundo evita que fiquemos atomizados ou que caiamos uns sobre os outros, e nos amontoemos, já que tem o poder de agrupar, distanciar e relacionar as pessoas. Trata-se de um mundo humano no seio do qual há espaço para podermos nos deslocar e compartilhar perspectivas diferentes. Arendt nos convida a considerar o mundo comum um espaço de relação, onde os seres humanos falam, discutem e se veem; como uma espécie de cena caracterizada por uma pluralidade irredutível, e onde, como veremos, a liberdade pode aparecer e podemos nos distinguir e singularizar-nos.[4]

Tudo isso nos obriga a reconsiderar o lugar que costumamos atribuir aos limites e à interdependência quando refletimos sobre a liberdade política. Quero dizer que Arendt enfatiza que nossa condição de natais dá sentido à nossa existência, apesar de não a termos escolhido nem de estar em nossas mãos. A própria iniciativa não intervém em nosso nascimento; é um fato que já nos vem dado e que podemos agradecer ou rejeitar. Podemos encontrar uma recusa similar na tradição filosófica que apenas tentou confrontar-se com a mortalidade, com nossa condição de mortais. Contudo, é preciso observar que, ao colocar o nascimento no centro, Arendt alude ao fato de que somos "criados", gerados por outros, e que chegamos a um mundo como estranhos, novos, sem o consentimento daqueles que nos precederam ou que já estão ali. Lembra-nos que não nascemos de nós mesmos, somos precários e contingentes e ligados a um tecido de relações preexistente que não fizemos e que não é totalmente fruto da nossa iniciativa, o que significa que não podemos escolher, ou ter o controle íntegro das condições da nossa existência. Somos dependentes de outros que nos deram a vida, e que, por sua vez, também chegaram ao mundo como estranhos. Assim, a ênfase de Arendt na condição humana da natalidade e, portanto, na contingência e em nossa condição interligada, nos afasta de algumas das considerações contemporâneas, herdeiras da dialética hegeliana, que apostam no reconhecimento mútuo, ou daquelas outras que, próximas da ética levinasiana, sublinham a prioridade do Outro e a não reciprocidade na relação de reconhecimento. A ênfase arendtiana no mundo e na natalidade ressalta a precedência temporal de um tecido herdado com diversas qualidades de relação. Dito de outra forma, destaca uma dívida de sentido que, apesar disso, resiste ao retorno dele, já que no pensamento de Arendt a natalidade também é a matriz da ação. Embora a natalidade evidencie nossa dependência e fragilidade e o fato de que sempre somos e atuamos em condições não escolhidas, nascer é interrupção, início e inovação. Por outro lado, esse nexo de contingência na cadeia das gerações e nas relações com os outros reduz o fluxo devorador do tempo, que ameaça a existência e abre espaço para um tempo biográfico, não serial, não natural; pressupõe um mundo com uma estabilidade frágil, um mundo que não está em movimento constante como ocorre nos processos naturais. Como escreveu À. Lorena Fuster, o mundo se manifesta e é percebido: "No jogo entre o dado e o imprevisível, entre a determinação e a indeterminação absoluta, entre a continuidade e a descontinuidade. E isso não implica uma mão anônima ou uma lógica oculta que despoja a história da sua qualidade política como entrelaçamento de ações e reações dos homens, e sim dá razão ao que aparece de modo contingente, prestando atenção à novidade da sua emergência como fenômeno singular".[5]

**

Elogio da artificialidade

O objeto da política encontra-se vinculado precisamente à preocupação com o mundo (*amor mundi*) e, portanto, aos gestos de estabilizar a convivência de seres finitos por meio de uma comunidade plural. Dito de outra forma, se os seres humanos não falassem a respeito do mundo e este não os alojasse, o mundo não seria um artifício humano, e sim um monte de coisas desconexas às quais cada indivíduo isolado poderia acrescentar mais um objeto. A política introduz uma ruptura em relação a qualquer modalidade simplesmente natural ou social de vida, já que o mundo comum não pode ser reduzido às pessoas que nele vivem; o mundo comum pressupõe um espaço *entre*, que separa e relaciona os que nele habitam. Em um dos fragmentos do que seria seu livro *O que é a política?*, lemos: "O homem é apolítico. A política nasce no *entre-os*-homens, portanto completamente fora *do* homem".[6]

Arendt assinala que o que de verdade é difícil de suportar na sociedade de massas não é a quantidade de pessoas que a formam, mas o fato de o mundo ter perdido o poder de agrupá-las, relacioná-las e separá-las. Assim, ao se referir à progressiva perda de mundo (*worldlessness*) na era e no mundo modernos, não faz alusão ao esvaimento de uma suposta comunidade tradicional, constituída por vínculos quase familiares, como tantos outros pensadores fizeram, mas à gradual diminuição desse artifício humano, dessa esfera pública, cuja realidade deriva da presença simultânea de inúmeras perspectivas e aspectos com os quais o mundo comum se apresenta e que não é assimilável à unidade homogênea do gênero humano. Assim, nos seus *Cadernos de pensamento* escreve: "Agora, na realidade, cada um tem apenas a sua imagem da percepção e não pode ter qualquer certeza de que à mesa que é vista corresponda uma mesa real, já que essa realidade se estabelece precisamente de maneira confiável na comunidade. Desaparece a mesa como o *entre* que une e separa, e fica uma massa de indivíduos sem conexão".[7]

O esforço para repensar a dignidade da política como jogo de ações e de resistências, como conjunto de relações plurais que apenas no momento em que se realizam dão existência à esfera pública,[8] remete então a uma noção de comunidade política em termos de distância e não de proximidade nem de similitude, e ao caráter artificial do mundo. O espaço da liberdade política se dá potencialmente ali onde as pessoas se reúnem, mas apenas potencialmente, não necessariamente nem para sempre.[9] Essa forma de entender a política abre um importante espaço de reflexão, uma vez que aqui a comunidade não se constitui sobre a base de uma prévia identidade compartilhada e estável, sendo ao contrário inseparável da pluralidade e, portanto, do limite que esta última situa diante da fusão em forma orgânica. Ou seja, a ênfase não é encontrada no que agora nomearíamos como "identidades", mas na diferença e na distinção, no gesto de tomar a iniciativa em relação ao que nos foi dado e não fizemos.[10] Como escreveu Linda Zerilli: "Arendt não propõe a política como questão do sujeito nem como questão social, mas como questão do mundo, ou, mais precisamente, como uma atividade de edificação-de-mundo".[11]

Como afirmei, o esforço de Arendt para reconceitualizar a liberdade política não constitui um gesto de nostalgia pela perda do mundo, mas de diagnóstico do próprio tempo e de aceitação do convite para examinar a fundo os restos e fragmentos da liberdade depois de desfeita.

**

Companhias para o pensamento: Lessing e a literatura

Em 1959, Hannah Arendt recebeu em Hamburgo o prêmio Lessing, e nos primeiros parágrafos do discurso que pronunciou ao recebê-lo afirmou: "na nossa época não há nada mais duvidoso que nossa atitude em relação ao mundo".[12] Em seguida, pontuou que o mundo e as pessoas que o habitam não são a mesma coisa, já que o mundo é o espaço que se encontra entre as pessoas e que nos protege da dinâmica devoradora da necessidade natural. Trata-se, pois, de uma cena pública que, para além do sujeito individual, se forma entre os indivíduos e ilumina os assuntos dos seres humanos ao prove-los com um espaço onde podem aparecer e mostrar, em atos e palavras, por bem ou por mal, quem somos.

A estabilidade desse *entre* já havia sido abalada na época moderna; no século XVIII ia perdendo seu poder de iluminar e alguns, diante dessa situação, optaram por se recolher à sua concha e retirar-se de seus compromissos com o mundo. Embora o gesto de Lessing também tenha sido de retirada, Arendt considera que o realizou sem se recolher sobre si mesmo; nunca deixou de estar em oposição ao mundo, permaneceu em sua solidão "radicalmente crítica e, em relação ao âmbito público da sua época, totalmente revolucionária".[13] Retirou-se para o pensamento, mas para ele havia uma relação secreta entre pensamento e ação, tanto um quanto o outro presentes na forma do movimento, de maneira que "a liberdade que subjaz a ambos é a liberdade de movimento".[14] Por esse motivo o célebre *Selbstdenken* (pensar por si mesmo) lessinguiano não descreve a atividade própria de um indivíduo culto e que, centrado em si mesmo, busca onde poderia encontrar no mundo o lugar mais favorável para seu próprio desenvolvimento, e sim que escolhe esse *Selbstdenken* porque pensando descobrimos outra maneira de nos movermos livremente no mundo. No caso de Lessing, a opção não é, portanto, situar-se em posição de extraterritorialidade, e a crítica adota uma postura a favor do mundo, compreendendo e julgando as coisas segundo a posição que nele ocupa em um momento particular. Pensar por si mesmo não é pensar a partir do nada, mas é assumir posição, responder a partir e responder àquilo que nos foi dado. Assim, sua atitude não pode dar lugar a uma visão definitiva que, uma vez adotada e tendo-se aferrado a uma única perspectiva, se torne imune a outras experiências. Daí que Lessing resista ao pensamento sistemático e que tenha em pouca estima o axioma da não contradição, a exigência de ser coerente consigo mesmo, que "supomos obrigatória para todos aqueles que escrevem e falam", como diz Arendt.[15] Ele se inclina mais a disseminar *fermenta cognitionis*.

Arendt nos apresenta, assim, um Lessing polemista interessado na pluralidade de perspectivas, de opiniões, imerso em um tipo de pensamento que é um diálogo antecipado com os outros, com o mundo, a partir de uma parcialidade vigilante. E observa que Lessing experimentava o mundo na raiva e no riso – atitudes enviesadas por natureza – e que, não obstante, "nunca se sentiu inclinado a brigar com alguém com quem estivesse em controvérsia; somente lhe interessava humanizar o que acontece ao mundo por meio do discurso incessante e continuado".[16]

Em sua fala, Arendt também se interroga em torno do que se interpõe entre seu presente e o de Lessing: o que nos separa do século XVIII, sugere ela, é que "os 'pilares das verdades mais conhecidas'", que então viram-se sacudidos e cambaleavam, hoje estão destruídos e já "não necessitam nem da crítica nem dos homens sábios para que estes continuem a sacudi-los. Basta olhar à nossa volta para perceber que estamos bem no meio de uma montanha de ruínas daqueles pilares".[17] Como tenho dito, a ruptura irreversível do fio da tradição tornou-se um fato de importância política depois da Segunda Guerra Mundial.

Apesar disso, Arendt parece assinalar que ainda é possível herdar o "gosto do mundo" de Lessing, o pensar politicamente. Arendt escreve que "até nos tempos mais sombrios temos o direito de esperar certa iluminação [...], e essa iluminação pode chegar a nós menos a partir de teoria e conceitos que da luz faiscante e frequentemente tênue que irradiam alguns homens e mulheres em suas vidas e em suas obras, em quase todas as circunstâncias".[18] Essa mesma atitude é a que podemos notar nos textos que reuniu em 1968 em *Homens em tempos sombrios* e é a que a move a procurar a "companhia" da literatura. Poder-se-ia dizer que, diante do pessimismo radical ou da simples menção ao ato da perda, Arendt se interessa por aqueles que, longe de se contentar em descrever o "não" da luz que os cega ou a escuridão total de seu tempo, "dizem sim" e nos enviam fulgores que possam sulcar a noite, sinais intermitentes, pensamentos a serem transmitidos: fazem aparecer parcelas de humanidade, para dizê-lo com palavras de Georges Didi-Huberman. Em seu livro *Sobrevivência dos vaga-lumes*, diante da visão apocalíptica ou da grande impaciência em relação ao presente de alguns pensadores contemporâneos, e tomando emprestada a imagem do desaparecimento dos vaga-lumes de Pasolini, Didi-Huberman, filósofo e historiador da arte, defende a sobrevivência desses minúsculos animais de voo incerto que emitem traços de luz intermitentes, breves, frágeis, a fim de indicar a qualidade luminosa daqueles que resistem à barbárie, com frequência de modo não organizado, com gestos mínimos e humildes, e dão testemunho de outra lógica, de uma capacidade de resistir à destruição.[19] Talvez as palavras que Arendt escreve no prefácio de *Homens em tempos sombrios* devessem ser interpretadas neste sentido: "Os que buscam representantes de uma era, porta-vozes do *Zeitgeist*, expoentes da História [...] buscarão aqui em vão".[20]

Na realidade, os tempos sombrios não são raridade na história, e, apesar de seu êxito econômico, a Alemanha que outorgava um reconhecimento a Arendt não era nenhuma exceção. Como judia forçada a fugir da sua terra natal por um regime que não tolerava nenhuma diversidade, ironicamente Arendt foi convidada em 1959 pela Cidade Livre de Hamburgo a recolher um prêmio em honra ao profeta da tolerância, Lessing.

Arendt não estava disposta a agir como se não tivesse acontecido nada, e queria evitar que seu gesto de aceitar o galardão pudesse ser entendido como uma maneira de admitir o lugar que lhe era designado com o prêmio – o de herdeira da tradição alemã ilustrada – e, assim, contribuir para restaurar uma tradição interrompida por um período, o do Terceiro Reich, naquele momento já passado ou "ainda não dominado".[21] O discurso que pronunciou é uma peça irônica e alusiva na qual são entretecidos muitos dos temas que vertebraram sua obra, todos eles vinculados aos fatos e experiências sem precedentes que haviam ocorrido naquele período que se pretendia esquecer, mas que, na sua opinião, ainda exigiam ser pensados politicamente.

Podia esse passado chegar a ser parte do mundo comum plural? A resposta tem de ser afirmativa, sempre que seja narrado na forma de relato, de um relato capaz de evocar nos seus ouvintes um "efeito trágico" ou "prazer trágico", a demolidora emoção que nos confere a capacidade de aceitar que tenha sido possível ocorrer o que ocorreu. Não se trata, portanto, de dominar esse passado, mas de tentar saber com precisão o que foi, suportar (*pathein*) esse conhecimento e esperar para ver o que resulta disso. Arendt cita deliberadamente a tragédia porque representa, mais que as outras formas literárias, um processo de reconhecimento.[22] De maneira similar à tragédia, os relatos, as narrações nos fazem reviver aquilo que nos foi dado e a ação na forma do *pathos*, do suportar.[23] A narração torna possível esse suportar sem negar a realidade do acontecimento do qual emerge a dor. A história, o relato, revela o significado daquilo que, de outra maneira, continuaria sendo uma sequência insuportável de meros acontecimentos; não oferece definições nem teorias, e sim a lenta e laboriosa descoberta e, talvez, a cartografia da região que algum incidente posterior iluminou retrospectivamente. Talvez seja isso o que Arendt faz em *As origens do totalitarismo*: elementos como o antissemitismo moderno e o imperialismo formariam parte da cartografia que os fatos da emergência dos regimes totalitários iluminaram. Assim, é apenas por meio da transformação derivada da sua repetição colocada em marcha pela poesia ou pela história que o passado pode ter acesso ao espaço comum.

O artigo sobre Lessing, escrito a partir do discurso pronunciado, e o livro em que Arendt finalmente o incluiu, *Homens em tempos sombrios*, nos permitem seguir alguns de seus "trens" ou fios de pensamento.[24] Agora quero destacar o da rememoração como salvação da ruína dos tempos, em particular uma vez perdida a fé na tradição e no caráter indestrutível do mundo, e o da importância da literatura, em particular da poesia, uma vez constatada a limitação das ciências sociais para dar conta dos fatos sem precedentes ocorridos e dos acontecimentos do presente com sua impessoal e acreditada "voz do nada".[25]

O significado do acontecido não é dado, emerge nas repetições na memória, que opera sempre retrospectivamente; aflora somente "quando se silenciaram a indignação e a ira que nos levam à ação", quando a ação finalizou e se converteu em uma história suscetível de ser narrada. Ao rememorar o passado por meio do relato, a rede dos atos individuais se transforma em acontecimento, em um todo significativo. O *storytelling* reúne o disperso e "revela o significado sem cometer o erro de defini-lo [...] cria consentimento e reconciliação com as coisas tal como são realmente" e, é preciso acrescentar, o significado não é completamente separável da história relatada.[26] Porém, como observa Arendt, embora a narração "não resolva nenhum problema nem alivie nenhum sofrimento, não domine nada de uma vez por todas", acrescenta alguma coisa ao repertório do mundo que sobreviverá a nós.[27]

Arendt assinala que, "apesar de ter perdido os parâmetros para medir [...], um ser cuja essência é iniciar pode ter nele mesmo suficiente originalidade para compreender sem categorias preconcebidas e julgar", para pensar de outra maneira, "sem corrimões".[28] O acontecimento que não para de sobrevir, de se enfiar pelas redes do presente, espera um eco, precisa ser legado, confiado.[29] Como escreveu em 1963, sempre restará alguém para contar, explicar, a história, mas como transmitir a interrupção, como podemos tecer os fios?[30] A literatura proporciona um meio particularmente poderoso para a reflexão sobre a relação entre presença e ausência, entre "antes" e "agora", para a reflexão sobre o tempo.[31]

Hannah Arendt é preeminentemente uma teórica dos inícios, e todos os seus livros podem considerar-se como histórias, relatos, do inesperado (tanto ao se ocuparem dos horrores do totalitarismo como do novo clarear da revolução); as reflexões sobre a capacidade humana de começar alguma coisa nova impregnam todo o seu pensamento, como indica a centralidade que ocupa a categoria da natalidade.[32] Suas considerações em torno da história, o passado, a memória e o relato estão marcadas por um decidido reconhecimento da fragilidade e da contingência dos afazeres humanos, e pela sua decisão de não se dobrar à ideia segundo a qual para dar conta dos acontecimentos humanos é preciso evitar o concreto e o particular, e eliminar, no mesmo gesto, a dimensão de pluralidade e imprevisibilidade própria da ação. Escreve nos *Cadernos de pensamento*: "Tão logo queremos escapar da arbitrariedade e da contingência do concreto, caímos na arbitrariedade e contingência do abstrato, que se evidenciam no fato de que o concreto está disposto a se deixar dominar por qualquer necessidade do pensamento".[33] Isso tem de nos permitir entender alguns dos motivos de seu afastamento das ciências sociais, já que considera que toda "ciência se baseia necessariamente em algumas suposições pouco articuladas, elementares e axiomáticas, que só são expostas e irrompem quando se veem confrontadas com fenômenos totalmente inesperados que não podem ser compreendidos no marco de suas categorias".[34] As ciências sociais seriam intrinsecamente incapazes de compreender os fenômenos sem precedentes porque apelam a tipos ideais ou têm tendência a traçar analogias tais que não é possível perceber o choque da experiência nem a especificidade do acontecimento.[35]

Nesse ponto vale recordar a resposta a Eric Voegelin quando este criticava *As origens do totalitarismo* por não levar a termo uma análise científica e objetiva do que ocorreu e recomendava à sua autora aproximar-se do fenômeno *sine ira et studio*.[36] Entretanto, para Arendt, descrever os campos de extermínio com objetividade significa condená-los, e essa condenação não desaparece pelo simples fato de que, junto com a descrição objetiva, se acrescente depois uma condenação. Para ela, escrever sem cólera supõe eliminar uma parte da natureza do fenômeno, uma das suas qualidades inerentes. Diante do totalitarismo, a indignação ou a emoção não obscurecem nada, e são, sim, uma parte integrante da coisa. Portanto, a ausência de emoção não se encontra na origem da compreensão, já que o oposto de "emocional" não é de modo algum o "racional" – seja qual for o sentido que se dê a essa palavra –, e sim, em todo caso, a "insensibilidade", que costuma ser um fenômeno patológico, ou o "sentimentalismo", que é uma perversão do sentimento.[37] Assim declara: "Se escrevo da mesma maneira objetiva a respeito da época isabelina que sobre o século XX, pode muito bem ser que meu tratamento de ambos os períodos seja inadequado, porque terei renunciado à faculdade humana de dar resposta a qualquer um dos dois".[38] Com isso, destaca que se trata de descrever o fenômeno totalitário ou os acontecimentos revolucionários "como se tivessem lugar não na lua, mas bem no meio da sociedade humana",[39] o que implica descrever aquilo que aconteceu deixando que intervenham a indignação ou o entusiasmo, tratar o fenômeno no seu contexto humano, de maneira que a experiência pessoal fique necessariamente envolvida na investigação. Não obstante, Arendt não valoriza as paixões pela força com que nos afetam, mas pela "quantidade de realidade que a paixão transmite".[40]

Arendt já havia insistido nessa ideia ao afirmar que a vontade de objetividade dessas ciências elimina toda pretensão de compreender os fenômenos humanos e suprime também qualquer responsabilidade. Assim, nos *Cadernos de pensamento* escreve: "É essencial compreender que a indignação moral, por exemplo, é um ingrediente essencial da pobreza, se queremos entender a pobreza como fenômeno humano".[41]

Como observou Lisa Disch, Arendt deixa de lado o idioma *literal* das ciências sociais pela *ressonante* "voz da poesia".[42] E possivelmente o faz porque no olhar das ciências sociais não apenas é menosprezado o particular como nelas está ausente "o gosto do mundo", a responsabilidade política.[43] De fato, o olhar de Arendt sempre é político e está dominado pela parcialidade vigilante lessinguiana: suas referências a textos literários (Rilke, Kafka, Blixen, Brecht, Faulkner, Conrad, Auden, Char, entre outros), com frequência fragmentárias, não são apresentadas quase nunca como prova: criam estratificações e polifonia, pluralidade, e resistem contra a secura das fontes da tradução, sem tentar harmonizar as vozes discordantes.[44] Os poetas e escritores que cita não lhe interessam pelo virtuosismo no dizer, mas pela sabedoria de seus relatos fulgurantes, sequências narrativas breves que condensam ou metaforizam o testemunho pessoal de uma experiência histórica.[45]

A narração é, em substância, um artifício linguístico que reconstrói aquilo que ocorreu na história por meio de uma trama que privilegia os agentes humanos mais que os processos impessoais e que não faz o significado derivar do particular a partir de nenhum princípio geral;[46] imita a imprevisibilidade da condição humana e reproduz poeticamente a contingência, sem cancelá-la, diferentemente das narrações totalizadoras que negam seu caráter de acontecimento.[47] Como escreve Sheldom Wolin: "Arendt insistiu no fato de que a teoria tem de ser incansável e implacavelmente concreta. A concreção não era apenas uma condição teórica; constituía a base fundamental do julgamento político".[48] Não nos deve surpreender, portanto, que Arendt propusesse seu curso "Experiências políticas no século XX", que ministrou na Universidade Cornell em 1965, como "exercícios de imaginação" e que advertisse seus alunos para lerem "uma pilha de ficção a fim de obter a experiência não em estado bruto, mas, sim, sem viés teórico".[49] Da mesma maneira, na sua obra os textos literários não são tratados como documentos, mas como mediações para a imaginação. O verdadeiro artista não nos proporciona uma ficção de pura fantasia, mas cria sob a guia da imaginação – essa capacidade de se deslocar mentalmente e de penetrar a densidade do real – e confia que "no final a imaginação captará pelo menos uma centelha de luz da sempre inquietante verdade".[50]

Como vimos nas primeiras páginas, Arendt não se cansa de repetir que todo pensamento surge da experiência, mas entende que nenhuma experiência é capaz de adquirir sentido se não se submete às operações da imaginação. "Sem repetir a vida na imaginação não é possível estar inteiramente vivo", escreve em seu ensaio dedicado a Isak Dinesen (Karen Blixen).[51] A faculdade da imaginação transforma o objeto visível em imagem visível e nos permite a re-presentação – tornar presente aquilo que está ausente nos sentidos.[52] Apenas com a imaginação podemos nos distanciar de nossas condições dadas, particulares e subjetivas, já que nos permite "ver as coisas com seu verdadeiro aspecto, colocar aquilo que está perto demais a certa distância, de modo que possamos vê-lo e compreendê-lo sem parcialidade nem preconceito, vencer o abismo que nos separa daquilo que está muito distante e vê-lo como se nos fosse familiar [...] a experiência direta estabelece um contato estreito demais e o mero conhecimento ergue barreiras artificiais".[53] A imaginação nos faz viajar, nos permite movermo-nos livremente pelo mundo, julgar.

Quando, em diversos momentos de sua obra, Arendt dirige seu olhar à *Crítica da faculdade do juízo* de Kant, em busca de um aspecto político que, embora suponha a perspectiva do espectador retirado, distante da participação na vida comum, que atenda ao particular e saiba que desaparecerá se não se comunicar ou não se submeter ao juízo dos outros, encontra-o no "juízo reflexionante" que permite julgar acontecimentos inesperados, novos, e em condições nas quais não há critérios ou regras estabelecidas.[54] Nesse caso, quando julgamos, recorremos à imaginação com a finalidade de colocar-nos no lugar de outra pessoa, pensamos *abertamente* (*enlarged mind*). Quem pensa com mentalidade aberta, dizia o próprio Kant, precisa se afastar das condições privadas subjetivas do julgamento e refletir sobre seu próprio julgamento a partir de um ponto de vista geral (que só consegue estabelecer assumindo o ponto de vista dos outros).[55] Utilizando os mesmos termos de Arendt: educou a própria "imaginação a sair em visita",[56] o que não pressupõe nenhuma espécie de empatia por meio da qual pudéssemos sentir ou ser como os outros, nem de fazer uma recontagem e unir-nos à maioria, e sim o compromisso de pensar por si mesmo. Trata-se, como veremos, de "ser e pensar dentro da minha própria identidade onde na realidade estou".[57]

Em princípio, essa maneira de pensar abertamente não tem limite: "Quanto mais pontos de vista diversos eu tiver presentes enquanto avalio determinado assunto [...], tanto mais forte será minha capacidade de pensamento representativo e mais válidas minhas conclusões, minha opinião".[58] De maneira que o exercício da faculdade de julgar não só nos diz que aspecto tem o mundo como também quem é que a ele pertence. Nesse ponto, a ênfase recai na comunicabilidade como a condição do julgamento do gosto;[59] quem julga está implicado junto com os outros, cujos julgamentos leva em conta. Essa maneira de pensar nos oferece certa imparcialidade, uma "parcialidade sempre vigilante",[60] mas não nos diz "como atuar", embora nos ajude a ancorar-nos no mundo, depois da perda da tradição. Poderíamos dizer, portanto, que, nesse aspecto, a humanidade não existe abstratamente, e é encontrada nos julgamentos, pelos quais celebramos o assentimento dos outros, mesmo que a aspiração não seja alcançar a unanimidade. De fato, como aponta Françoise Collin: "Não se trata de renovar uma comunicabilidade constituída, mas de inaugurar uma comunicação sem garantia. Não se trata de confirmar o ritmo de um sentido comum latente, mas de apelar a um sentido comum que sempre está sendo adiado".[61] Compartilhar o julgamento significa comunicação; apelar ao assentimento dos outros, persuadi-los, significa estar junto em um mundo comum; quando julgamos e comunicamos, escolhemos companhias e expressamos preferências; formamos um círculo de amigos entre os contemporâneos, e também entre nossos antecessores.[62]

Em vez de se aliar aos intelectuais, os "eles", que parecem seguros de ter entendido os problemas e as soluções a todo momento, Arendt parece apostar naqueles escritores e artistas que assumem o próprio tempo e a fragilidade da nossa condição mundana sem se enfiar dentro da concha. Como afirma Bérénice Levet, o próprio fato de preferir a companhia de narradores e poetas "'é uma questão de gosto'; de gosto no sentido forte, nobre e kantiano do termo, isto é, de julgamento".[63]

**

Sócrates, um cidadão reflexivo e um pensador pré-filosófico

> *Temos de reservar para nós uma espécie de quarto dos fundos, totalmente nosso [...] onde estabeleceremos nosso principal retiro e nossa solidão, onde manteremos uma conversa corriqueira conosco [...] Temos uma alma que [...] pode se tornar nossa companhia.*
> MICHEL DE MONTAIGNE

Se, como temos visto, a partir do surgimento dos regimes totalitários, a ruptura do fio da tradição deixou de pertencer apenas à história das ideias e passou a fazer parte da história do mundo, então o desenraizamento não é apenas específico do filósofo, converteu-se em próprio do homem comum contemporâneo. Talvez seja nessa chave que tenhamos que entender também umas palavras de Arendt ao final de sua vida: "Juntei-me às fileiras daqueles que há um tempo se esforçam para desmontar a metafísica e a filosofia, com todas as suas categorias, tal como as temos conhecido desde seus inícios na Grécia até nossos dias".[64]

Nos "tempos sombrios" e de bancarrota da compreensão nos quais a liberdade havia sofrido um de seus reveses mais duros, Arendt propõe-se a repensar-lhe a especificidade, e fez isso voltando o olhar para a Grécia. Consciente de que "qualquer período para o qual seu passado tenha se tornado tão questionável quanto para nós precisará tropeçar em algum momento com o fenômeno da linguagem, já que nele encontramos contido o passado de modo inapagável", considerou que, "enquanto continuarmos utilizando a palavra 'política', a pólis grega continuará existindo no fundo da nossa existência".[65]

Praticamente em todos os textos nos quais se ocupou da pólis, Arendt empregará as reconstruções dominantes em seu tempo,[66] mas, além disso, o que nos oferece é uma espécie de "tipo ideal" derivado da decisão de atender à natureza do mundo público-político anterior à conceitualização (e distorção) filosófica que dela fizeram Platão e Aristóteles.[67] Isso correspondia à intensa preocupação de Arendt em reabilitar a política após os fatos do totalitarismo, como podemos entrever em carta a Jaspers de 4 de março de 1951: "Suspeito que a filosofia não é de todo alheia a essa confusão. Naturalmente, não no sentido de que Hitler tenha algo a ver com Platão [...]. É mais no sentido de que a filosofia ocidental nunca teve um conceito claro da política, nem podia tê-lo, porque, por necessidade, falava do homem no singular e apenas tangencialmente abordava o fato da pluralidade".[68] De acordo com essas palavras, a filosofia não seria a causante do auge do totalitarismo, mas tampouco poderia ser considerada totalmente alheia. Na ata de nascimento da tradição filosófica ocidental já estaria inscrito o conflito entre a filosofia e a política, razão pela qual Arendt afirmou seu desejo de olhar a política "com olhos não turvados pela filosofia".

Assim, a tarefa que parecia impor-se a ela era a de tentar encontrar um outro *modus* – pré-filosófico – de relação entre o pensamento e o mundo plural. A Grécia que lhe interessava desde esse ponto de vista era a dos poetas, historiadores, legisladores ou cidadãos reflexivos: Homero, Heródoto,

Tucídides, Sólon e Sócrates.[69] Em seus escritos, encontramos aproximações muito diversas a esse mundo pré-filosófico, mas Sócrates em particular, como "cidadão entre cidadãos" e como uma espécie de pensador não profissional, não deixou de assumir um papel cada vez mais relevante em seu pensamento.

Talvez por isso, mais do que para tentar inquirir de novo que lugar devemos designar a Sócrates na História da Filosofia, Arendt o converte em modelo de pensador não metafísico; algo que no final de sua vida ela justificou tornando suas as palavras de Étienne Gilson referidas à *Divina comédia* de Dante: "Um personagem [...] conserva [...] tanta realidade histórica quanto exige a função representativa que Dante lhe atribui".[70] Sócrates é a figura que ilumina a experiência da pólis, e seu julgamento e condenação à morte são apresentados como desencadeadores do afastamento por parte de Platão da experiência política e da consequente desconfiança em relação a ela que caracterizará posteriormente a tradição filosófica ocidental: "A tradição do nosso pensamento político começa no instante mesmo em que a morte de Sócrates leva Platão a desesperar da vida da pólis e a questionar então certos fundamentos do ensinamento socrático".[71] Com Platão, a figura de Sócrates teria ficado imortalizada, e ao mesmo tempo seu pensamento político, marginalizado. Este é um dos fios que Arendt perseguirá durante a década de 1950, ao interrogar a si mesma sobre o abismo que separa a filosofia e a política. Por outro lado, como veremos adiante, nos anos 1960, e depois do julgamento de Eichmann em Jerusalém, Arendt viu no pensamento socrático algumas chaves para pensar e encarar o colapso das categorias e padrões tradicionais de pensamento político e de julgamento moral derivado das ações do totalitarismo.

Na obra de Arendt o gesto de voltar à pergunta sobre o sentido da política é inseparável da convicção de que, felizmente, pensar não é prerrogativa de alguns poucos, mas uma faculdade sempre presente em seres que nunca existem no singular e que se caracterizam pela sua essencial pluralidade. No mundo anterior a Platão – tal como ela esboça – não existia separação fundamental entre ação e discurso, a fala não se concebia em termos de liberdade de expressão, como costumamos entendê-la hoje, mas como um tipo de ação. E isso não só porque com as grandes palavras os fatos memoráveis se salvassem de cair, mudos, no esquecimento, mas porque o discurso e a ação eram considerados coexistentes e do mesmo nível; a condição de seres pensantes dos seres humanos se manifestava no discurso, no *logos*.

O Sócrates que Arendt desenhou nos primeiros anos da década de 1950 – em particular nas lições da terceira parte de seu curso "Philosophy and Politics: The Problem of Action and Thought after the French Revolution", na Notre Dame University (1954)[72] – é um pensador que, diante do profundo conflito entre o âmbito do pensamento e o dos assuntos humanos em que iniciaria a Filosofia Política, consegue mover-se em um equilíbrio precário entre os dois.[73] Na pólis, onde a presença dos outros, o trato com os iguais no caráter público do *logos,* constituía o conteúdo do ser-livre, o mundo se mostrava de maneira diferente a cada ser humano. De acordo com a posição que ocupava nele, a *dox*a cumpria um papel fundamental, já que não era outra coisa que não "a formulação com palavras do *dokei moi*, isto é, daquilo que me aparece, àquilo que me parece (*of what appears to me*). Não se tratava de uma fantasia subjetiva ou arbitrária e tampouco de algo absoluto e válido para todos".[74]

Apesar de todas as diferenças entre os homens e suas posições no âmbito público, essa *doxa* nada tinha a ver com o provável e tampouco com o verossímil, e sim com o mundo tal "como se mostra a mim".[75] Ao tornar clara a própria opinião, assumia-se que um mesmo mundo (*koinon*) aparecia a todos; Sócrates movia-se no mercado entre os diferentes *doxai* e, com suas perguntas, gerava perplexidades, discutia preconceitos e certezas não examinadas, e com isso conseguia fazer emergir entre seus interlocutores um sentido do que era comum. Assim, o importante era ver uma verdade em cada *doxa* e falar de tal maneira que a verdade da própria opinião se revelasse à própria pessoa e aos outros. Sócrates não tentava melhorar seus concidadãos, e sim os seus *dokei moi*, convencido de que, com isso, a cidade ganhava em relações e se evitava que a única coisa que moveria à ação e aparecesse na ágora fosse o espírito agonal, isto é, a rivalidade continuada, com o fito de mostrar ser o melhor entre os pares (ver Seção 5).

"O que Platão nomeará mais tarde como *dialegesthai*, o próprio Sócrates chama de *maiêutica* [...]: ele queria ajudar os outros a esclarecer o que eles mesmos pensavam, a encontrar a verdade na *doxa*", escreveu Arendt.⁷⁶ E sublinhou que na pólis nenhum signo visível distinguia a verdade da opinião: todo cidadão possuía sua *doxa*, e Sócrates precisava começar fazendo perguntas a fim de conhecer o *doke moi* do outro, da mesma maneira que ninguém pode conhecer, por si mesmo e sem um esforço adicional, a verdade inerente à própria opinião. É ao falar *in extenso* com alguém sobre alguma coisa que fazemos ressurgir a verdade, não destruindo a opinião ou a *doxa*, e sim revelando a veracidade (*truthfulness*) da própria *doxa*,⁷⁷ uma verdade plural, devedora do mundo comum.⁷⁸

O papel de Sócrates, de espicaçar, não era outro que não o de tentar tornar os cidadãos mais verazes, melhorando as *doxai* que compunham a vida política da qual ele também fazia parte. A maiêutica era uma atividade política, e seu máximo resultado não era uma verdade geral; o fato de ter examinado a *doxa* de algum cidadão por meio do discurso entre iguais, o fato de ter falado a respeito do que tinham em comum, já era um marco suficientemente importante. Como assinalou Étienne Tassin, no diálogo socrático a verdade "nunca é a resposta a uma pergunta, mas o cruzamento de continuadas interrogações, e da sua busca infinita nasce a constituição de um mundo comum. Os diálogos socráticos, aporéticos, fazem aparecer um mundo no lugar onde sempre esperamos em vão uma verdade".⁷⁹ Arendt escreveu: "Esta classe de diálogo, que não necessita de uma conclusão para que continue significativo, é mais apropriada e mais frequente quando compartilhada entre amigos [...] a amizade consiste em boa medida em falar sobre algo que os amigos têm em comum".⁸⁰ Desse modo, Sócrates teria considerado que a função política do filósofo não era governar ou tentar responder à pergunta sobre quem tem de governar quem – como pensa a tradição filosófica –, mas ajudar a estabelecer um mundo comum, construído sobre o entendimento na amizade. Os seres humanos são por natureza diferentes e desiguais, a comunidade política nasce por meio da igualação, "o fato de chegar a um nível de igualdade por meio da amizade não significa que os amigos se identifiquem ou se façam iguais um ao outro, mas que cheguem a ser companheiros em regime de igualdade em um mundo comum", já que, ao falar, o que há entre eles se torna mais comum.⁸¹ Essa consideração encontra ressonância na posterior afirmação de Aristóteles segundo a qual é a amizade e não a justiça (como sustentava Platão) o que parece constituir o vínculo das comunidades.[82] Nessa chave podemos entender o célebre "só sei que nada sei" e a famosa sentença do Apolo délfico: "conhece a ti mesmo". Sócrates atenta ao particular e à pluralidade de perspectivas e é consciente de não estar em posse de uma verdade válida para todos; os homens vivem juntos no modo do discurso, existem tantos *logoi* diferentes quanto homens, e todos esses *logoi* juntos formam o mundo humano. Bethânia Assy observou que, nas lições arendtianas de 1954, não há contradição entre verdade e *doxa*, e portanto entre a linguagem filosófica – a dialética – e a forma política do discurso – a persuasão.[83]

Qual seria o pensamento político que Platão teria marginalizado e que tradição filosófica teria sido esquecida? Em primeiro lugar, o que teria ficado postergado seria que o pensar é uma atividade e não o gáudio passivo de alguém;[84] e, em segundo lugar, que o objeto da política é o mundo, o espaço plural de relação e de palavra *entre* os que o habitam. Nessas afirmações reconhecemos o fio condutor da obra posterior de Arendt, em especial a partir do seu livro de 1958, *A condição humana*:[85] o fio que liga a sua preocupação para pensar a especificidade e a dignidade da política com sua atenção à contingência e ao particular.

Sócrates deixou sua própria *doxa* em mãos "das opiniões irresponsáveis dos atenienses" e foi condenado, o que levou Platão a afastar-se da maiêutica socrática e a menosprezar a pluralidade das opiniões;[86] em suas mãos, *doxa* e verdade ficaram definitivamente separadas por um abismo intransponível que vertebrará posteriormente toda a tradição da filosofia política ocidental. A ênfase deixará de recair na excelência do *bios politikos* para situar-se na negação da pluralidade, no *bios theoretikos*.

Ao menosprezar a *doxa*, Platão estabelecerá um novo ponto de vista: já não se trata da cidade e de seu interesse, e sim da atividade filosófica e de sua proteção.[87] Assim, nas lições de 1954, Arendt nos convida a ler no mito platônico da caverna uma espécie de biografia resumida do filósofo metafísico. Na alegoria platônica podemos vislumbrar o novo ponto de vista: se a pólis era um espaço de aparências onde se manifestava a *praxis* e a *lexis* dos cidadãos, na caverna a ênfase está situada apenas na visão e não na ação nem no discurso. Na caverna, amarrados de maneira a não poderem se virar, os prisioneiros só podem *ver* sombras, e o acorrentado que consegue desvencilhar-se escapa em direção à luz e *contempla* as ideias eternas. Libertado das correntes, e sem que ninguém o acompanhe ou o siga, o filósofo inicia sozinho uma ascensão que o conduz ao céu claro das ideias, "uma paisagem sem coisas nem homens"; e quando, cegado pela visão direta da luz, retorna à caverna, não consegue ver praticamente nada do mundo plural nem do que é particular: "Aquilo que aloja em seus pensamentos contradiz o sentido comum do mundo", escrevia Arendt.[88] Para Platão, o começo da filosofia é um *pathos* diferente do fato de formarmos uma opinião a respeito de alguma coisa (*doxadzein*): trata-se do espanto mudo diante do que é como é (*thaumadzein*), de um contato direto com a Verdade sem mediação discursiva, já que esse contato é geral demais para ser expresso em palavras, de modo que a experiência filosófica do eterno sempre tem lugar à margem da pluralidade e dos assuntos humanos. Ao separar a verdade e a palavra, o filósofo platônico se afasta da experiência política, como se suas experiências só pudessem se dar na solidão e o diálogo nunca fosse possível com a multidão.

Arendt pretendeu situar-se fora da tradição que concedeu à contemplação, ao *bios theoretikos*, uma superioridade enorme em relação a qualquer outro tipo de atividade humana. A metafísica ocidental, ao assimilar a *praxis* (ação) à *poiesis* (produção) e impor-lhe os critérios da *theoria*, desvalorizou de maneira persistente a dimensão da ação: a política e o espaço público. Já em Platão encontramos uma das perguntas que a filosofia política considerou que teria de responder, qual seja: quem teria de governar quem?, quais são as melhores condições (a "melhor forma de governo") de modo que a atividade filosófica não se veja perturbada pelas pressas da vida cotidiana?[89] O objeto da atividade do filósofo deixou de ser o que emerge entre os cidadãos quando atuam ou falam entre eles – um vínculo ou uma relação – e passou a ser a imposição de uma ordem à cidade que encontra seu fundamento na região das ideias, longe do contingente mundo comum do aparecer.

No entanto, como Arendt nos recorda com a figura de Sócrates, se é verdade que pensar tem a ver com a dimensão de ausência, com aquilo que não está presente, isso não comporta necessariamente domiciliar-se fora do mundo de maneira permanente. "Platão tentou converter [o *bios theoretikos*] em um modo de vida, algo que só pode ser um momento passageiro."[90] Sabemos que pensar significa deter-se ali onde temos a tentação de precipitar-nos, por isso não é nada estranho que até a linguagem comum empregue a expressão "parar para pensar". Pode-se considerar que do fato de ter hipostasiado a simples e corriqueira experiência que qualquer ser humano tem ao pensar nasceu o sonho da metafísica de retirar-se absolutamente do mundo das aparências e das urgências e fragilidade do mundo comum e alcançar uma região atemporal. O *pathos* do espanto não é exclusivo do filósofo, a maioria o conhece, mas se recusa a se manter nele de maneira persistente.[91]

Nas anotações do curso de 1954 sobre o divórcio aberto entre *bios theoretikos* e *bios politikos* a partir da condenação de Sócrates, podemos encontrar esboços de um mito da "queda" filosófica, para usar uma expressão de Margaret Canovan. Se essa fosse a única leitura dessas anotações, poderíamos supor um pensar pré-filosófico ou uma filosofia não metafísica anterior à "queda".[92] Porém a morte de Sócrates não é tão somente uma chave para entender o caminho iniciado por Platão e continuado pela tradição, mas, também e especialmente, para indicar que a tensão entre pensamento e política não pode ser eliminada com facilidade e que o equilíbrio que Sócrates manteve entre esses dois âmbitos era precário.

Arendt dedicou boa parte de seu trabalho a repensar seriamente essa tensão sem procurar eliminá-la, como indicam suas palavras ao final do curso: "A falência do sentido comum no mundo presente indica que a filosofia e a política, malgrado seu velho conflito, sofreram o mesmo destino. E isso significa que o problema da filosofia e da política, ou da necessidade de uma nova filosofia política da qual pudesse surgir uma nova ciência da política, está cada vez mais na ordem do dia".[93] Com essas palavras fica claro, como já assinalou Margaret Canovan, que o suposto "mito da queda da filosofia" não aponta para um fácil platonismo invertido, e sim que tem a ver com a enraizada preocupação de Arendt em encontrar um pensamento que não anule o contingente, que não seja indiferente à realidade comum nem à experiência, e para reconsiderar, depois do colapso, a relação entre o pensamento e a política.

Um passado para o presente. Educação e autoridade

Se retiramos a autoridade da vida política e pública, isso pode querer dizer que, a partir de agora, a responsabilidade pela marcha do mundo é exigível de todos. Mas também pode querer dizer que rejeitamos, conscientemente ou não, as exigências do mundo e sua necessidade de ordem; rejeitamos toda responsabilidade pelo mundo: a de dar ordens e a de obedecer-lhes. No desaparecimento moderno da autoridade, não há dúvida de que essas duas intenções desempenhem um papel e que com frequência tenham operado de modo simultâneo e inextricavelmente.
HANNAH ARENDT

Como temos visto, o objeto da política está vinculado à preocupação com o mundo (*amor mundi*) e, por esse motivo, com os gestos voltados a estabilizar um espaço onde seja possível deslocar-nos e compartilhar perspectivas. Contudo, também tem a ver com a duração, com nosso enraizamento no tempo.

Nos anos 1955 e 1956, Arendt publicou dois artigos sobre o lugar ocupado pela autoridade no mundo moderno.[94] Nas primeiras linhas do primeiro, intitulado "O que é a autoridade?", comenta que talvez tivesse sido mais sensato perguntar "o que foi" a autoridade, já que ela "desapareceu do mundo moderno". Porém, no mesmo texto acrescenta que a autoridade perdida não é a autoridade em geral, mas uma forma específica que foi válida por muito tempo no Ocidente.

Arendt principia lembrando que com o termo *autoridade* sempre designamos uma relação. A autoridade pode ser atribuída a pessoas – há algo similar à autoridade pessoal na relação entre professores e crianças ou entre pais, mães e filhos, por exemplo – ou a entidades, como o Senado Romano ou as instituições hierárquicas da Igreja. Embora tenham sido definidas em termos de hierarquia, obediência etc., talvez o que caracterize, vertebra e diferencie as relações de autoridade seja o fato de que só podem se dar por meio do reconhecimento de quem obedece. Assim, e diferentemente da relação de domínio, a autoridade nunca é exercida ou possuída por alguém, sempre é concedida pelos outros. Esse é o motivo pelo qual o pior inimigo da autoridade é a indiferença ou o menosprezo, e a forma mais segura de miná-la, o riso. Se definimos essa relação em termos lógicos, podemos perceber que se trata de uma relação irreflexiva, já que em nenhum âmbito alguém pode ser uma autoridade por si mesmo, e quase sempre é assimétrica.[95] Com toda a razão, Arendt a considera o fenômeno político mais esquivo, não só pela moderna dificuldade de torná-la compatível com a relação de igualdade, mas também porque, na medida em que pressupõe obediência, com frequência é confundida com outros fenômenos, como o poder ou a violência, que também acabam desembocando no acatamento.[96]

Comparada com a violência, a autoridade exclui o uso de meios de coação, e, diferentemente do poder, é incompatível com a persuasão, já que esta última, ao operar por meio de um processo de argumentação, pressupõe a igualdade. Sabemos, por exemplo, que uma mãe, um pai ou um professor podem perder sua autoridade tanto ao bater nos filhos ou alunos como quando entabulam uma discussão, ou seja, quando se comportam como tiranos ou quando os tratam como iguais. Dessa maneira, diferentemente da violência e da ordem igualitária da persuasão, a relação de autoridade não se apoia na força de um indivíduo nem na razão; na ordem da autoridade, quem manda e quem obedece têm em comum a própria hierarquia, cuja pertinência e legitimidade ambos reconhecem; uma hierarquia na qual ambos ocupam um lugar predefinido e mais ou menos estável.

Como é sabido, o contexto histórico em que a palavra *autoridade* surgiu e se manteve viva data do princípio da República romana. O substantivo *auctoritas* deriva do verbo *augere*, "aumentar", e de *auctor*, "autor ou pessoa responsável por uma ação, um início".[97] Aqueles que têm autoridade aumentam ou fazem crescer a fundação da cidade.[98] Em Roma, os que estavam revestidos de autoridade eram os anciãos, e a haviam obtido por transmissão (tradição) dos fundadores da cidade (*maiores*). Portanto, diferentemente do poder (*potestas*), para os romanos a autoridade deitava suas raízes no passado – um passado tão presente quanto o poder dos vivos – e, por isso, era sempre entendida como derivada. Os que desfrutavam de autoridade tinham também entre seus deveres fazer crescer sua herança, aumentá-la e transmiti-la. Em virtude desse dever, qualquer inovação ou mudança ficava ligada à fundação da cidade. Roma não procurou uma fonte absoluta e transcendente de autoridade, um fundamento último e apolítico, e a situou em um passado terreno longínquo; considerou que o crescimento se dirigia ao passado, o que difere de nosso conceito de crescimento, que projeta o aumento para o futuro.

Como era transmitido de uma geração a outra, o testemunho dos antepassados (daqueles que haviam sido espectadores e protagonistas da fundação sagrada) – a "tradição" – conservava o passado. Dessa maneira, enquanto a transmissão não se visse interrompida, a autoridade se manteria íntegra, e ficaria pavimentada a ponte que permitia transitar de um passado imemorial ao presente, e vivificá-lo. Assim, a autoridade emergia da *pietas* com que os romanos consideravam a fundação da sua cidade, brotava do caráter sagrado da fundação política, do espaço de liberdade que o ato fundador fizera nascer. Esse caráter sagrado estava vinculado à ideia segundo a qual uma vez que uma coisa é fundada conserva sua validade pelas gerações futuras. Se efetivamente levarmos em conta o fato de que o termo autoridade deriva do verbo *augere*, fazer crescer, aumentar, poderíamos dizer – agora indo além de entidades como o Senado Romano ou a estrutura hierárquica das instituições da Igreja católica – que as relações de autoridade, na medida em que são diferentes do autoritarismo, são aquelas nas quais quem obedece cresce, aumenta sua liberdade: o reconhecimento da autoridade, em algum sentido, lhe serve de alavanca para sua própria ação ou início. Portanto, é lógico que Arendt considere que a autoridade não se contradiz com a liberdade. Ou que se interesse pela distinção que, como veremos, foi feita pela revolução norte-americana entre fonte da lei e fonte do poder. O que a constituição norte-americana preservaria e transmitiria, graças ao seu desenvolvimento legislativo, seria a própria possibilidade de ação para as futuras gerações, "um passado para o porvir".

A autoridade está relacionada, portanto, a uma espécie de "dívida de sentido", já que, como dizia antes, ao alimentar um continuado processo constituinte, a autoridade aumenta, faz crescer o ato da fundação. Podemos considerar, então, que a autoridade preserva, dá permanência ao ato da fundação, oferece estabilidade e duração, confere significado aos gestos e ações do presente. Como escreveu Myriam Revault d'Allonnes: "O tempo é a matriz da autoridade", seu caráter temporal produz "uma dimensão indissociável do vínculo social: assegura a continuidade das gerações, a transmissão, a filiação e ao mesmo tempo presta contas das crises, descontinuidades e rupturas que esgarçam o tecido, a trama, desse vínculo social".[99] E é por esse motivo que podemos considerar que, para Arendt, o mundo, o *inter-homines-esse*, é não apenas o espaço que existe *entre* os que o habitam, mas também tem a ver com nosso enraizamento no tempo.

A autoridade é um dos fenômenos mais evasivos do âmbito político, não só porque, na política, a relação por excelência é a de igualdade, mas também porque, no mundo moderno, a autoridade se esvaiu; e porque, como sabemos, à medida que avança a época moderna, a tradição vai esmaecendo cada vez mais até que o fio que conectava passado e futuro se rompe definitivamente. Ao perdermos a tradição, perdemos também esse fio que nos guiava com passo firme pelo amplo reino do passado e que, ao mesmo tempo, era a corrente que unia cada geração a um aspecto predeterminado do pretérito e lhe permitia herdar um mundo onde se situar. A tradição, ao selecionar, dar nome; transmitir e separar o valioso do negativo, o ortodoxo do herético, permitia que o passado coagulasse em experiência adequada ao presente e ao futuro, constituía uma forma de memória e proporcionava continuidade entre passado e presente.[100] De qualquer modo, como aponta Arendt, o desaparecimento da tradição não comporta imediatamente a perda do passado, e é mesmo possível que nessa situação os restos daquilo que uma vez foi – o passado – se nos apresentem com um aspecto novo, com um peso e uma influência até então desconhecidos. De fato, com a perda da tradição, perdemos a transmissibilidade e, enquanto não estabelecermos uma nova relação com o passado, nos encontraremos habitando a superfície, sem enraizamento no tempo. A crise da autoridade ou a ruptura da tradição também se manifestam como uma autêntica crise da temporalidade.

É nesse sentido que a responsabilidade em relação ao mundo também deve ser entendida em termos de "levar em conta" o passado. Sabemos que, sem uma maneira de relacionar-nos com um passado próprio, a realidade torna-se opaca, ininteligível. Um mundo sem passado nem futuro é um mundo natural, não humano, com um – para dizê-lo dessa forma – presente sempre idêntico a si mesmo. É um espaço no qual não sabemos o que significa conservar nem inovar. Assim, se o final da tradição indica, ao mesmo tempo, a dificuldade de conservar e de inovar, o desejo de encontrar vias para levar em conta o passado significa a vontade expressa de descobrir formas que possibilitem acrescentar alguma coisa nossa ao mundo, de criar sentido. Como escreveu Paul Ricoeur: "Dizemos algo positivo a respeito do tempo quando dizemos que o futuro será, que o passado foi, que o presente é agora".[101] A fim de manter ou nos dotarmos de uma identidade, é preciso haver uma dialética entre conservação e inovação. Ou seja, a memória – conjuntamente com a expectativa – está relacionada com experimentar o tempo presente e sua heterogeneidade com os outros tempos gramaticais. Um tempo estruturado ou pontuado pela antecipação, a memória e a atenção é diferente de um tempo constituído por uma sequência de instantes que são apenas cortes virtuais na continuidade de uma perpétua mudança.

A responsabilidade política é, entre outras coisas, situar-se além de um presente sempre idêntico que talvez possa ser mantido durante algum tempo, mas não rejuvenesce, tal como observou Ágnes Heller.[102] Aqui a responsabilidade tem a ver com o que queremos que perdure, o que assumimos do que já não é presente e do que ainda não é. Somos aquilo que somos capazes de fazer com o nosso passado e com o que queremos chegar no futuro, ao *nous* (*oi neoi*, como eram chamadas as crianças na Grécia).

Nessa medida, a autoridade ocupa um lugar destacado no âmbito da educação. O problema do âmbito da educação no mundo moderno é que, em razão da sua natureza, não pode renunciar à autoridade nem à tradição e, mesmo assim, precisa se desenvolver em um mundo que já não se estrutura graças à autoridade, nem se mantém por meio da tradição. Assim, Arendt entende que precisamos estabelecer uma separação decisiva entre a esfera da política e a da educação, para aplicar a esta última um conceito de autoridade e uma atitude em relação ao passado que sejam adequados a ela, mas que não têm validade geral. A educação está relacionada com a transmissão, com o vínculo que oferecemos aos que acabam de chegar. A educação é, portanto, o ponto em que decidimos se estimamos o mundo o suficiente para assumirmos a responsabilidade por ele e assim salvá-lo da ruína, que, se não fosse pela renovação e pela chegada dos novos, seria inevitável.

Oferecemos às crianças um mundo ao qual posteriormente poderão acrescentar algo próprio, irromper nele, e interromper processos ou dinâmicas.

A crise a que se refere Arendt em "The Crisis in Education", um artigo de 1958, está ligada, entre outras coisas, à perda da autoridade no âmbito da educação, uma perda que vai acompanhada da progressiva recusa entre os adultos a assumir a responsabilidade. Por esse motivo adverte que a crise da educação nos obriga a repropor-nos as perguntas e evitar os preconceitos, já que uma crise não é apenas uma perda, mas também uma oportunidade de voltar a refletir e julgar as questões que, nesse caso, a escola nos apresenta.

O cerne da educação é a natalidade, o fato de nascerem seres humanos no mundo, o que indica que cada geração se insere num mundo que já existia e que sobreviverá a ela; os novos chegam a um mundo velho, e a educação é, para Arendt, a maneira de introduzir no nosso mundo os que acabaram de chegar. Os educadores, escreve, representam um mundo cuja responsabilidade assumem, embora eles ou elas não sejam aqueles que o fizeram e que, secreta ou abertamente, prefeririam que fosse diferente. "A competência do professor consiste em conhecer o mundo e poder transmitir esse conhecimento aos outros, mas sua autoridade se fundamenta em seu papel de responsável pelo mundo".[103] Na educação, assumir a responsabilidade pelo mundo adota a forma de autoridade. Assumimos o mundo diante daqueles que estão sob nossos cuidados; o professor ou professora é uma espécie de representante de todos os adultos, que diz à criança: "Este é o nosso mundo" e a ajuda a ver os detalhes.

Pelo que disse até agora, a prática educacional precisa ter um caráter conservador, já que se trata de transmitir um legado, de oferecer às crianças um espaço estável e um tempo no qual habitar o mundo, no qual, no futuro, poderão acrescentar alguma coisa própria e aparecer nele. E aqui, de novo, lembramos que a capacidade humana de começar, da ação – a natalidade –, é indissociável do fato de que não iniciamos *ab ovo*, nem criamos *ex-nihilo*, e que o mundo, por estar feito por mortais, murcha, definha, de maneira que nossa esperança radica sempre naquilo de inaudito que cada geração traz. E justamente porque só podemos basear nossa esperança nisso Arendt afirma que destruiríamos tudo se tentássemos controlar os novos: pelo bem do que há de inédito e revolucionário em cada criança, a educação tem de ser conservadora; tem de preservar esse elemento novo e introduzi-lo como novidade em um mundo velho em que, por mais revolucionárias que sejam suas ações, sempre é antiquado e está perto da ruína, do ponto de vista da geração seguinte.

Nesse sentido, Arendt não pode ser confundida com as apostas conservadoras em educação, já que a ênfase é colocada, ao mesmo tempo, na preservação do que há de novo e revolucionário em cada criança e na conservação do mundo como um espaço estável onde habitar. De fato, não é possível prever o que uma geração irá reter da precedente. Não podemos orientar sua ação em relação ao futuro. A herança, segundo as palavras de René Char, não se apresenta acompanhada de nenhum testamento, se por testamento temos de entender um manual de instruções ou indicações de manejo. Naqueles que ocupam a posição de herdeiros ou herdeiras temos que supor uma capacidade de ação que, no futuro, se situará num ponto entre manter a herança, ampliá--la e/ou abandoná-la, entre continuidade e ruptura. Nosso legado não é um destino, e os que o receberem já prestarão contas com o que lhes foi dado. Portanto, poderíamos considerar que a história não procede por adições, mas por reestruturações.

O desafio da responsabilidade política, dizíamos antes, é, entre outras coisas, situar-se além de um presente absoluto, idêntico a si mesmo e, ao mesmo tempo, sem espessura, sem projetos nem memória e, portanto, com um futuro supostamente homogêneo com o presente. E, no que diz respeito à educação, a responsabilidade tem a ver com o que queremos que perdure, o que assumimos daquilo que já não está mais presente, do que ainda não é. Ou seja, trata-se de aceitar a autoridade que nos conferem aqueles que acabaram de chegar sem ter a tentação de traslador a eles o que é responsabilidade nossa.

A contemporânea incitação a substituir a autoridade pela igualdade e, nesse mesmo gesto, transferir a autoridade à criança supõe eliminar a diferença entre gerações e, ao mesmo tempo, é um gesto de desresponsabilização da parte dos adultos. A impressão é a de que, ao não podermos encarar os problemas do mundo em que vivemos, deslocamos toda a responsabilidade à geração seguinte; como se todas as soluções aos problemas contemporâneos tivessem de passar por educar melhor os novos para que sejam eles que atuem bem, para que sejam eles ou elas os responsáveis pela transformação. Nesse contexto, é possível ler as palavras de Arendt no seu polêmico escrito sobre os esforços voltados a acabar com a segregação dos afro-americanos nos Estados Unidos: "O mais desconcertante de todo esse assunto é a decisão do governo federal de começar precisamente pela integração nas escolas públicas. Certamente não seria necessária muita imaginação para perceber que se estava passando às crianças – negras e brancas – a solução de um problema que os adultos se confessaram incapazes de solucionar ao longo de gerações".[104] E, para Arendt, honrar a liberdade é honrar os inícios, os *nous*; ser responsável pelos inícios é o gesto político por excelência.[105]

Devemos acrescentar a essa tentação de desresponsabilização, à situação de perda da autoridade e ao fato de que "pela primeira vez desde a Antiguidade vivemos num mundo carente de estabilidade"[106] que no nosso presente e, em especial, no contexto do ensino, parece que o objetivo central da educação é que as gerações jovens adquiram uma capacidade de adequação permanente às mudanças que, a partir da virada para o século XXI, se apresentam como praticamente naturais. Entretanto, como nos lembra Arendt, o fatalismo não é outra coisa que não uma negação da realidade, uma submissão ao destino; o fatalismo tem uma segurança tão grande em si mesmo que nenhuma experiência ou fato é capaz de contradizê-lo.

4
A especificidade da política

Pensar sobre o que fazemos

Para começar a responder à pergunta "O que fazemos quando atuamos?", Arendt presta atenção à persistência nas línguas europeias de duas palavras etimologicamente não relacionadas: *labor* e *trabalho* (o grego distingue entre *ponein* e *ergazesthai*, o latim entre *laborare* e *facere* ou *fabricari*, o francês entre *travailler* e *oeuvrer*, o alemão entre *arbeiten* e *werken*, o inglês entre *labor* e *work*). Isso lhe permite ir além da maneira como a tradição distorceu ou ofuscou as diversas atividades que podemos encontrar na vida ativa. Na hierarquia tradicional, e considerando o enorme peso que teve a *vita contemplativa*, a *vita activa* aparece apenas como seu avesso e só é apresentada e descrita por contraste, sem levar em conta sua complexidade. Isso, segundo Arendt, não teria mudado com a ruptura moderna da teoria em relação à tradição; apesar das inversões ou reviravoltas das ordens hierárquicas realizadas por Marx ou Nietzsche, o esqueleto conceitual permanece mais ou menos intacto: "É como se Marx, de maneira similar a Kierkegaard e Nietzsche, embora utilizando as ferramentas conceituais da tradição, tentasse desesperadamente pensar contra ela".[1]

Diante da tradição que sempre considerou a vida ativa a partir da perspectiva da contemplação, em *A condição humana* Arendt propõe "nada além que pensar sobre aquilo que fazemos" e centra sua reflexão nas diversas atividades humanas no mundo: labor, trabalho e ação. Nas suas mãos, "labor", "trabalho" e "ação" constituem um conjunto de abstrações discretas das atividades humanas no mundo, cada qual com a própria lógica de explicação e com uma dinâmica diferente de mudanças e de pervivência no tempo.[2]

Arendt entende labor como a dimensão ligada à necessidade, ao repetitivo ciclo da natureza; o labor produz tudo o que é necessário para a subsistência e reprodução do organismo humano e da espécie. Distingue-se por não deixar rastro: seus produtos estão destinados a serem consumidos e a desaparecer quase tão rapidamente quanto aparecem. Assim, laborar e consumir não seriam mais que duas etapas de um mesmo processo: o ciclo da vida (*zoe*). Tendo em conta o caráter devorador da vida biológica, não é preciso supor que uma abundância maior de produtos do labor implique que tenham uma durabilidade maior ou que o recurso a ferramentas ou a instrumentos mais sofisticados sirva para mudar ou para fazer desaparecer a necessidade; em todo caso, e como ocorre em nosso mundo contemporâneo, simplesmente a dissimulamos, da mesma maneira que ficava oculta no âmbito privado quando os escravos ou as mulheres eram obrigados de modo violento e injusto a encarregar-se dela. De maneira similar à reprodução, com a qual tem muito a ver, o labor é fértil, tende a gerar excedentes e, por isso, oferece a possibilidade de um crescimento ilimitado, e é nessa característica que teria se baseado o moderno desenvolvimento econômico e social.

Duas outras características do labor são a invisibilidade e um caráter repetitivo e fortemente apolítico. Dito mais claramente, diferentemente do que ocorre no âmbito do trabalho e da ação, o *animal laborans* [sic] pode laborar em grupo, mas isso nunca se traduz no estabelecimento de uma realidade reconhecível e identificável para cada membro do grupo, já que laboramos como se fôssemos um e não muitos. Nessa dimensão da atividade humana, a identidade se confunde com a uniformidade; tanto faz se a carga dessa servidão natural é suportada por uns ou por outros. Na opinião de Arendt, o labor não seria especificamente humano, pois nosso "metabolismo com a natureza" é o que compartilhamos com os outros seres vivos: trata-se de uma atividade que "não 'produz' nunca nada além de vida".[3]

O termo *trabalho* fica exclusivamente reservado para a produção de coisas duráveis. O trabalho constitui, portanto, a dimensão por meio da qual criamos a pura variedade inexaurível de coisas que constituem o mundo em que vivemos, o artifício humano. O que distinguiria o labor do trabalho é que os resultados do primeiro são imediatamente consumidos, enquanto os produtos do trabalho, uma vez acabados, persistem. É apenas pelo fato de termos erigido um mundo relativamente independente de objetos a partir do que a natureza nos dá, e por termos construído esse ambiente artificial, que podemos considerar a natureza uma coisa objetiva. A estabilidade e a durabilidade dos produtos do trabalho possibilitam a objetividade; sem um mundo entre os seres humanos e a natureza, haveria apenas movimento eterno, mas nunca objetividade. O *homo faber* consegue essa durabilidade e objetividade ao exercer certa violência sobre a natureza, ao converter-se em seu amo e ser capaz de destruir mesmo o que produziu com as próprias mãos. Dessa maneira, Arendt, longe de criticar a reificação ou de afirmar que com o trabalho se dá um processo de humanização da natureza, sublinha que com o trabalho se cria um espaço artificial entre os homens e a natureza. Todavia, o mundo assim criado não é, por ele mesmo, um espaço de liberdade, já que as atividades do trabalho sempre têm um valor meramente instrumental. O processo de fabricação encontra-se totalmente determinado pelas categorias de meio e fim; a coisa fabricada é um produto final em duplo sentido: o processo de produção termina e é apenas um meio para produzir esse fim. Diferentemente da rotineira atividade do labor, no qual laborar e consumir são apenas duas etapas de um mesmo processo, a fabricação e o uso são dois processos absolutamente distintos. O fato de ter um começo definido e um fim determinado e previsível são traços próprios do trabalho.

Como temos visto, Arendt considera que o mundo apenas se revela habitável na medida em que transcende a simples funcionalidade dos bens de consumo e a utilidade dos objetos de uso, e só se converte em um espaço no qual a vida é possível no seu sentido não biológico (*bios*) graças à ação e à palavra. A ação, que "se dá entre os homens sem a intermediação de coisas ou matéria", não ajuda a subsistência da espécie nem acrescenta coisas tangíveis ao mundo; os efeitos só os percebemos na intangível trama de relações humanas que sempre se dá ali onde os humanos vivem juntos. Das três atividades, é a única que outorga sentido às nossas vidas e ao mundo.

Diante do aspecto processual do labor e da possibilidade de projetar o trabalho, a ação se distingue pela sua liberdade constitutiva, pela sua imprevisibilidade, já que só pode ter lugar num contexto plural, e sempre supõe uma trama de relações humanas já existente. Ao colocar ênfase na natalidade, Arendt consegue uma via para dar razão à ação: nascer é, como dissemos, aparecer pela primeira vez, irromper e interromper.[4] Nesse sentido, a ação humana é início, liberdade: os seres humanos têm o estranho poder de interromper os processos naturais, sociais e históricos, já que a ação faz aparecer o inédito. De toda criatura recém-nascida espera-se o inesperado.

A natalidade nos lembra que sempre atuamos em uma rede de relações e referências já existentes e em um contexto em que os outros também atuam e re-atuam, de maneira que a ação sempre chega mais longe, e põe em ação e movimento mais do que o agente poderia prever. Arendt volta a recorrer às línguas grega e latina: as duas dispõem de verbos que permitem articular a experiência da ação, como início a cargo de um indivíduo (*archein*, *agere*), e sua realização, na qual intervêm muitos (*prattein*, *gerere*).[5] A ação não pode ser levada a efeito em isolamento, pois quem começa uma coisa só pode conclui-la quando consegue que outros "o ajudem". As ações são significativas ou inauguram alguma coisa na mesma medida em que excedem as mútuas expectativas que constituem as relações humanas. Assim, além de ilimitada nos seus resultados, a ação se caracteriza por ser imprevisível em suas consequências e, também, ao contrário dos produtos do trabalho, pela sua irreversibilidade. Quem atua não pode controlar os resultados da sua ação; por exemplo, uma palavra pronunciada em público não pode ser apagada ou destruída por quem a proferiu. Apenas quando for tarde demais é que o agente saberá o que fez, ou, o que é o mesmo: "A luz que ilumina os processos de ação e, portanto, todos os processos históricos, aparece apenas no final".[6]

Sim, mas a ação só é política se vai acompanhada da palavra (*lexis*), do discurso, e isso na medida em que somos plurais, distintos e podemos conversar, debater, comunicar-nos. Se a característica dos humanos fosse a homogeneidade e não a pluralidade, nossa linguagem nunca poderia revelar a realidade comum, nem o que nos distingue uns dos outros. Dessa maneira, podemos dizer que a ação é fundamentalmente interação e, ao mesmo tempo e diferentemente da conduta, requer iniciativa e aponta ao inesperado.

Embora muitas das críticas a essa distinção entre as três atividades da vida costumem esquecer disso, Arendt é consciente de seu caráter discreto e sublinha que, nesse sentido de iniciativa, um elemento de ação e, portanto, de natalidade e pluralidade é intrínseco a todas as atividades humanas. Escreve: "Nenhuma vida humana [...] é possível sem um mundo que testemunhe, direta ou indiretamente, a presença de outros seres humanos. Todas as atividades humanas estão condicionadas pelo fato de que os homens vivem juntos, mas de todas apenas a ação é inimaginável fora da sociedade humana".[7]

Com essas observações, Arendt nos convida a deixar de considerar a política como um meio para resolver problemas sociais e econômicos ou como ferramenta para reivindicar na cena pública tudo aquilo de objetivo que se deposita nas identidades dos sujeitos. Certamente, a ênfase no mundo está ligada ao propósito de revisar o conteúdo da política e ao seu esforço para repensar a ação de modo não tradicional.[8] Já adiantamos que aquilo que a política coloca em jogo é o mundo, concebido como possibilidade de custodiar a articulação sempre conflitiva entre as múltiplas diferenças e qualidades de relação. Como escreveu Françoise Collin, Arendt se refere a uma "comunidade plural inscrita no tempo como uma comunidade de exceções".[9]

Pelo que dissemos até agora, a política não seria uma necessidade da natureza humana, apenas uma possibilidade ocasionalmente realizada, e a pluralidade não seria simples *alteritas,* tampouco equivaleria ao mero pluralismo político das democracias representativas. Arendt recorre a metáforas teatrais para ilustrar as características da cena pública, cuja função é iluminar os acontecimentos humanos ao proporcionar um espaço de aparências, um espaço de visibilidade, no qual homens e mulheres possam ser vistos e sentidos, e distinguir-se, revelar *quem* são, por meio da palavra e da ação. Para eles, a aparência constitui realidade, e é da sua possibilidade que as coisas dependem para saírem da sua existência obscura e abrigada.

O público-político indica, em conjunto, espaço de aparências e mundo comum que nos une, agrupa e separa por meio de relações que nunca supõem a fusão.

Arendt não só acentua o caráter artificial e específico da política como arremete contra qualquer tentativa de construção dos corpos políticos que parta do modelo do parentesco e da família (das proximidades e das fraternidades), porque neles os diversos se tornam um ou podem ser considerados supérfluos, isto é, substituíveis entre eles.[10] A condição indispensável da política é a irredutível pluralidade que fica expressa no fato de que somos "alguém" e não "alguma coisa". Dito mais claramente, nenhuma existência pode ser singular ou única se só puder ser vista por si mesma, separada da pluralidade das aparências mundanas e da pluralidade das existências; é como se Arendt tratasse de afirmar que, para o bem da política, a pluralidade tem prioridade sobre a identidade.[11]

Todas as distinções da vida ativa – labor, trabalho e ação – são fundamentais porque cada uma corresponde a uma das condições básicas sob as quais nos foi dada a vida na Terra; a condição do labor é a própria vida, a do trabalho é a mundanidade, e a da ação é a pluralidade. Todos os aspectos da condição humana estão relacionados de uma maneira ou de outra com a política, mas a pluralidade é a *conditio per quam* de toda a vida política. Esse é o motivo pelo qual Arendt escreve: "Não há nenhuma substância propriamente política. A política surge no *entre* e se estabelece como relação".[12]

Diferentemente dos espaços que são resultado apenas do trabalho das nossas próprias mãos, esse espaço *entre* não sobrevive à realidade do movimento que o gera: não só se esvai quando os seres humanos morrem como também com o desaparecimento de suas ações. Portanto, o âmbito da liberdade política se dá potencialmente ali onde as pessoas se reúnem, mas apenas de maneira potencial, não necessariamente, nem para sempre. Nesse sentido, o que mantém a existência da esfera pública, esse espaço de aparição, é o poder. Arendt parece decidida a afrontar a ideia de um poder frágil, sempre presente potencialmente e identificado com a liberdade. Assim, o poder, na sua condição de *dynamis*, não é o atributo dos indivíduos considerados separadamente, mas emerge das relações e delas se nutre. Esse é o motivo pelo qual não pode ser cedido nem delegado a outrem e também é o motivo pelo qual, no âmbito público, as ideias de soberania, representação ou certas formas de contrato social não são aceitáveis. A única forma de pavimentar um espaço novo, de gerar ilhas de segurança em um oceano de insegurança ou de interromper os processos que ameacem o mundo humano é por meio do poder de fazer promessas mútuas, alianças.[13] Assim, Arendt distingue nitidamente entre o "contrato social" e o "contrato mútuo". O chamado contrato social é subscrito entre uma sociedade e seu governante, e consiste em um ato fictício e imaginário pelo qual cada membro libera sua força e seu poder, isolado em relação ao resto, a fim de constituir um governo. Longe de obter um novo poder, cada membro da sociedade cede seu poder real e se limita a manifestar seu consentimento em ser governado. Em contrapartida, o contrato mútuo, por meio do qual os indivíduos se vinculam para formar uma comunidade, baseia-se na reciprocidade e pressupõe a igualdade. "Seu conteúdo real é uma promessa e seu resultado é certamente uma sociedade, no antigo sentido romano de *societas*, que significa aliança. Essa aliança acumula a força separada dos participantes e os vincula em uma nova estrutura de poder em virtude de promessas livres e sinceras."[14] É preciso, portanto, entender a liberdade como a emancipação do domínio e não como mera libertação da necessidade.

Em *A condição humana* podemos ler: "O poder não pode ser acumulado e reservado para as emergências, como os instrumentos da violência, pois só existe na sua atualização [...] O poder só se atualiza ali onde a ação e a palavra não se cindiram, [...] onde as palavras não são empregadas para ocultar intenções, mas para revelar realidades; e os atos não servem para violar e destruir, mas para estabelecer relações e criar novas realidades".[15] De fato, o poder, ao não ser concebido em termos de domínio, mas como aquilo que emerge quando as pessoas se juntam e atuam concertadamente, fica radicalmente separado da violência: é entendido como um fim em si mesmo e não como um meio em vista de alguma outra coisa (a boa vida, a verdade...); além disso, é inseparável da consideração da ação como fenômeno autônomo dentro da esfera pública.

Espaço público e liberdade política

Deus nos julga pela aparência? Acredito que sim.
W. H. AUDEN

Em *A condição humana*, e ao tratar da esfera pública, Arendt assinala que a palavra *público* aponta para dois fenômenos estreitamente relacionados, embora não de todo idênticos: em primeiro lugar, para o fato de que tudo o que aparece em público pode ser visto e ouvido por todos. Acrescenta, com notável atitude antiplatônica: "Para nós, a aparência – o que os outros veem e sentem assim como nós – constitui a realidade". Sempre que nessa esfera pública falamos de coisas, estas adquirem uma espécie de realidade que não podiam ter tido privadamente. Isso explicaria os comentários críticos de Arendt sobre o desaparecimento da esfera pública nas sociedades modernas, nas quais a distinção e diferença passam a ser assunto privado dos indivíduos, de maneira que a conduta se tornou o substituto da ação. Desde seu ponto de vista, as atividades privadas manifestadas abertamente nunca constituem, por si sós, a esfera pública. Em segundo lugar, o termo *público* significa o mundo nele mesmo, na medida em que é comum a todos nós e diferenciado do lugar que nele temos particularmente.

Pode-se considerar que o esforço arendtiano de reconceitualizar a liberdade política está vinculado não só ao duro revés que esta havia sofrido nos regimes totalitários, mas também é indissociável do seu afã de salvar a política do esquecimento ao qual havia sido relegada, de um lado, pelo marxismo ortodoxo com sua tendência a considerar a rede das relações humanas como simples fachada de um mundo social objetivo (na sua terminologia: como "mera superestrutura essencialmente supérflua aderida à útil estrutura do próprio edifício") e, de outro, pelo liberalismo, que se inclinava a julgar que a primazia crescente do econômico supunha uma progressiva eliminação do político, do Estado.

No marco do pensamento arendtiano, a liberdade fica definida como uma virtude eminentemente política que só se realiza na dimensão relacional do espaço público. Ser livre e atuar são a mesma coisa, escreve, de maneira que a liberdade política não tem nada a ver com teorias ou projetos para o amanhã, e sim com práticas linguísticas e públicas. Portanto, a liberdade política implica a presença de outros, exige pluralidade, supõe um espaço *entre*, no qual nada, nem ninguém, pode "ser" se não for visto ou aparecer aos olhos, e é nesse contexto que se multiplicam as ocasiões de cada um de "distinguir-se", de mostrar com ações e palavras sua unicidade. A pluralidade tem, portanto, o duplo caráter da igualdade e da distinção.

Como temos visto, a concepção arendtiana da ação não se ocupa tanto da estabilidade ou instabilidade do sujeito ou da sua capacidade de ação quanto do mundo (e da sua contingência) em que chegamos a nascer e onde atuamos, de maneira que não podemos controlar os efeitos da ação nem seu significado: a ação se caracteriza por carregar a semente do ilimitado, sempre estabelece relações. Por esse motivo, tende a forçar os limites, o que implica que ninguém nunca seja apenas agente, mas que sempre e ao mesmo tempo seja também paciente, que as relações não são entre sujeitos já constituídos.[16] O aspecto ilimitado da ação nada mais é que a outra face da sua tremenda capacidade de estabelecer relações, isto é, sua específica produtividade, que coloca em marcha processos com resultados incertos.

Entrar no âmbito público é ficar sujeito a forças que se encontram além do próprio controle, já que a ação inicia, mas não domina: "A impossibilidade de ficar como os únicos donos daquilo que fazem, ou de conhecer as consequências e de confiar no futuro, é o preço que pagam pela pluralidade e a realidade, pela alegria de habitar junto com os outros um mundo cuja realidade está garantida para cada um por meio da presença de todos".[17]

A recuperação da ação, conquanto diferente e superior ao labor e à fabricação, abre espaço para uma concepção da liberdade política vinculada à palavra e ao discurso como vias para a revelação da subjetividade de *alguém* e não de *alguma coisa*. A liberdade política não pode ser, portanto, o prolongamento de uma relação consigo; é uma atividade ou prática que acontece na esfera da pluralidade humana, no espaço de relações. Como disse Laura Quintana, a ação não é pensada como um fazer intencional, mas como manifestação da pluralidade, como maneira de relacionar-nos uns com os outros a partir da luz que nos oferece o mundo comum.[18] Aceitar a concepção arendtiana da liberdade política – isto é, que a ação se dá num contexto plural e, portanto, que se trata de um atuar sem garantia e que os planos e os acontecimentos não têm por que andar sincronizados – pressupõe entender a liberdade em termos de não soberania: "Se fosse certo que soberania e liberdade são a mesma coisa, então nenhum homem poderia ser livre; porque a soberania, o ideal de autossuficiência e de domínio de si, contradiz a própria condição da pluralidade".[19]

Quando falamos da liberdade como realidade política – um tipo de liberdade que nunca foi levada em conta pela tradição filosófica –, não estamos apontando condições ou atributos para que o indivíduo possa ser considerado livre, como é característico do nosso tempo, e sim os pré-requisitos espaciais da liberdade. Por esse motivo, a liberdade não deve ser confundida com a libertação do domínio pelos outros ou da necessidade. Embora essa distinção seja historicamente difícil de estabelecer, é necessária conceitualmente: a liberdade não é escolher entre dois ou mais modelos preexistentes, mas fazer advir o que ainda não é, já que a palavra aponta, a ação inicia, mas, no âmbito do comum, nem uma nem outra dominam seus resultados ou suas consequências. Na teoria política de Arendt, o que está envolvido é justamente o mundo. Daí que a liberdade política tenha a ver fundamentalmente com uma experiência continuadamente colocada em jogo no espaço público. Nesse contexto, onde nada nem ninguém pode ser sem que alguém olhe, sem aparecer diante dos outros, multiplicam-se as oportunidades para que cada um possa "distinguir-se"; possa mostrar com feitos e palavras sua unicidade, *quem* é. Nenhuma existência pode ser singular ou única se apenas puder ser vista por si mesma, separada da pluralidade das aparências mundanas e da pluralidade das existências. Portanto, o abismo ou a finitude não é a mortalidade, onde se enraíza o solitário, mas a alteridade dos muitos, a pluralidade.[20] E a irredutível pluralidade fica expressa no fato de que somos *alguém* (*somebody*).

Em contraste com o *quem*, o *que* exige uma resposta indicando "substância", "invariância ao longo do tempo"; o *quem* abre caminho a um tipo de resposta que assinala *alguém*, e não *alguma coisa* (*something*): aponta para o agente das ações, os personagens que emergem por meio dos relatos históricos ou ficcionais. Ou seja, não podemos dizer *quem* é *alguém*, independentemente das suas ações e/ou dos olhares dos outros ou das tramas narrativas em que se insere. O *quem* de alguém não preexiste, portanto, ao seu atuar e seu dizer em um meio onde sempre se encontra entre outros. Praticamente, não podemos descobrir *quem* somos como se já possuíssemos um *quem* prévio à ação ou ao discurso. Assim, Arendt não entende esse *quem* como uma via para a autoexpressão. O agente da ação introduz o acontecimento naquilo que é dado, que não criou e do qual não é dono, interrompe o contínuo temporal, social, histórico.

A identidade assim alcançada é, sem dúvida, frágil e instável, sempre depende dos outros e de novas ações ou paixões. E isso porque, pela sua natureza, a ação é ilimitada quanto às suas consequências e imprevisível quanto ao resultado, já que os seres humanos sempre atuam em um meio onde toda ação se converte em uma reação em cadeia. Dessa maneira, a ação só se revela plenamente ao espectador – ao narrador – e não ao agente: "É mais que provável que este *quem*, que aparece claramente e inconfundível aos outros, permaneça oculto à própria pessoa".[21] Até certo ponto, podemos dizer que alguém não sabe o que faz; ele ou ela sempre é uma relação com o desconhecido, já que o seu é um atuar sem garantias. Ao tomar a iniciativa, quem atua não só muda o mundo, mas muda também a si mesmo ao revelar mais sobre sua identidade do que ele ou ela sabiam antes de atuar; arrisca-se, e é apenas a partir da perspectiva do espectador – do olhar dos outros ou também de quem atuou quando se coloca como espectador de si mesmo e se refere retrospectivamente à sua ação – que pode revelar a si mesmo o seu *quem*.[22]

A temporalidade e a contingência do fato de estar com os outros são, até certo ponto, as condições exigidas para poder dizer o *quem* de alguém. O atuar humano é um atuar de ator, não de autor. Arendt entende que para o sujeito não há conhecimento imediato de si, mas reapropriações continuadas por meio do relato ou da participação no espaço público. Recordando um conto de Isak Dinesen, escreve que à pergunta "Quem és?" deveríamos "responder da maneira clássica e contar uma história".[23]

Dessa maneira, para o sujeito (se é que aqui podemos falar nesses termos) não há conhecimento imediato de si mesmo, e sim continuadas reapropriações por meio do relato ou da participação no espaço público. Em qualquer caso, diferentemente do que ocorre com a pergunta "O que é?", a temporalidade e a contingência do fato de estar com os outros são, em certa medida, as condições impostas para se poder dizer o *quem* de alguém. Em uma anotação em seus *Cadernos de pensamento*, Arendt caracteriza o *amor mundi* nos seguintes termos: "Trata do mundo em que erguemos nossos edifícios e no qual queremos deixar algo permanente, ao qual pertencemos, já que "somos" no plural. Além disso, é um mundo diante do qual permanecemos eternamente estranhos, porque também somos em singular, um mundo que na sua pluralidade é o único lugar a partir do qual podemos determinar nossa singularidade [...] só podemos ser conhecidos no *entre* do mundo. O mundo adere a nós no *entre*. No puro interior não há nenhum nome; ali há apenas eu e tu, que são intercambiáveis".[24]

Dissemos que o *que* somos aponta àquilo que nos é dado, a tudo em nós que não foi escolhido, onde não interveio a iniciativa. Toda vida começa em um momento definido do tempo, em um lugar particular e no contexto de uma comunidade determinada, com umas qualidades físicas ou psicológicas que necessariamente compartilhamos com outros. E esse começo não é voluntário: não escolhemos nascer em uma época ou em um corpo, cujas características podem ser valoradas positiva ou negativamente ou, até mesmo, consideradas monstruosas. E, nesse ponto, não me parece que a pergunta de se isso que nos é dado é natural ou construído seja central, porque o relevante é que ninguém escolhe nascer judeu, preto ou mulher, mas que toda pessoa ao nascer recebe alguma coisa de caráter contingente e não escolhida. Como temos visto, quando considera a judeidade uma coisa dada, Arendt não o faz para indicar uma espécie particular de seres humanos, mas um presente político, uma configuração particular do mundo que não tem nada a ver com qualquer determinação natural ou biológica.[25] Nascer é passar a fazer parte de um mundo de relações, de discursos e de normas que não escolhemos e que, em certa medida, nos constituem. Aquilo que nos foi dado não é uma realidade indiferenciada, mas se apresenta como um desdobramento de particularidades – mulher, judia etc. – que se entrecruzam em cada um de nós. Contudo, isso que nos é dado e que nos é imposto não confere, por si só, nenhuma espécie de singularidade.

Voltemos agora ao que eu dizia antes: Arendt faz suas reflexões sobre a *vita activa* e o mundo comum sem deixar de lado o caráter contingente dos afazeres humanos, e encontrando uma via para pensar a liberdade política no seu tempo. Assim, caracteriza a época moderna como o período em que se dão ao mesmo tempo o acontecimento revolucionário e momento fulgurante do político e a progressiva perda ou alienação do mundo; uma perda desse artifício humano que separa nossa existência de qualquer circunstância meramente natural. Dessa maneira dirige seu olhar ao acontecimento revolucionário como um conjunto de episódios que, na sua opinião, só puderam dar-se nas condições da idade moderna. As revoluções foram o momento em que a ação tornou a ser possível, em que houve um novo começo que aspirou criar um espaço público durável, estável, no qual pudesse aparecer a liberdade. Do mesmo modo, Arendt ressalta que, nas suas fases iniciais, e quando o capitalismo ainda não havia alcançado seu pleno desenvolvimento, o movimento operário apareceu na cena pública constituindo "a única organização na qual os homens atuavam e falavam *qua* homens"; eram o único grupo – *le peuple* – da cena política que não só defendia seus interesses econômicos como travava uma batalha política radical.[26] De qualquer modo, com a transformação da sociedade de classes em uma sociedade de massas, "enquanto o proletariado não venceu na esfera pública, a mentalidade laboral o fez".[27]

Quando analisa a sociedade moderna, sua crítica não se reduz a um simples lamento sobre como os modernos concedemos tanto valor à tecnologia (*homo faber*), mas sua preocupação básica gira em torno das consequências perniciosas que detecta no fato de a sociedade moderna estar organizada em torno do labor – as atividades às quais dedicamos boa parte de nosso tempo e atenção nós as interpretamos na mesma chave que aquelas por meio das quais mantemos nossa vida biológica (*zoe*) e "ganhamos a vida". Em um dos fragmentos do início da década de 1950 que encontramos entre os materiais que haviam de constituir seu livro sobre Marx, Arendt escreve que esse pensador compreendeu que no mundo moderno o labor havia sofrido uma mudança radical: não só havia se convertido na fonte de toda riqueza e, portanto, em origem de todos os valores sociais como todos os homens, independentemente de sua origem de classe, estavam destinados, cedo ou tarde, a se converterem em diaristas (*laboradores*), e que aqueles que não pudessem se adaptar a esse processo seriam considerados e julgados pela sociedade como simples parasitas. "O resultado desse processo não foi, naturalmente, a eliminação das outras ocupações, mas a reinterpretação de todas as atividades humanas como atividades laborais".[28] A imagem da idade moderna como processo de decadência onde o natural teria sido progressivamente substituído pelo artificial não se desprende da análise de Arendt: mais ao nos mostrar essa época como um retrocesso gradual da natureza, ela a apresenta como um desmesurado avanço desta, "um crescimento não natural do natural" e, por isso, como uma progressiva perda de mundo comum. Assim, afirma que, ao largo da modernidade, teve lugar uma lenta fuga do mundo, da pluralidade em direção ao eu, uma fuga da realidade em direção à indiferença em relação ao comum, ou, o que é o mesmo, uma evasão da realidade: um processo de despolitização e de esvaziamento da liberdade pública, de atomização dos indivíduos. Nesse contexto, perfila-se também o auge da sociedade, do social, que trouxe a decadência simultânea da esfera pública e da privada. Quando Arendt se refere ao social, à sociedade, aponta para aquele âmbito híbrido no qual as antigas distinções entre público e privado ficaram completamente indefinidas; um âmbito em que a velha dimensão da *vita activa* teria sido profundamente abalada ao ficarem no centro os critérios do *animal laborans*. A culminação desse desenvolvimento é o estado do bem-estar, uma contradição nos próprios termos, dirá ela.

**

Sobre a pluralidade e a natalidade

Que cidadãos somos, se não somos gregos?
FRANÇOISE COLLIN

Pelo que vimos até agora, poderíamos dizer que o que está em jogo na crise contemporânea da política é o mundo, embora já desde a idade moderna tenhamos constatado uma estabilidade cada vez mais frágil. Certamente, podemos dizer que na segunda metade do século XX, na Europa do pós-guerra, a autêntica política ocorria fora ou nos limites de uma esfera pública circunscrita à mera administração de bens, e que, apesar de às vezes representar os interesses da cidadania, como espaço havia deixado de iluminar e não permitia a participação nem, portanto, a distinção, a pluralidade. Efetivamente, a ação política e a inquietação para estabelecer espaços de relação encontravam-se à margem, por exemplo, entre os dissidentes dos países do Leste, no movimento pelos direitos civis, nas lutas contra a Guerra do Vietnã, no levante dos estudantes em 1968 etc.

Quero acrescentar que, hoje, nas primeiras décadas do século XXI, com a perda do mundo avançando e transformando-se no novo contexto do neoliberalismo e das novas tecnologias digitais, a política ficou desenraizada e dificilmente podemos falar de um espaço *entre* com um mínimo de estabilidade, sequer nas margens. Algumas das perguntas que esse novo contexto sugere, que certamente Arendt não viveu, são: onde estão, se é que ainda existem, as formas de participação política ativa?, Como pensar a liberdade política quando há tempos o marco parlamentar considera que o que está em jogo é a questão da representação e não a ação ou a participação? Ou, para formulá-lo nos termos que Judith Butler empregou em seu livro de 2015, *Notas para uma teoria performativa da assembleia*: "O que significa atuar juntos quando as condições para atuar concertadamente ficaram devastadas ou se esvaíram?".[29] Como podemos pensar as inesperadas formas de participação política, a ocupação de lugar que, por exemplo, se iniciaram na virada da segunda década do nosso século e que se caracterizaram por ser transitórias e inesperadas? Em sua reflexão, Butler apela criticamente a algumas das categorias que Arendt empregou para pensar a ação política, a esfera pública, o poder como derivado da ação concertada. E o faz tendo em conta que Arendt entendia, em primeiro lugar, que o mundo emerge quando os seres atuam concertadamente com independência do lugar em que se encontrem: "É a organização das pessoas tal como emerge de atuar e falar juntas, e seu verdadeiro espaço se estende entre as pessoas que vivem juntas com esse propósito, sem que importe onde estão";[30] e, em segundo lugar, que, indissociável da condição humana da pluralidade, o poder descansa na colocação em comum das palavras e dos atos, de maneira que podemos entender que os seres humanos habitam um mundo comum, apenas da perspectiva de um poder *com* e não de um poder *sobre*.[31]

Com o intuito de falar dos problemas concretos de seu tempo, de "dizer as coisas como são", Arendt aceita o convite de pensar de que maneira a progressiva perda da estabilidade do mundo foi se manifestando de modos diversos e novos. Não é estranho, portanto, que, em contraste com Margaret Canovan, que caracteriza Arendt como uma teórica dos inícios, Samantha Rose Hill a apresente como teórica das perdas e faça da experiência da perda o fio condutor de leitura de suas obras e do seu pensamento crítico.[32] Em todo caso, é importante lembrar o que já sublinhamos: Arendt encontra-se muito afastada da razão dialética que entende o negativo – a perda ou o mal – como momento necessário para o desenvolvimento e o avanço do positivo; ela assume o fato irreversível da ruptura do fio da tradição. Agora quero me deter em algumas das ocasiões em que Arendt mostra que pensar não significa mover-se exclusivamente no que já foi pensado, mas que implica recomeçar a partir da experiência do acontecimento: o pensamento sempre se encontra no "campo de batalha". Daí parte sua preocupação permanente em abordar cada problema na sua realidade conjuntural, na sua especificidade, e não em nome de princípios,[33] e que no seu tratamento das categorias de natalidade e pluralidade proceda com deslocamentos, revisões, repetições, reinícios que abrem caminho para questões que ainda reclamam nossa atenção. Sua disposição para reconsiderar categorias tão centrais na sua obra deixa entrever uma pensadora que destaca a perda, mas que está mais interessada no enigma das chamas que no das cinzas.[34]

Diante da tradição da filosofia política ocidental, que pensou a política a partir da identidade de todos os seres humanos como exemplares da mesma espécie, Arendt toma por base sua "original diferenciação" *de facto*; os seres humanos são, por natureza, diferentes e desiguais, e a comunidade política emerge, como temos dito, por meio da igualação; uma igualação não assimilável à homogeneização, já que é no marco desse artifício humano que, graças à ação e à palavra, é possível "distinguir-nos" e descobrir *quem* somos, coisa que exige pluralidade, a presença de outros. Não obstante, Arendt não aspira edificar um modelo teórico que substitua os da velha filosofia política, mas procura ferramentas, como as categorias de natalidade e pluralidade, para repensar a especificidade da liberdade política, não somente após ter sido aniquilada nos regimes totalitários, mas também em tempos pós-totalitários, quando são muitos os excluídos e forçados a viver fora da comunidade política.

Como a natalidade é o que está fora e dá sentido à existência humana, o fato de que nos seja dada poderia nos inclinar a interpretá-la vinculada à vida biológica. Assim o expressou há tempos Paul Ricoeur, quando afirmou que a natalidade conduz à biologia, o que resulta incômodo, já que a ação aponta ao que não tem precedentes, ao que é radicalmente novo. Mais recentemente e, como se com isso quisesse remediar o fato de que a maternidade fica obscurecida ou ocultada na natalidade arendtiana, Adriana Cavarero buscou pensar a figura da mãe a partir de Arendt.[35] Diante do incômodo de Ricoeur ou do gesto de Cavarero, precisamos lembrar com Miguel Vatter que "a natalidade só faz nascer indivíduos singulares radicalmente diversos, mas nenhuma espécie-Homem".[36] O nascimento é a interrupção e não a continuidade de uma linhagem ou genealogia, e tampouco é um momento de um processo de repetição natural; abre um espaço para um tempo não serial. Talvez por esse motivo Françoise Collin dizia que "nascer é tempo".[37]

Ao colocar no centro a natalidade, como condição dada aos seres humanos, Arendt sublinha que somos gerados por outros – que não há sujeito autossuficiente –, e que estamos vinculados, sem ter escolhido isso, a um mundo de relação no qual irrompemos como estranhos, como forasteiros. E nesse ponto é preciso observar que considera a natalidade um princípio anárquico (*an-archê*), um princípio sem princípio, já que não supõe uma origem primeira ou fixa onde descansaria a nossa humanidade comum.[38]

Nas páginas centrais da teoria política arendtiana, a acepção mais habitual da natalidade é aquela que a entende como matriz da ação e da liberdade política, de maneira que, diante das concepções que identificam a liberdade com o incondicionado – com a ausência de condicionantes –, a categoria de natalidade sublinha que a liberdade política exige pluralidade, necessita da presença dos outros, requer um espaço *entre* onde aparecer e tornar-se visível. Essa acepção encontra-se alinhada com a que escreve em *Origens*: "Nossa vida política descansa no pressuposto de que podemos produzir igualdade por meio da organização, já que os humanos podem atuar para edificar um mundo comum conjuntamente com os nossos iguais e apenas com os nossos iguais".[39]

Porém, tanto na edição de 1953 de *As origens* como dez anos mais tarde em *Eichmann em Jerusalém*, ao se referir à nossa condição de natais, esse dom outorgado que não procede de lugar algum, Arendt nos lembra dos limites da igualdade e, ao mesmo tempo, também se alinha a um conceito um pouco diferente de pluralidade: "O fundo obscuro do simplesmente outorgado, o fundo constituído pela nossa natureza não cambiável e única, *penetra na cena política* como um estranho, que nas suas diferenças totalmente óbvias nos lembra das limitações da atividade humana – que são idênticas às limitações da igualdade humana". Este "penetra na cena política" parece indicar que a natalidade se encontra também fora do artifício humano da constituição de um espaço público, apesar de estar entretecida nele. E é nesse ponto que Arendt, em vez de falar de pluralidade, fala da irredutível unicidade, de diferença, de diversidade.

Em todos os textos, sua preocupação gira em torno da seguinte pergunta: como podemos pensar o que acontece quando a pluralidade, própria do artifício humano, foi destruída ou quando grupos inteiros de pessoas e de culturas são convertidos em supérfluos, ou são expulsos da comunidade política? Arendt encontra uma via de resposta ao enfatizar o fato de que a natalidade pode funcionar até mesmo quando a pluralidade própria da vida política foi destruída.[40] Cada nascimento pode representar uma experiência de natalidade que coloca em relevo a irredutibilidade da vida humana *a datum*, transformando o episódio do nascimento em um acontecimento. Apesar disso, o nascimento é em si mesmo acidental e precário, sua ancoragem no acontecimento é fundamental para que não se torne alheio ao mundo.[41]

Nesse ponto, Arendt não maneja, como faz em outros momentos de sua obra, a distinção tradicional *zoe/bios*; inclina-se mais a entretecer a natalidade, própria dos que participam da esfera pública como iguais, e a condição de natais dos que perderam todas as qualidades políticas distintivas e se converteram apenas em seres humanos em sua radical diversidade e unicidade. Assim, portanto, nesses textos e em outros, a natalidade não se localizaria apenas no *bios politikos*, mas seria, antes, uma condição da existência humana. Assim, quando tenta pensar nossa condição humana comum em tempos em que o mundo comum havia sido aniquilado nas mãos dos regimes totalitários e em que os refugiados de todos os países, expulsos de toda parte, haviam se convertido na vanguarda de seus povos, a separação que com frequência percebemos em outros textos ou momentos arendtianos, entre a natalidade, como matriz da ação e *initium* no espaço público-político, e a natalidade, como o que nos é meramente dado, onde não interveio a iniciativa, perde nitidez. Nessas reformulações das suas categorias, Arendt entende a pluralidade como diversidade, singularidade e unicidade. Insiste nisso: "Não é o Homem, e sim os homens que habitam esse planeta. A pluralidade é a lei da terra".[42] Além disso, a disjunção entre a pluralidade como *conditio per quam* de toda vida política e, de outro lado, a diversidade, a unicidade de cada um, que com frequência temos lido como uma disjunção excludente (A ou B, mas não ambos), mostra-se a nós como uma espécie de entrelaçamento.[43] Arendt parece centrada em uma revisão das categorias a partir dos excluídos da comunidade política ou, como dizíamos antes, a partir da progressiva e moderna perda de mundo e dos restos do totalitarismo nas sociedades democráticas. "Pode ser até que as verdadeiras agonias do nosso tempo venham a assumir sua forma autêntica – embora não necessariamente a mais cruel – apenas quando o totalitarismo tiver se tornado algo do passado."[44] Lembremos, por exemplo, as palavras do célebre epílogo a *Eichmann* ao qual voltaremos nas próximas páginas: "O genocídio [...] é um ataque à diversidade humana como tal, isto é, a uma das características da condição humana (*human status*), sem a qual os termos humanidade e gênero humano (*mankind, Menschheit*) estariam carentes de sentido".[45] Dessa maneira pode-se entender que o crime de Eichmann foi um delito contra a condição humana da diversidade, da pluralidade, perpetrado no corpo do povo judeu.[46]

Com suas reflexões e análises, Arendt nos obriga a levar a sério o que afirma Ariella Azoulay, a quem acompanho nesse ponto: "Isolar as vítimas é problemático não tanto porque não estejamos autorizados a narrar e a dar-lhes voz, mas porque as vítimas não têm uma história à parte da nossa, à parte da minha".[47] Com frequência, os críticos de Arendt consideram o fato de ela ter optado pela acusação de crimes contra a humanidade em vez de crimes contra os judeus como uma falta de sensibilidade da sua parte em relação ao sofrimento do povo judeu. Porém, com isso se perde a contribuição chave de Arendt, que nunca questionou que tivessem sido cometidos crimes contra os judeus ou os ciganos; sua única pergunta foi: como hão ser julgados esses delitos sem redefinir as próprias linhas de demarcação que os crimes pretendiam estabelecer? Esta é uma questão importante: como se pode acusar o criminoso do delito sem considerar as linhas que traçou quando escolheu suas vítimas? A opção de acusar crimes contra os judeus, assim como de crimes contra os ciganos, converte o crime em alguma coisa que continua sendo um assunto das pessoas ou grupos que foram vítimas, como se fosse um assunto apenas seu e não do mundo.[48]

Longe da tendência de apresentar as reflexões como se só tivessem caráter normativo, é importante tentar acompanhá-la em alguns dos trens de pensamento que partem da sua tentativa de pensar um mundo comum em tempos sombrios, daí sua célebre aposta pelo "direito de ter direitos".[49] Com essa aposta, tentou responder ao fato de que com a emergência dos regimes totalitários o que ficou esmigalhado de maneira irreparável foram os princípios modernos sobre os quais se baseava a ideia de uma humanidade comum ou da própria humanidade (*Menschlichkeit*). Arendt nunca termina de concretizar o que quer dizer com "o direito de ter direitos", mas parece apontar para o direito à condição humana, isto é, o direito de não depender nunca de alguma espécie de dignidade humana inata. Daí provém a urgência de uma reformulação dos direitos humanos, não como uma lista de direitos positivos, mas como um direito universal de pertencer a uma comunidade política, de ser cidadão. Se a humanidade é o fundamento do direito de ter direitos, só pode sê-lo no sentido efetivo, histórico e concreto desse termo. Os direitos, portanto, só podem existir por meio do acordo e da mútua garantia; os direitos existem porque habitamos a terra conjuntamente com outros homens.[50] Os direitos têm um caráter relacional ou de reciprocidade, não são propriedades ou qualidades que cada um possua por sua conta, e sim qualidades que conferimos uns aos outros. Embora Arendt pareça aludir a uma irremediável carência de fundamento do direito a ter direitos, e ser consciente de que o problema consistia em encontrar a maneira de garantir esse direito absoluto e contingente, é preciso dizer, com Ilaria Possenti, que isso não impede que o direito de ter direitos não possa ser criticamente defendido: "Depois de ter-se proposto a reivindicar um direito universal a ter direitos, nenhuma comunidade poderá atuar em relação com os excluídos como se não tivesse acontecido nada".[51] Uma vez proposto, já faz parte do mundo como todas as palavras e as ações.

5
Crise

NESTA PARTE VOU ME CONCENTRAR em algumas das controvérsias públicas nas quais, desde o início da década de 1960, Arendt viu-se envolvida, a fim de examinar o sentido de suas posições e de refletir sobre sua capacidade de iluminar aspectos do nosso presente. Assim, vou me concentrar nos seus textos dedicados à crise geral que "se abateu sobre todo o mundo moderno e que alcança quase todas as esferas da vida, mas se manifesta de maneira diferente segundo os países e se reveste de maneiras diversas", a partir da convicção de que não há pautas nem regras gerais para encará-la; há apenas perguntas concretas que exigem respostas concretas.[1]

Nos últimos tempos fomos nos habituando a vincular o pensamento político de Arendt a uma cartografia conceitual da qual o termo *crise* parece não fazer parte, mas o certo é que o encontramos em diversos momentos da sua obra, como nos artigos reunidos em *Entre o passado e o futuro* – tanto naqueles que o incluem explicitamente no título, "A crise da educação" (1958), "A crise da cultura" (1960), como naqueles onde faz referência à ruptura do fio da tradição e à crise da autoridade no mundo moderno, ou também na sua breve fala de 1966 "Sobre a sociedade moderna e seu caráter de crise".[2] Cabe também recordar que, antes de decidir finalmente dar o título de *Crise da República* à sua última coletânea, havia contemplado o de *Crise*.[3] Neste último livro de 1972 reuniu textos escritos ao final da década dos anos 1960 e que buscavam responder aos "tempos sombrios" que vivia a República norte-americana. Tempos sombrios que ficavam evidentes, por exemplo, na Guerra do Vietnã – uma "guerra ilegal e imoral" –, na reivindicação crescente de poder por parte do ramo executivo do governo, conjuntamente com o engano crônico (como demonstrado no caso dos Documentos do Pentágono), na interferência política nas universidades, em vincular as pesquisas às atividades bélicas, ou na progressiva atmosfera de violência que se respirava em um movimento heterogêneo, composto, entre outros, por estudantes universitários, defensores dos direitos civis e integrantes do Black Power.

Como sabemos, *crise* é um dos conceitos fundamentais da língua grega, e designa julgamento, classificação, separação, decisão; o termo *krisis* (*krinein*) indica um momento decisivo na evolução de um processo incerto, que tem de permitir o diagnóstico, o prognóstico e eventualmente a saída da vicissitude. Toda crise é indissociável de uma experiência e de uma concepção do tempo; o momento crítico cristaliza-se no marco de certa duração na qual temos de julgar e decidir. Com poucas variações durante a antiguidade e a Idade Média, o termo tem um uso técnico no âmbito da medicina e da justiça. Porém, a partir das mudanças que, desde a época moderna, ocorreram na experiência e no pensamento da temporalidade e da historicidade, a palavra *crise* deixa de limitar-se ao seu uso técnico e adquire a acepção de uma ruptura generalizada, de uma negação do velho em contraste com o novo, da fratura da tradição. Assim, por exemplo, as crises políticas, as revoluções, entendem-se agora como quebras e como torções necessárias na pretensa marcha progressiva do processo histórico.

Arendt também entende a crise como ruptura, como interrupção de dinâmicas sociais ou históricas, embora não recorra às categorias modernas de processo ou progresso. Nesse ponto, é importante tornar a insistir na maneira como se aproxima da compreensão e do papel que desempenha o acontecimento. Como dizíamos, o acontecimento não é mero fato deduzível de uma cadeia de causas passadas, mas algo que ilumina seu próprio passado. O acontecimento é o que sobrevém ou advém, emerge a título singular e imprevisto no tempo humano, tanto para os indivíduos como para as coletividades: "Aparece notoriamente no tempo e merece ser comemorado". Portanto, o acontecimento nesse sentido inclui o inédito e introduz uma ruptura, interrompe os automatismos no encadeamento das probabilidades e obriga à compreensão, mesmo que nunca seja definitiva. Na mesma linha, o acontecimento pode ser entendido como crise: "Nunca estamos completamente preparados para a realidade do acontecimento, seja na nossa vida privada ou na história da humanidade, pelas mudanças que comporta". Cada acontecimento histórico abre "uma paisagem inesperada, de ações, paixões e novas potencialidades que conjuntamente transcendem a soma de todas as vontades e o significado de todas as origens".[4] O acontecimento está ligado à possibilidade do inédito e se baseia na capacidade dos seres humanos de realizar o inesperado ou o infinitamente improvável.[5]

As crises também são um "momento de verdade" que nos obriga a encarar o problema; são aquelas ocasiões em que a evidência do transcorrer do tempo se confunde, quando a maneira como se articulam passado, presente e futuro chega a perder a sua certeza e ficamos desorientados. Assim, as crises nos tornam suscetíveis de ser convencidos por aqueles que querem se apressar a colocar remédio na nossa desorientação. Certamente, as crises são momentos de turvação que excedem todas as reservas de sentido proporcionadas pela nossa conceitualização tradicional, ou seja, momentos em que as respostas que habitualmente nos serviam de apoio já não se encontram mais à nossa disposição. Assim, as experiências contemporâneas deixaram evidente a ruína das nossas categorias de pensamento e parâmetros de julgamento: "O declínio do antigo e o nascimento do novo não é necessariamente uma questão de continuidade; entre as gerações, entre os que, por um motivo ou outro, continuam pertencendo ao antigo e os que, ou bem sentem na pele a catástrofe, ou já cresceram nela, a cadeia está quebrada e emerge um "espaço vazio", uma espécie de terra de ninguém histórica, que só pode ser descrita em termos de "não mais e ainda não".[6] Diante dessa situação não é suficiente a alternativa de avançar ou retroceder, já que essa alternativa continua pressupondo uma cadeia de continuidade ininterrupta.

Dito de outra maneira, a cada crise, uma parte do mundo, um pedaço do mundo, uma coisa comum a todos, afunda. Afunda o que podemos nomear de confiança no mundo. "Uma crise nos obriga a voltar a fazer perguntas e nos exige novas e velhas respostas, mas, de qualquer modo, julgamentos diretos", escrevia Arendt em 1958. Além disso, é preciso ressaltar que as perguntas nem sempre precedem as respostas; com frequência, diante de um desafio, temos a tentação de considerar que precisamos de respostas e certamente é assim, mas o desafio é encontrar as perguntas mais adequadas. A perda das ferramentas de compreensão, que até o momento da crise nos haviam servido, constitui apenas um desastre se reagimos com ideias já preconcebidas ou por meio de preconceitos que se tornaram inadequados com a crise. "Um preconceito autêntico pode ser reconhecido pelo fato de que inclui um julgamento que, no seu dia, teve um fundamento legítimo na experiência; só se converteu em preconceito ao ser arrastado sem ter sido submetido à dúvida ou revisto ao longo do tempo".[7] Arendt parte da constatação de que ninguém pode viver sem preconceitos, e não só porque ninguém tem suficiente discernimento ou inteligência para emitir um julgamento sobre tudo aquilo que se lhe apresenta ao longo da vida, mas porque essa ausência de preconceitos exigiria uma vigilância sobre-humana. Por esse motivo, a política sempre teve a ver com esclarecer ou dissipar os preconceitos, porque o perfil dos preconceitos radica precisamente no fato de que se encontram firmemente enraizados no passado e impedem uma experiência efetiva do presente.

De fato, as crises nos obrigam a ter a experiência da perplexidade, a reformular as perguntas e, na medida em que o julgamento político tem a ver com acontecimentos e ações que tenham ocorrido de fato, está estreitamente ligado ao concreto e ao particular.

**

A qualidade da culpa ou Arendt sobre Eichmann

Não podia estar menos em sintonia com a época.
DEBORAH NELSON

O polêmico livro de Arendt sobre o julgamento de Eichmann é a terceira das três tentativas que a pensadora empreende de compreender "a crise do nosso século" – os fatos do totalitarismo – e repensar a liberdade política.[8] A primeira ela a faz em *As origens do totalitarismo*, e a segunda em *A condição humana* (1958), em que, como vimos, repensa a *vita activa* e sublinha que parte importante da condição humana está vinculada ao cuidado com o mundo, à responsabilidade pelo mundo. Embora neste último livro não apareça nenhuma referência aos crimes do nazismo, podemos pensar que no próprio título, *A condição humana*, há certo eco das palavras do fiscal francês dos Julgamentos de Nuremberg (1945-1946) ao definir a nova categoria, "crime contra a humanidade", em termos de "crime contra a condição humana".[9]

Em maio de 1960, agentes israelenses sequestraram Adolf Eichmann da Argentina e o trasladaram a Israel para que fosse julgado. Na primavera de 1961, Arendt viajou a Jerusalém, como correspondente do *The New Yorker*. Sua reportagem "Eichmann em Jerusalém" apareceu em 1963 e no mesmo ano publicou o livro *Eichmann em Jerusalém. Um informe sobre a banalidade do mal*, que reunia e ampliava o que havia escrito para a revista.

Adolf Eichmann, tenente-coronel das SS, era o "especialista na questão judaica", encarregado de organizar a expulsão dos judeus do Reich entre 1938 e 1941. Em janeiro de 1942, na Conferência de Wannsee, havia sido acionada a chamada Solução Final, e sob ordens de Reinhard Heydrich, responsável pela implementação do extermínio dos judeus, Eichmann trabalhou como Administrador de Transporte do projeto e ocupou-se da deportação dos judeus da Europa, e dos poloneses, eslovenos e ciganos, até o final da guerra. Ao longo do interrogatório do processo, reunido nas páginas da crônica de Arendt, percebemos claramente o orgulho e satisfação do acusado em relação à eficácia do funcionamento e aos objetivos do departamento administrativo, de "cadeia de montagem", que havia organizado com a finalidade de recolher, evacuar e confiscar bens e transferir a diferentes destinos o "material biológico" que lhe havia sido encomendado. Eichmann foi sentenciado à morte e enforcado em 31 de maio de 1962.

Como se sabe, o informe de Arendt gerou grande polêmica, acompanhada de uma "ruidosa" campanha na mídia daquela época. Ainda hoje, qualquer referência ao seu texto parece estar centrada mais na polêmica desencadeada que na leitura de seu informe.[10] Sua suposta insensibilidade diante dos sofrimentos do povo judeu foi objeto de controvérsia: repreendiam-lhe o fato de ter considerado que o propósito principal do processo era analisar a qualidade da culpa do acusado e o caráter sem precedentes do regime nazista, em lugar de colocar no centro as dimensões da catástrofe, e estigmatizaram seu intento de esclarecer o papel dos Conselhos judeus (*Judenräte*) na deportação durante a Solução Final. Além disso, Arendt foi tachada de arrogante por se atrever a julgar sem ter estado presente na perseguição, e também pelo tom de voz, o estilo irônico da sua crônica, que indicava a recusa a se instalar na retórica que o governo de Israel empregou ao longo do julgamento.

Dias antes do início do julgamento, o primeiro-ministro de Israel, Ben Gurion, declarou: "O destino de Eichmann como indivíduo não se reveste de nenhum interesse. O importante é o espetáculo".[11] Convencida de que o governo de Israel pretendia utilizar a memória do extermínio dos judeus europeus para definir e legitimar sua existência recente e suas políticas, Arendt insistiu em lembrar que "a finalidade de todo o processo é fazer justiça e nada mais".[12] Entre os aspectos problemáticos e inquietantes que detectava na maneira como o julgamento estava sendo proposto, podemos assinalar, em primeiro lugar, a retórica esgrimida de uma perseguição continuada, fruto de um antissemitismo imemorial, que teria começado com os faraós até chegar a Hitler, e que parecia obrigar a dar apoio ao único Estado judeu existente e converter em propaganda antissemita tudo o que fosse oposição a ele. Também lhe parecia suspeito o uso instrumental dos crimes nazistas e da catástrofe judaica na Europa para ler o conflito árabe-israelense, presente desde a fundação do Estado de Israel, de maneira que a expulsão sistemática de 750 mil palestinos, iniciada em 1948, ficasse dissimulada pela libertação dos mártires europeus.

Cabe lembrar que, naquele momento, Israel estava constituído por uma maioria heterogênea de judeus, alheios em boa medida às perseguições ocorridas na Europa, e o governo necessitava de uma experiência coletiva purificadora que unisse uma sociedade fragmentada. Nas mãos de Ben Gurion, o julgamento adquiriria um caráter político, "pedagógico" e propagandístico, algo que podia ser percebido no fato de que a acusação estava primordialmente interessada nos sofrimentos do povo judeu e nas dimensões da catástrofe sofrida, e muito menos no acusado e na qualidade de sua culpa. Daí provêm os comentários sarcásticos de Arendt em torno das intervenções do representante do Estado de Israel ao processo, o fiscal Hausner.[13] Também podemos lembrar que o julgamento constituiu a primeira e autêntica aparição das vítimas sobreviventes que, até aquele momento, não haviam sido precisamente acolhidas com entusiasmo, já que o Estado recém-criado se concentrara em acontecimentos que pudessem ser transformados em mitos heroicos e relatos de vitória, capazes de engendrar um novo *ethos*. Antes do processo, em Israel não se falava do extermínio do povo judeu da Europa; predominava o silêncio, a vergonha e a negação. Ecos disso podem ser sentidos ainda nas atas do processo, na reiterada pergunta do fiscal dirigida às testemunhas sobreviventes no julgamento contra Eichmann: "Por que não se rebelaram?".

No caso de Eichmann, e consideradas as características do acusado, a pergunta que havia ficado sem resolver era: como é possível julgar essa espécie de criminosos e de crimes?, como podem ser julgados sem nenhuma regra dada, sem nenhuma lei dada?[14] Se Arendt resistia a considerar os atos de Eichmann apenas como um episódio da história do antissemitismo – mesmo que fosse o mais catastrófico e horrível –, é porque nessa leitura ocultava-se o caráter sem precedentes dos seus delitos e o novo tipo de criminoso que ele encarnava. Por seu lado, ela considerava que apenas a escolha das vítimas, e não a natureza do delito, podia ser consequência da longa história de antissemitismo. Via uma escassa responsabilidade pelo mundo na nacionalização dos crimes como um Holocausto judeu e no uso do julgamento de Eichmann para consolidar Israel como um estado-nação judeu.

Como os informes periciais certificaram que o acusado era um homem "normal", o tribunal considerou que Eichmann não constituía um caso de alienação nem no sentido jurídico nem no de insanidade moral. Assim, diante do fato de que o processado negasse ter tido conhecimento da natureza criminosa de seus atos, os juízes concluíram que se encontravam diante de um mentiroso. Arendt não questionou a normalidade do acusado e tampouco duvidou da sua sinceridade quando, diante da pergunta de se não sentia nenhum peso na consciência pelo que havia feito, lembrou que "teria carregado um peso se não tivesse cumprido as ordens recebidas, as ordens de conduzir à morte milhões de homens, mulheres e crianças, com a maior diligência e meticulosidade".[15]

Diante desse acusado que, apesar do orgulho que sentia pelo seu importante papel, afirmava nunca ter matado nenhum judeu, sequer algum não judeu, e de nunca ter dado nenhuma ordem nesse sentido, Arendt descobriu um agente do mal capaz de cometer atos objetivamente monstruosos sem motivações malignas específicas, um assassino de massas. De fato, já em *As origens do totalitarismo* havia descrito o ocorrido nos regimes totalitários do século XX em termos de atos horríveis sem motivos compreensíveis, atos levados a cabo para além de considerações econômicas ou de esforços para acabar com a resistência ao regime: aquela "monstruosa máquina de massacre administrativa", aquele mundo carente de sentido, funcionou perfeitamente graças à participação direta de uma faixa de pessoas normais "que não são boêmios nem fanáticos, não são aventureiros nem maníacos sexuais, que são, em primeiro lugar e antes de mais nada, funcionários e bons pais de família.[16]

Os atos foram monstruosos, mas o responsável era absolutamente comum: um de tantos, nem demoníaco nem monstruoso, um burocrata anódino, um típico empregado cinza que não reparava nos compromissos que assumia para prosseguir com sua vida e sua carreira e que não perdia nenhuma oportunidade para ascender um degrau na hierarquia; um funcionário medíocre que fez o mal obedecendo à lei, independentemente de seu conteúdo. Nesse ponto, parecia de maneira inquietante um homem normal que se ocupa de fazer com precisão sua tarefa a fim de comprazer seus superiores e progredir no serviço. Assim, para Eichmann, uma deportação era um conjunto de procedimentos que exigia a intervenção de diversas administrações, implicava trabalho de escritório para organizar o transporte, decidir o número de judeus que haviam de ser deportados e para onde, e "negociar" acordos com os inúmeros "sócios" envolvidos na Solução Final. Ao prestar contas da sua tarefa, o acusado descrevia atividades que, embora não fossem em si mesmas homicidas, produziram esse mal, um massacre administrativo.

Arendt faz duros comentários sobre indivíduos como Eichmann que se identificam como bons empregados, funcionários, simples "peças" de uma engrenagem social, e que não sentem responsabilidade pelo mundo nem qualquer outra culpabilidade que a de não terem feito direito a tarefa encomendada. Portanto, levantava uma questão: em que bases legais podia-se infligir uma pena máxima na ausência de *mens rea*, de consciência, de vontade de atuar contra a lei, que se atribui ao criminoso para considerá-lo como tal?[17] Daí que Arendt aplaudisse o grau de independência e sentido de justiça dos juízes, que "chegaram a ter uma claro conhecimento da intricada organização burocrática da máquina de extermínio dos nazistas, a fim de poder compreender plenamente a missão que o acusado cumpria".[18] Com isso não pretendiam julgar o aparelho burocrático, mas o acusado por ter aceito ser "uma pequena engrenagem" do regime nazista.

Assim como fez durante o regime nazista, ao longo do julgamento, Eichmann safava-se quando conseguia recorrer a procedimentos rotineiros, estereótipos e códigos padronizados de conduta e expressão: "Minha única linguagem é a burocrática (*Amtssprache*)". A única característica notável que era possível detectar em Eichmann – tanto em relação ao seu comportamento passado quanto ao que manifestou durante o processo – era algo totalmente negativo que não se podia atribuir a nenhuma fraqueza, patologia ou convicção ideológica: a falta de reflexão. Sua incapacidade de falar estava estreitamente ligada à sua incapacidade de pensar, particularmente assumindo o ponto de vista de outra pessoa. Eichmann conhecia perfeitamente o destino dos transportes que organizava, e também de que maneira os judeus seriam assassinados. Não obstante, Arendt destaca que "simplesmente nunca soube o que fazia".[19] Ou seja, não fazia a conexão entre suas atividades e as consequências que podiam implicar; limitava-se a "funcionar".[20] Sua "curiosa e absolutamente autêntica incapacidade de pensar" não se devia à estupidez, mas à falta de imaginação.[21] Hannah Arendt cunhou a expressão "banalidade do mal" a fim de caracterizar esse tipo de perversidade que não se ajustava aos padrões com os quais nossa tradição cultural e legal havia tratado de representar a maldade humana, pois a *gramática* dessa maldade sempre havia implicado a ideia de *inten*ção maligna.[22] Com essa expressão, portanto, a pensadora pretendia "assinalar um fenômeno que, no julgamento, saltou à vista: Eichmann não era nenhum Iago, nenhum Macbeth";[23] era mais o autor de atos abomináveis, sem motivos atrozes. Entretanto, com "banalidade do mal", Arendt queria apontar para o fato de que indivíduos como o acusado "não são grandes criminosos políticos, e sim indivíduos que permitiram grandes crimes políticos, algo totalmente diferente".[24] Por outro lado, é importante observar que, no livro, a expressão "banalidade do mal" só aparece duas vezes: no subtítulo e nas últimas páginas, com referência à sentença e à execução de Eichmann, quando a autora escreve: "Foi como se naqueles últimos minutos resumisse a lição que a sua longa carreira de maldade nos ensinou, a lição da terrível banalidade do mal, diante da qual as palavras e o pensamento se sentem impotentes".[25]

É preciso dizer que, sessenta anos após o julgamento, dispomos de documentos que nos revelam, sem qualquer dúvida, um Eichmann totalmente diferente: um nazista fanático e um grande antissemita, o que avaliza o fato de que o acusado dissimulou ou mentiu ao longo do julgamento. Porém, como sublinha a filósofa alemã Bettina Stangneth, autora de uma documentadíssima pesquisa sobre o período de exílio de Eichmann na Argentina (1950-1960),[26] embora hoje saibamos que a banalidade do mal é uma categoria pouco adequada para o seu caso, isso não converte o livro de Arendt num livro superado: devemos a ele uma concepção do mal, sem a qual não poderíamos compreender nem os nazistas nem a destruição dos judeus europeus. Com efeito, apenas com a noção clássica do mal não podemos dar conta dos crimes nazistas, e Hannah Arendt tem razão quando afirma que o mal pode resultar da indiferença e da ausência de pensamento, de aplicar as diretrizes, de seguir as regras sem se interrogar sobre quais serão as consequências para os demais. A eficácia do projeto nazista se baseia justamente na participação da administração e da burocracia nos crimes. Dito mais claramente: Eichmann não teria conseguido ser tão convincente em seu papel de tecnocrata que não refletia se esse registro não tivesse sido tão familiar.[27]

A partir das respostas que Eichmann deu ao longo do interrogatório do julgamento, Arendt tentou abordar a inquietante questão sobre como funcionava a consciência moral do acusado. De fato, ele mostrou suficientemente que possuía o que comumente chamamos de consciência, mas a sua voz falava a língua da coletividade, estava conectada à vigência da nova lei. Ao ser inquirido, declarou que havia vivido de acordo com o princípio da moral kantiana. Apresentava-se como um "idealista", um homem "disposto a sacrificar qualquer coisa em função de sua ideia, isto é, um homem disposto a sacrificar tudo, e todos, pela sua ideia".[28] Arendt observa, com referência a isso, que, igual ao resto dos seres humanos, o perfeito idealista também tem seus sentimentos e emoções pessoais; mas, diferentemente dos primeiros, nunca permitiria que fossem obstáculo à sua atuação, caso contradissessem a "ideia". Nesse ponto, seria preciso matizar – como fez Mary McCarthy – que – com suas palavras – o acusado parecia aludir à concepção kantiana segundo a qual um ato virtuoso é um ato realizado contra a inclinação, a tentação.[29] Porém, na realidade, ele invertia a afirmação ao considerar que um ato já era virtuoso se feito contra a inclinação. Com isso, evitava ou menosprezava o imperativo categórico de Kant: "Obra apenas segundo aquela máxima que possas querer convertida, ao mesmo tempo, em lei universal".[30]

Delitos como o de Eichmann foram cometidos, e unicamente podiam ser cometidos, sob o império de um ordenamento jurídico criminoso e por um Estado criminoso no qual cumprir as leis não significava apenas obedecê-las, mas atuar como se você fosse seu autor. "Tal como disse uma vez e outra à polícia e ao tribunal, ele cumpria seu *dever*; não apenas obedecia a *ordens*, mas também obedecia à *lei*".[31] O fato de que Eichmann fizesse o mal não transgredia a lei; ao contrário, seguia-a cegamente, e explicaria que considerasse que seu dever era matar, sem que por isso se reconhecesse como um assassino. Como fizeram notar Martine Leibovici e Anne-Marie Roviello, Arendt detecta em Eichmann uma consciência invertida, pela qual o mal extremo se encontra no lugar do dever sublime.[32] A essência do regime totalitário é o *terror*, coisa que exige uma criminalidade legalizada nele mesmo; mas não se trata de um meio que assegure uma dominação, mas de um princípio. Eichmann comenta que o princípio que há por trás da lei é a "vontade" do Führer. Tudo isso precisa ser vinculado ao abandono generalizado das condições ordinárias de exercício da consciência moral, provocado pelo totalitarismo nazista. Daí que, na realidade, o problema mais inquietante fosse o grande número dos que não eram nem demônios nem fanáticos, mas que simplesmente não tinham motivos para recusar agir de acordo com a lei.[33]

Quando teve Eichmann diante dela, Arendt viu nele um dos traços que caracterizavam o membro ideal de um regime totalitário: a *selflessness* que já havia identificado em *As origens do totalitarismo*, uma fuga de si mesmo que não consiste em mera privação, nem na simples ausência de si, mas em abnegação, o eu é ativado para se retirar radicalmente e permitir que a vontade do Führer o ocupe totalmente.[34] De fato, Arendt sublinha que a mera obediência não teria sido suficiente. Como escrevem Leibovici e Roviello, era preciso ser excelente nesse ativismo paradoxal de utilizar todos os recursos à disposição para evitar incorporar, por meio da dimensão do pensamento que é a imaginação, o exterminador em que se convertera".[35]

Ao dar conta do colapso moral que os nazistas haviam produzido na sociedade respeitável não só da Alemanha, mas de todos os países, Arendt dedicou também umas páginas à cooperação dos Conselhos judeus na época da Solução Final – "um dos capítulos mais tenebrosos de toda essa sombria história" –, como se quisesse dar conta do fato de que o colapso não se produzira apenas entre os vitimários. E essa ruptura afetou todos, "não apenas a Alemanha, mas praticamente todos os países; não apenas entre os vitimários, mas também entre as vítimas".[36] De fato, ao introduzir a questão do papel dos Conselhos judeus, abandona o papel de cronista, já que ao longo do processo não se havia feito nenhuma menção a eles. A participação passiva e ativa dos judeus em seu próprio extermínio já havia sido descrita por Raul Hilberg em 1961 em *A destruição dos judeus europeus*, livro no qual Arendt se apoiou quase exclusivamente para elaborar as poucas páginas que dedicou a essa questão. Entre os "sócios" com quem Eichmann "negociava" havia membros dos *Judenräte*, Conselhos judeus, selecionados pelos próprios nazistas entre os dirigentes judeus mais destacados do país. Eichmann ou seus subordinados informavam os Conselhos do número de judeus que necessitavam para carregar cada comboio, e os Conselhos elaboravam as listas de deportados. Os eleitos se inscreviam nos registros, preenchiam uma infinidade de formulários, respondiam páginas e páginas de questionários referentes aos bens que possuíam a fim de permitir que lhes fossem embargados mais facilmente e para pagar sua deportação, depois compareciam aos pontos de reunião e eram embarcados nos trens. Os membros dos Conselhos conheciam o verdadeiro destino da deportação e não os comunicavam às vítimas. Com poucas exceções (Dinamarca, Bulgária e Itália), a colaboração ocorreu em todos os países. Os nazistas conferiam poderes extraordinários aos membros dos Conselhos, que também se ocuparam de salvar os "judeus proeminentes", solicitando tratamento específico para "casos especiais". Com esse gesto, reconheciam implicitamente a norma geral, que significava a morte para todos os que não fossem "casos especiais"; isto é, convertiam-se em cúmplices. Por outro lado, Arendt considerou que o verdadeiramente devastador foi a cooperação dos judeus com seus líderes, que, por sua vez, cooperavam com os nazistas: "A verdade é que, se o povo judeu tivesse estado desorganizado e não tivesse tido líderes, teria se produzido o caos, e grandes desgraças, mas o número total de vítimas dificilmente teria chegado a ficar entre os quatro milhões e meio e seis milhões".[37] De fato, no ano de 1964, afirmou que os líderes judeus "haviam se convertido em um fator importante na burocracia da destruição".[38]

Com a cooperação dos Conselhos ficava evidente que a indefinição da fronteira entre perseguidores e vítimas fazia parte da natureza dos crimes do regime nazista. Nesse sentido, Arendt converge com as conhecidas reflexões referentes à "zona cinzenta" que Primo Levi incluirá em seu livro *Os afogados e os sobreviventes*, e segundo as quais, para prestar contas do que realmente aconteceu nos campos, não era suficiente fazer uma simples distinção entre vítimas e vitimários, era preciso atender ao seu traço mais inquietante e que constituía seu esqueleto: a classe híbrida dos prisioneiros-funcionários, "é uma zona cinzenta, de contornos mal definidos, que ao mesmo tempo separa e une os dois campos, dos amos e dos servos. Possui uma estrutura interna incrivelmente complicada e contém tudo o que é preciso para confundir nossa necessidade de justiça".[39]

As páginas arendtianas dedicadas ao papel dos Conselhos judeus foram objeto de duras críticas que destacavam a ausência de compaixão da autora, pelo fato de culpabilizar o povo judeu por seu próprio extermínio. Apesar disso, cabe destacar que o papel dos membros dos Conselhos já era conhecido em Israel: em 1950 o governo havia aprovado uma lei para a punição dos nazistas e seus colaboradores, em particular para os cúmplices judeus do nazismo, e, ao longo da década de 1950, foram julgados numerosos cidadãos judeus, em virtude da mesma lei com a qual depois Eichmann seria incriminado. De qualquer modo, como podemos ler em *Eichmann em Jerusalém*, "esses assuntos eram discutidos abertamente e com uma surpreendente franqueza nos livros de texto israelenses".[40] O certo é que, ao colocar em relevo que "esses assuntos" haviam sido omitidos no julgamento, Arendt foi a primeira pessoa, a primeira mulher, que falou publicamente para uma plateia não israelense sobre a cooperação dos Conselhos.[41]

No seu país natal, Arendt havia visto como o que ela e muitos outros davam como certo, isto é, uma estrutura moral aparentemente sadia e segura desmoronava sob o regime nazista, até o extremo de converter o mandamento "Não matarás" em "Matarás". A única conclusão geral que podia ser extraída era que, não por causa das ideias filosóficas, mas a partir dos acontecimentos políticos, a tradição de pensamento moral havia se rompido e não havia como retomá-la.[42]

Após o julgamento, e bem no meio da polêmica desencadeada em torno de seu livro, Arendt fez diversos esforços para repensar a questão moral. Na opinião de alguns, os julgamentos de Nuremberg haviam sido a primeira ocasião em que se castigava a obediência e não a transgressão. Portanto, era preciso propor a questão longe da figura da obediência, já que, "em matéria política, a obediência e o apoio são a mesma coisa".[43] Tampouco se podia tratar de uma questão de *valores*, já que naquele momento estava claro que as normas e as pautas morais são suscetíveis de mudar de um dia para outro, de maneira que tudo o que resta é o hábito de se aferrar a alguma coisa.

Arendt recorreu à figura de Sócrates e ao seu pensar não contemplativo como uma via para encarar o colapso das categorias e normas morais herdadas e o déficit de pensamento de Eichmann. Uma das perguntas que ocupará sua reflexão, especialmente depois do processo de 1961, é: que relação podemos estabelecer entre a incapacidade de pensar, isto é, de julgar, e a indiferença em relação à realidade, a ausência de responsabilidade, tão característica do mal contemporâneo? À medida que as ferramentas da tradição de pensamento moral não evitaram a expansão desse mal, mas se submeteram a ele de maneira dócil, o único caminho que restava para repensar a atitude moral foi dirigir o olhar àqueles que não obedeceram.

Efetivamente, na Alemanha nazista, nos momentos em que a resistência ativa era já impossível, houve quem se abstivesse de colaborar com o regime, respondendo ao mandamento "Tens que matar inocentes" com um "Não posso fazê-lo"; "nunca duvidaram de que os crimes continuavam sendo crimes, ainda que estivessem legalizados pelo governo, e que era melhor não participar desses crimes qualquer que fosse a circunstância".[44] Arendt observa que, em situações extremas, comportar-se com decência não pode ser reduzido a normas ou *slogans*, pois implica começar a pensar e a julgar em vez de aplicar categorias e fórmulas. Dessa maneira, Arendt tenta deixar claro que, na abstenção daqueles que não participaram, não havia nenhuma aplicação de uma lei universal e sim a reflexão sobre si mesmos e sobre como poderiam continuar vivendo em paz em caso de participar ou colaborar com aquilo: "Para dizê-lo cruamente, negaram-se a assassinar, não tanto porque mantivessem ainda uma firme adesão ao mandamento 'não matarás', mas porque não estavam dispostos a conviver com um assassino: eles mesmos".[45]

Em suas meditações sobre as decisões morais, Arendt insistiu – como havia feito ao refletir sobre a especificidade da liberdade política – no caráter natal do ser humano: "Um ser cuja essência é iniciar, começar, pode ter nele mesmo suficiente originalidade para compreender sem categorias preconcebidas e julgar sem o conjunto de regras consuetudinárias que constituem a moralidade".[46] Nessa chave, a figura de Sócrates oferecia *pistas* do que poderia ser uma conduta moral em tempos sombrios. Em particular, Arendt se referia a duas das afirmações mais conhecidas do pensador grego: "É pior cometer uma injustiça que recebê-la" e "para mim é preferível que minha lira soe desafinada e dissonante, em relação a mim ou ao coro que dirijo, e que muitos homens discordem de mim, e não digam o que digo, do que o contrário. Insisto: isso vale mais para mim do que, sendo um só, discordar de mim mesmo e me contradizer" (*Górgias*, 474b i 482b-c). Dessas palavras, nossa autora destaca a ênfase socrática no fato de que não somos apenas para os outros, mas também para nós mesmos; e, neste último caso, claramente não somos apenas um: há uma diferença inserida na nossa identidade – o "dois-em-um" –, que a declaração de Sócrates sobre a harmonia consigo pressupõe.

Para Sócrates, esse "dois-em-um" significava simplesmente que, ao querer pensar, deve-se tentar fazer que os dois que mantêm o diálogo de pensamento estejam em forma e sejam amigos: o outro eu não é uma ilusão, ele se faz sentir quando falo comigo.[47] "É melhor sofrer uma injustiça que cometê-la porque é possível continuar sendo amigo da vítima; quem iria querer ser amigo de um assassino e ter que conviver com ele? Nem mesmo um assassino. Que tipo de diálogo seria possível manter?"[48] Além disso, talvez aqueles que não participaram do regime nazista estivessem acostumados a não se conformar com aquilo prejulgado. Como dizia mais acima, a capacidade de pensar, entendida num sentido não técnico, é atribuível a todos, não é própria dos pensadores profissionais; de fato, inversamente, a incapacidade de pensar, dirá Arendt, "podemos encontrá-la em pessoas muito inteligentes".[49] Nesse ponto, o que nos sugere é que o preceito moral surge da própria atividade pensante. Na esfera da política, onde o poder conta, as pessoas que pensam e se recusam a participar são impotentes. Não obstante, em situações extremas, "Quando todos se deixam levar irreflexivamente pelo que todos os demais fazem ou acreditam, aqueles que pensam se veem arrancados de seu esconderijo porque sua recusa a participar se torna visível e, por isso, converte-se em uma espécie de ação".[50] O critério desse gesto de dizer "não posso fazê-lo" não é o mundo, mas o eu. Nos momentos em que não podemos assumir a responsabilidade pelo mundo, esse eu tem muita importância: trata-se de uma instância ética que adquire validade política. "A impotência absoluta ou a carência total de poder é, acredito, uma escusa válida. Sua validade é mais forte, já que parece exigir certa qualidade moral mesmo que seja apenas para reconhecer a carência de poder [...] e não viver de ilusões. Além disso, é justamente nessa admissão da própria impotência que ainda se pode conservar um último resíduo de força e até mesmo de poder, até em condições desesperadas".[51] Tanto em seu informe sobre o julgamento como na carta de 20 de julho de 1963 em que responde a Scholem, Arendt insiste que "não houve possibilidade de resistência, mas houve a possiblidade de *não fazer nada*. E para isso não era preciso ser um santo".

Em matéria de conduta moral, Arendt afirma, com acentuada atitude anticristã, que "a norma não é nem o amor ao próximo nem o amor a si mesmo, mas o respeito por si mesmo".[52] Assim, a questão não é o interesse pelos outros, mas por si mesmo; desse modo, tanto o critério para distinguir o que está certo do que está errado como a pergunta "o que tenho que fazer?" não dependem de hábitos ou costumes compartilhados, nem de nenhuma espécie de mandamento divino ou humano, mas daquilo que decido em relação a mim mesmo.[53] Com isso, fica claro que o "dois-em-um" não tem a ver com o fato de ser simplesmente consciente do que faço, mas com o diálogo específico e ativo que só pode se dar quando atualizo a diferença dentro de mim. Portanto, o pensar é uma atividade, um caminho que percorremos com outro alguém. "Sócrates, que tanta atração sentia pela praça do mercado, precisava ir para casa, onde ficaria sozinho, na solidão (*solitude*), a fim de encontrar seu outro companheiro."[54] Arendt comenta com referência a isso: "É melhor estar em desacordo com o mundo inteiro que com a única pessoa com a qual se está obrigado a viver, quando se deixa a companhia dos outros".[55] A ausência de pensamento ou de julgamento em Eichmann apontava à sua incapacidade de ser dois; o mal "normal", banal, nesse sentido tem a ver com o fato de que, ao voltar para casa, não haja ninguém ali.[56]

Entre as críticas de que foi alvo Arendt, talvez a mais conhecida e comentada tenha sido a de seu velho amigo Gershom Scholem, que, depois de ter recebido o livro, escreveu-lhe uma carta (23 de junho de 1963) na qual a acusava de "falta de amor pelo povo judeu", e quanto ao que diz respeito aos Conselhos declarava: "Houve conselhos judeus; alguns foram canalhas; outros, santos. Li muito sobre uns e outros. Havia pessoas não muito diferentes de nós, que tiveram que tomar decisões terríveis em circunstâncias que não podemos nem reproduzir nem reconstruir. Não sei se fizeram bem ou fizeram mal. Não me permito julgar. Não estava lá".

Arendt respondeu com a carta mencionada de 20 de julho de 1963 e no ano seguinte anexou-a ao "Post scriptum" de *Eichmann em Jerusalém*: "O argumento de que não podemos julgar se não estávamos presentes e envolvidos nos acontecimentos parece convencer a maioria, em toda parte, embora seja óbvio que, se fosse verdade, tanto a administração de justiça quanto a tarefa da historiografia não seriam possíveis".[57]

Além disso, a estratégia e o estilo que Arendt adotou ao longo de sua crônica, de deixar que Eichmann falasse *através de* – não *com* – a sua voz, foi o que muitos de seus críticos judeus mais censuraram.[58] Também foi o caso de Scholem, que condenou "o seu retrato de Eichmann como um convertido ao sionismo" e afirmou que "só podia vir de alguém com um profundo ressentimento contra tudo aquilo que tem a ver com o movimento sionista". A resposta de Arendt esclarece: "Não é preciso dizer que nunca fiz de Eichmann um "sionista". Se não captou a *ironia* dessa frase, que além do mais está formulada expressamente em *estilo indireto* e reproduz as palavras do próprio Eichmann, então realmente não sei o que dizer".[59]

Como assinalou Dagmar Barnouw: "Se de alguma coisa estava segura Arendt, era da necessidade de *compreender* a base sociopolítica da inversão moral causada pelo regime nazista; isto é, a natureza da profunda mudança que este consumou entre as pessoas que subjugou".[60] Talvez esses motivos explicassem até certo ponto o estilo em que está escrito *Eichmann em Jerusalém*. Nesse texto, Arendt com frequência passa da citação direta das palavras pronunciadas ao longo do julgamento ao discurso indireto e, de fato, em boa parte da crônica, emprega paráfrases, redigidas em *oratio obliqua*.[61] Ao reproduzir indiretamente as palavras de Eichmann, o que mostrava e acentuava era o caráter grotesco do acusado, o vazio e absurdo de uma verborreia vinculada a uma consciência invertida. Ou seja, a crônica simula um ponto de observação distanciado e que não tomava partido, ao mesmo tempo que assumia a voz narrativa de um observador que se movia e incluía a voz do assassino observado. Com isso, Arendt não pretendia refletir a realidade objetivamente; queria, sim, descrever com fidelidade um fenômeno.

Ao transitar pela *oratio obliqua*, Arendt permitia que a voz de Eichmann pudesse ser ouvida e julgada por meio da perspectiva proporcionada pelo contexto.[62] Dessa maneira, tentava convidar ao julgamento e à discussão, e propunha um *modus* indireto de julgar: quem lia a crônica era admitido no relato, que não só punha em contato e organizava um amplo número de detalhes díspares como era capaz de se manter a certa distância e de não ficar tomado pela dor e pelo sofrimento das vítimas.[63] O que estava em jogo no processo era a responsabilidade de Eichmann nesse sofrimento; abordar os fatos a partir dos sentimentos teria significado minimizar o caráter sem precedentes dos fatos.[64]

Parte das críticas a *Eichmann em Jerusalém* ia dirigida ao estilo do livro, ao tom distanciado, irônico e às vezes sarcástico, que supostamente indicava a perspectiva arrogante e a insensibilidade da sua autora. Scholem repreendeu-lhe "o tom cruel, até malicioso", e escreveu a ela: "A ironia, nesse contexto, é o mais inoportuno que poderia haver".[65] Certamente, Arendt já empregara esse tom – como uma maneira de falar quando parece que a única coisa que a voz pode fazer é tremer[66] – no seu "Nós, os refugiados", escrito em 1943, quando fugiu da Europa e a possibilidade de cair nas mãos da Gestapo ainda era muito presente.[67] Desse modo, a ironia seria um meio para colocar a distância o vivido e poder refletir a respeito. Embora a ironia e o riso não sejam idênticos, podem permitir um acesso à seriedade a partir de outra dimensão.[68] Assim, podemos lembrar de uma frase da própria Arendt, referida a um romance de Nathalie Sarraute: "Como toda boa comédia, trata de uma coisa tremendamente séria"; e afirmações extraídas de suas entrevistas: "Se as pessoas acreditam que sobre essas coisas só se pode escrever com um tom patético… Veja, tem gente que leva a mal – e isso até certo ponto sou capaz de entender – que eu ainda consiga rir disso. Contudo, é que eu realmente opino que Eichmann era um palhaço, e vou lhe dizer que li – e muito bem lida – a transcrição dos interrogatórios policiais, três mil e seiscentas páginas, e não sei quantas vezes eu ri; mas risadas fortes!", ou "Acho que tenho que ser capaz de rir, já que este é um gesto de soberania".[69]

Depois do processo, ao retomar a figura de Sócrates, Arendt lembrava que a ironia socrática "descongela aquilo que a linguagem congelou", produz perplexidades e cavilações, desloca a voz, problematiza, incomoda. A respeito disso citava umas palavras do *Mênon*: "Não é que, seguro de mim mesmo, faça duvidar os outros, mas que, mais cheio de dúvidas que ninguém, faço os outros também duvidarem" (*Mênon*, 80), a fim de indicar que talvez Sócrates tivesse sentido o impulso de investigar se seus iguais compartilhavam suas perplexidades, coisa bem diferente da arrogância de decifrar enigmas para mostrar sua solução aos outros. Ao fazer perguntas, cujas respostas desconhece, Sócrates as coloca em movimento.[70]

Para concluir, apesar de manifestar seu acordo com a condenação à morte que havia sido ditada, Arendt considerou que os argumentos esgrimidos pelo tribunal para justificar a condenação não haviam sido os adequados, e escreveu nos seus próprios termos o que, segundo ela, os juízes deveriam ter pronunciado como razões para seu veredito.

Estas são as conhecidas palavras da alegação formulada por Arendt, que ela incluiu como epílogo do livro de 1963: "E da mesma maneira que apoiaste e executaste uma política de uns homens que não desejavam compartilhar a terra com o povo judeu nem com certas pessoas de outras nações – como se tu e teus superiores tivessem o direito de decidir quem pode e quem não pode habitar o mundo –, consideramos que ninguém, isto é, que nenhum membro da raça humana, pode desejar compartilhar a terra contigo. Esta é a razão, a única razão, pela qual tens que ser enforcado".[71]

Com esse veredito, Arendt revelava a natureza própria do delito que Eichmann havia cometido e pelo qual merecia ser duramente castigado: a aspiração e a pretensão de decidir com quem coabitar a Terra. Arendt afirma que ninguém tem a prerrogativa que Eichmann se havia atribuído. O delito de Eichmann não era apenas contra o povo judeu, mas contra a condição humana da pluralidade, da diversidade.

Embora esse gesto de escrever as palavras que deveriam ter sido pronunciadas pelos juízes fosse considerado uma nova demonstração de arrogância, na realidade encontramos nelas uma aposta na responsabilidade em relação ao mundo e um convite a repensar o *ethos* após o colapso moral,[72] e são palavras que abrem espaço para abordar também alguns problemas do nosso tempo, como mostram algumas releituras recentes de sua alegação, como as de Judith Butler, Donatella Di Cesare ou Ariella Azoulay.[73] Se apenas nos centrarmos nas vítimas assassinadas e não prestarmos atenção ao mundo que foi destruído, então desterramos as vítimas a uma existência sem mundo, situamo-las à parte do mundo dos demais. A pergunta seria: como se pode acusar o delinquente de um crime sem redesenhar as odiosas linhas que traçou quando escolheu suas vítimas?[74]

Essas três pensadoras sublinham que, se apenas nos concentrarmos na injustiça ou nos crimes cometidos contra as figuras atuais sem mundo, aqueles que nos nossos tempos chamamos de "pessoas vulneráveis" – por exemplo, palestinos, refugiados, migrantes –, colocamos num segundo plano o quadro sistêmico que produz as condições que fazem delas "pessoas vulneráveis", aceitamos tais condições sem questionar. Nesse sentido, as naturalizamos e, no mesmo gesto, esquecemos que a injustiça ou o crime cometido contra elas é um crime contra a condição humana da pluralidade, da diversidade. E quando Arendt fala de diversidade e pluralidade refere-se, como temos visto, à unicidade que surge com o nascimento de cada um de nós: todos chegamos a este mundo como forasteiros, estranhos e, em virtude da nossa irredutível unicidade, sempre continuaremos sendo-o.

Se prestamos atenção ao seu trabalho em torno do julgamento de Eichmann, percebemos que, por um lado, Arendt está atenta à maneira como se configuram os discursos que gerenciam o passado; sabe que isso também determinará as potencialidades futuras e não quer que o futuro adquira apenas a forma que lhe é dada pelos homens de Estado e seus funcionários. Assim, Arendt atribui a si a tarefa de escrever um informe para uma comunidade diferente daquela que se queria moldar com o julgamento.[75] De outro lado, como dizíamos antes, parece centrada em uma revisão das suas categorias a partir dos excluídos da comunidade política, a partir da progressiva perda de mundo moderna e dos restos do totalitarismo. Por último, e junto com as mentiras que foram ditas em torno de seu livro de 1963, Arendt dirigiu boa parte de seus esforços a pensar a relação entre a verdade e a política, ou, dito de outro modo, o lugar da mentira no mundo moderno.

**

O lugar da verdade e da mentira no mundo moderno

Nunca se mentiu tanto [...], dia após dia, hora após hora, minuto após minuto, ondas de mentiras são despejadas sobre o mundo. A palavra, o escrito, o jornal, a rádio... todo o progresso técnico está colocado a serviço da mentira. O homem moderno – aqui pensamos também no homem totalitário – banha-se na mentira, respira mentira, encontra-se submetido à mentira em todos os instantes de sua vida.
ALEXANDRE KOYRÉ

Sublinhei que, ao tornar literalmente consistente a realidade com a ideologia, o terror e a ideologia totalitários geraram uma perda da sensação de realidade, eliminaram a pluralidade, assim como a característica contingência da ação e do pensamento humanos em todos os níveis. Ao descrever o totalitarismo como a eliminação do político, como a supressão da esfera pública enquanto espaço de aparências, Arendt não só ressalta a conversão dos seres humanos em um puro feixe de reações como também a perda da realidade humana, do mundo compartilhado. Para dizê-lo de algum modo, o totalitarismo pretendeu uma humanidade sem mundo e introduziu a mentira em "plena luz", a possibilidade de converter fatos falsos em verdadeiros. "As mentiras da propaganda totalitária distinguem-se do mentir normal dos regimes não totalitários em momentos de emergência pela sua coerente negação dos fatos em geral: todos os fatos podem ser mudados, todas as mentiras podem ser tornadas verdadeiras".[76]

Para Arendt, a política é o âmbito do contingente, em que as coisas podem ser de outra forma, mas não deveríamos esquecer que se trata de uma contingência dada. Assim, o político se move "entre uma frágil contingência e uma obstinada faticidade" ou, dito de outro modo, atuar politicamente significa colocar em jogo o dado, mudar ou negar o existente, em nome da sua transformação;[77] a ação como capacidade de início, de interrupção, supõe sempre a faculdade de imaginar que as coisas poderiam ser diferentes, mas isso não tem nada a ver com a fabricação de uma realidade fictícia dirigida a substituir a verdadeira, nem com substituir a contingência por uma coerência inverossímil. Os sistemas totalitários costumam demonstrar que é possível atuar com base em qualquer hipótese e que, ao longo de um atuar dirigido de maneira consistente, a hipótese se tornará verdadeira e literal, uma realidade fática. O pressuposto que há na base da ação consistente pode ser tão demencial quanto se queira; sempre acabará produzindo fatos que, então, se convertem em "objetivamente" verdadeiros.[78]

Então, confrontados com um poder que pode criar os fatos à imagem das próprias hipóteses, que é capaz de fabricar a realidade, será que ainda podemos falar em termos de realidade objetiva, como fazem as ciências sociais, ou simplesmente da verdade? Como podemos contrapor a verdade do ocorrido à mentira totalitária, se esta última é fruto de um poder de fabricar a realidade? Depois que a distinção verdadeiro/falso parece ter ficado borrada, será suficiente tentar apresentar a verdade objetiva para fazer-lhe frente ou oferecê-la como antídoto?

A crise epistemológica gerada pelo surgimento dos regimes totalitários, que Arendt tentou encarar com suas reflexões sobre as dificuldades de compreensão e com as ferramentas metodológicas pouco ortodoxas às quais recorreu para dar conta dessa história "difícil de contar", deixou planteada a questão de quando e quão importante pode ser a verdade para a política. Suas reflexões partem da consideração de que a verdade fática e a autêntica política compartilham uma fragilidade comum.[79]

Arendt coloca no centro da sua cavilação a especificidade da mentira política contemporânea em dois artigos: "Verdade e política", publicado em 1967, e "A mentira em política. Reflexões sobre os Documentos do Pentágono", que aparece eu 1971.[80] No primeiro, redigido a partir da "polêmica" nascida da publicação de *Eichmann em Jerusalém*, como escreve em nota ao pé da primeira página: "O objetivo é esclarecer dois problemas diferentes, embora intimamente ligados [...] O primeiro se refere à questão de saber se ainda é legítimo dizer a verdade [...] O segundo tem sua origem na surpreendente quantidade de mentiras utilizadas na 'polêmica': mentiras sobre o que eu havia escrito, de um lado, e sobre os fatos que eu havia reportado, de outro". Escrito entre aspas "polêmica", já que era isso o que ela esperava e não uma série de diatribes, invectivas e mentiras.

Longe de julgar a mentira a partir de uma mera condenação moral, Arendt tenta diferenciar no âmbito da política entre a mentira tradicional e a contemporânea, a fim de dar conta da indiferença moderna em relação à realidade. No mundo moderno, a mentira já não cobre apenas uma parte da realidade, mas tenta substitui-la sistematicamente; portanto, a contingência fica substituída por uma coerência inverossímil. Já não se trata de uma dimensão vinculada à política, como era o caso da mentira tradicional, e sim de uma patologia. A diferença entre a mentira moderna e a tradicional corresponde muitas vezes à diferença entre destruir e ocultar.

No contexto da mentira tradicional alguém diz alguma coisa diferente daquilo que sabe, mentir significa enganar de maneira intencional, mesmo tendo conhecimento do que deliberadamente está sendo ocultado. Até certo ponto, nas sociedades pré-modernas, a mentira encontra-se ligada à política, é aceita por convenção no marco da diplomacia, da razão de Estado, ou seja, está localizada em um campo da política limitado por uma espécie de contrato que só autorizaria mentir ao adversário. Diferentemente do que ocorre na política tradicional, na política moderna esses limites deixaram de existir, a mentira alcança assim uma espécie de absoluto incontrolável.[81] Nas sociedades pré-modernas, os limites indicavam que a pretensão não era enganar todo mundo, mas o inimigo, portanto o seu resultado era, para dizê-lo de algum modo, uma fissura que não afetava toda a estrutura factual. Aqueles que estavam envolvidos na ocultação ou na tergiversação dos fatos pertenciam a círculos restritos de estadistas ou diplomatas, e ainda podiam enganar os outros sem enganar a si mesmos: conheciam a verdade. Ao contrário desse caráter relacional e intencional, a mentira política totalitária, como temos visto, exige um completo ajustamento de toda a estrutura dos fatos – mente a verdade –,[82] implica a eliminação da contingência e a configuração de uma nova realidade; é como se o totalitarismo tivesse inaugurado a época da mentira performativa, como disse Simona Forti.[83]

Ao longo de sua obra, Hannah Arendt analisa muitos fragmentos da história do conflito entre a verdade e a política. Em "Verdade e política" alude a ele fazendo sua a distinção leibniziana entre "verdades de razão" e "verdades de fato", ao mesmo tempo sublinhando a vulnerabilidade das verdades de fato na política: os fatos e os acontecimentos são muito mais frágeis que os axiomas, descobertas ou teorias produzidos pela mente humana; a realidade nunca se nos apresenta tão clara como o fazem as conclusões lógicas a partir das premissas. Escreve: "Considerando que os fatos e os acontecimentos – que sempre são resultado dos homens que vivem e atuam conjuntamente – constituem a textura do terreno político, por certo é a verdade de fato a que mais nos interessa aqui".[84]

Nunca como na modernidade houve hostilidade tão grande em relação à verdade fática, assim como uma tolerância tão grande à diversidade de opiniões em assuntos religiosos ou filosóficos. Referindo-se aos regimes totalitários, Arendt escreve: "Era mais perigoso falar dos campos de concentração e de extermínio, cuja existência não era nenhum segredo, que sustentar e expressar opiniões 'heréticas' sobre o antissemitismo, o racismo e o comunismo".[85] Todavia, esse desejo de imunizar-se contra a força da realidade e a cegueira voluntária a fim de não ver a estrutura nua dos acontecimentos não somente é próprio dos regimes totalitários como também das sociedades da segunda metade do século XX e das primeiras décadas do XXI, embora isso não signifique que estas tenham de ser catalogadas como totalitárias.

Arendt dirige seu olhar ao fenômeno da manipulação massiva de fatos e opiniões nas sociedades democráticas, e mostra que uma das vias de negação da realidade objetiva é tratar os fatos como se fossem opiniões. Nesse contexto, e com a escusa de que todos têm direito à própria opinião (*Meinung*), substituem-se os fatos por opiniões, mente-se; alguns chegam a considerar que essa é a essência da democracia.[86] Já em 1950, depois de sua primeira viagem à Alemanha, Arendt escreve: "Talvez o aspecto mais impactante e temível da fuga alemã da realidade seja o hábito de tratar os fatos como se fossem meras opiniões [...], em todos os terrenos há uma espécie de acordo tácito, em virtude do qual todo mundo tem direito à sua ignorância sob o pretexto de que todo mundo tem o direito de opinar, e por trás disso há a suposição implícita de que as opiniões na realidade não importam". Esse tratar os fatos como se fossem opiniões, diz Arendt, é um legado do regime nazista. Em comparação com o que acontece em regimes totalitários, nos democráticos a questão se apresenta diversamente: as verdades inquietantes ou indigestas ficam transformadas em opiniões que podem ser sustentadas como se estivessem desligadas dos fatos incontestáveis.[87]

Arendt não esquece que não há fatos sem interpretações, nem quer passar ao largo das reflexões dos filósofos e dos historiadores que dedicaram atenção à ligação entre fatos e interpretações, mas quer enfatizar que essas considerações não podem servir para justificar que se apaguem as linhas divisórias entre fato, opinião e interpretação, nem como escusa para manipular os fatos ou negar a existência da questão objetiva. Ilustra esse ponto com um exemplo que emprega em diversas ocasiões: "Nos anos 1920, Clemenceau [...] estava envolvido em uma conversa amigável com um representante da República de Weimar sobre o tema das responsabilidades na eclosão da Primeira Guerra Mundial. O interlocutor perguntou a Clemenceau: "No seu parecer, o que pensarão os historiadores futuros desse problema tão maçante e controvertido?". Ele respondeu: "Não sei, mas tenho certeza de que não dirão que a Bélgica invadiu a Alemanha". Ocupamo-nos aqui de dados escandalosamente elementares, cujo caráter inatacável foi admitido até pelos mais convencidos e sutis partidários do historicismo".[88] Os fatos encontram-se além do acordo e do consenso, afirmam-se eles mesmos pela sua obstinação, e a sua fragilidade combina-se estranhamente com uma grande resiliência.[89] Nesse sentido, pode-se afirmar que, apesar de os fatos originarem opiniões, a liberdade de opinião é uma farsa, exceto que se garanta a informação e que os próprios fatos não estejam em discussão. A liberdade de opinião não só morre ao ser cancelada em um regime ditatorial como também quando se perde o limite entre opinião e verdade.

A verdade de fato é política por natureza, já que só existe quando se fala dela, refere-se a acontecimentos e circunstâncias em que há muitos envolvidos, estabelece-se por testemunho direto, depende de declarações, e seu contrário não é o erro ou a ilusão, mas a mentira ou a falsidade deliberada. Como acontece com os momentos de liberdade política, a verdade fática é frágil e vulnerável, pode ser destruída, perdida ou esquecida. Dizer a verdade sobre os acontecimentos concretos e particulares significa enfrentar-se às distorções das quais, muitas vezes, se utilizam as ideologias e os políticos profissionais. Em uma época em que a fraude e o engano parecem ter se convertido em uma prerrogativa dos governos e das administrações públicas, dizer a verdade (*truth-telling*) é uma maneira de defender a possibilidade da política, e de assinalar seus limites.[90] Talvez dizer a verdade tenha a ver com aquela opinião (*doxa*) que contempla a persuasão, que convive com outras opiniões, e sua formação procede da consideração de outros pontos de vista. Como dizia Isak Dinesen: "A verdade, como o tempo, é uma ideia que surge e depende da conversa e da comunicação humanas".[91]

Nesse contexto, Arendt fala de "mentira organizada" na política pós-totalitária e, em sintonia com as célebres palavras de *O processo,* de Kafka –"A mentira torna-se para nós a ordem do mundo" –,[92] declara que atualmente já não se mente em segredo, e sim a plena luz. Quatro anos após "Verdade e política", publica "A mentira em política. Reflexões sobre os Documentos do Pentágono", em que se centra muito mais nos efeitos perversos do uso premeditado das verdades de razão com finalidades políticas que na questão das verdades de fato.[93]

Em 1971, o *New York Times* tornou acessíveis os 47 volumes da "História do processo de formulação de decisões dos Estados Unidos sobre a política do Vietnã", nos quais foram reunidos documentos referentes ao papel do exército definido pelos norte-americanos na Indochina desde o final da Segunda Guerra Mundial até maio de 1968, o que gerou grande escândalo, seguido pelo do caso *Watergate,* vinculado também ao entorno do presidente republicano Nordmann. Os dois escândalos deixaram evidentes as ilegalidades e violações da Constituição cometidas pelo governo, e geraram uma importante crise constitucional nos Estados Unidos ao longo da década de 1970. Conhecidos como "Os papéis do Pentágono", esses documentos secretos, encarregados pelo secretário de Defesa Robert McNamara, podem ser considerados a infraestrutura da política exterior e doméstica dos Estados Unidos e incluem todo tipo de enganos e autoenganos. Sua leitura revela que os especialistas de Washington não transmitiam outra coisa senão mentiras ao executivo: que a guerra do Vietnã não tinha nada a ver com a situação do Sudeste Asiático nem com os interesses estadunidenses na região.

À luz disso, Arendt distingue duas variantes recentes na arte de mentir: a primeira, aparentemente anódina, é a utilizada pelos que ela chama de responsáveis pelas "relações públicas" da administração, que aprenderam o ofício nas agências de publicidade da Madison Avenue. As relações públicas são uma variante da publicidade na sociedade de consumo e fabricam imagens para uso interno, sem a finalidade de enganar nenhum inimigo. Por esse motivo, e por terem se rodeado desse tipo de conselheiros, as cúpulas do poder político tornam-se suscetíveis de ser as principais vítimas dessa intoxicação total. Nesse caso, não se trata de ideologia, mas de "imagens" que já não remetem a nenhum original, e que de fato o substituem. E não devemos esquecer que, com frequência, as mentiras resultam mais plausíveis que a realidade, pois quem mente "preparou seu relato para o consumo público com o cuidado de fazê-lo verossímil, enquanto a realidade tem o desconcertante costume de nos deparar com o inesperado, alguma coisa para a qual não estávamos preparados".[94]

A outra variante da mentira é a praticada pelos *problem solvers* ("especialistas em solucionar problemas"), os célebres *think tanks*, que Arendt considera dotados de uma espécie de *hybris* calculadora: têm confiança total em suas técnicas de análise de sistemas e de teoria dos jogos. Poderíamos dizer que não julgam, como Eichmann; mas, diferentemente dele, que se limitava a "funcionar", limitam-se a "calcular". Diante da característica vontade de tratar as verdades de fato como se fossem opiniões e, portanto, como modificáveis, os intelectuais do Pentágono tratavam suas teorias como verdades, ou o que é a mesma coisa, substituíam arbitrariamente as verdades de fato por suas hipóteses, de maneira que se sentiam inclinados a governar com a ciência e não com a prudência.[95] Não mentiam para defender seu país diante de um possível inimigo, mas pela imagem de seu país, e sentiam orgulho de "ser racionais". Nesse ponto, Arendt recorda que as verdades de razão têm uma capacidade de convencer, têm um caráter de irresistibilidade que falta às verdades de fato. A crítica que faz dos especialistas do Pentágono não é em termos morais, mas de preceitos políticos: julga-os pelo seu menosprezo pela realidade, que consideram supérflua por sua radical contingência e pluralidade; definitivamente, julga-os pela sua violação ontológica da realidade humana.

O sucesso real desses métodos não radica tanto no fato de que as pessoas acreditam nisso ou naquilo, mas que já não acreditam em nada, tornam-se cínicas; esse é o único efeito que consegue toda essa avalanche de mentiras. O mais grave da propagação desse cinismo específico é que já não há mais nenhuma separação entre a verdade e a mentira. E o certo é que a realidade é limitada, mas as possibilidades de manipulação são ilimitadas; então, o que impede que esses novos relatos, imagens e "não fatos" se convertam em um substituto adequado da realidade?

Entre os especialistas em solucionar problemas e os ideólogos há diferenças importantes, mas ambos se movem num mundo desfactualizado. Falando metaforicamente, a mentira coerente nos rouba o chão debaixo de nossos pés e não nos oferece nada onde colocá-los. Como assinala Arendt, nesse século terrível, em que já aconteceram tantas coisas, temos que ser modestos, e podemos estar contentes se ainda conseguimos distinguir entre verdade e mentira, ficando atentos a não nos convertermos em vítimas das próprias mentiras. Assim, a autêntica atitude política é aquela que se preocupa com a estabilidade de uma realidade comum e que, por isso, tem de recorrer ao estreito caminho entre o perigo de considerar os fatos como resultado necessário e inevitável e o de ignorá-los, apagá-los do mundo. Daí que afirme que o signo mais seguro da factualidade dos fatos e dos acontecimentos é precisamente sua existência obstinada, sua contingência intrínseca, que, no final das contas, desafia todas a tentativas de explicações definitivas.[96]

Se agora prestamos atenção à nossa atualidade, certamente podemos dizer que a mentira e a capa que nos protege contra a realidade foram engrossadas com as novas tecnologias, com a chamada globalização, as ficções midiáticas ou as estratégias dos *big data*. Mostra disso são as imagens da primeira Guerra do Golfo ou do 11 de setembro de 2001, as mentiras referentes às "armas de destruição em massa", a chamada pós-verdade ou, por fim, as conhecidas falsidades demonstradas e os "fatos alternativos" do governo de Donald Trump.[97] A vulnerabilidade dos fatos vê-se agravada pela rapidez da transmissão viral dos canais digitais, que não constroem fatos alternativos, ao contrário, dissolvem a contraposição verdadeiro-falso.

No entanto, nesse contexto, também se poderia considerar, como faz Linda Zerilli, que o problema é que "as pessoas sabem que se mente para elas, mas se negam a reconhecer isso". A prioridade deixou de ser a fidelidade à verdade e passou a radicar nos interesses materiais, de modo que a verdade permanece cognoscível, embora, quando se apresenta, com frequência é despachada como "notícia antiga". Linda Zerilli destaca que a perda da nossa fidelidade [aderência] a uma realidade baseada nos fatos significa que os "fatos alternativos" não são perspectivas diferentes ou incomensuráveis de um objeto compartilhado: são o que resta na ausência de mundo comum.[98]

É difícil saber se com a análise de Arendt podemos encarar as novas situações que ameaçam com o fim definitivo de um mundo comum, e tampouco parece que possamos confiar, como ela fazia – talvez com certa ingenuidade –, que, apesar da mentira contemporânea, sempre haverá alguém para testemunhar o ocorrido ou que a imprensa, a ordem jurídica ou a universidade, virtualmente independentes, possam cumprir algum papel nesse sentido.

Encontramo-nos numa situação, a nossa, que não podemos tratar como um problema meramente teórico, mas como uma experiência que nos cabe viver e identificar. Temos que nos afastar da simplificação e evitar perder-nos em especulações metafísicas, ou ideológicas ou em termos altissonantes. De entrada, talvez nos caiba temer qualquer consistência ou suspeitar dela, e também recear uma persuasão ou uma "narrativa" – como dizem alguns –, que agora, desligadas dos fatos, se convertam em técnica discursiva e destrutiva da mesma maneira que o faz a violência. Assim, não basta recordar os fatos do totalitarismo com um fácil "nunca mais": precisamos encontrar vias para julgar o nosso presente, para evitar cair na tentação de converter aquela forma de criminalidade em uma espécie de modelo do politicamente inaceitável no nosso tempo e que isso nos permita abençoar qualquer situação como um mal menor – já sabemos: aqueles que escolhem um mal menor esquecem rapidamente que escolheram um mal –[99] e assim consentir todas as transgressões políticas que não cheguem ao assassinato, isto é, à intrusão da delinquência no governo.

A verdade não é uma arma, é uma prática no mundo, uma prática de dizer os fatos, de dizer aquilo que é e teria podido ser de outra maneira, um gesto de compreender que leva em conta o caráter contingente do mundo comum. Trata-se de não separar verdade e palavra, de promover a tarefa de buscar as palavras, de prestar atenção, um processo que sempre permanece aberto. Não encontramos *a* verdade, e sim algo verdadeiro. Quem diz a verdade vê-se confrontado com pessoas que blasfemam: não me venha com distinções, você é a favor ou contra nós?[100] A própria Arendt escreveu que no mundo moderno dizer a verdade parece uma falta de tato. Num discurso pronunciado em 1975 por ocasião do bicentenário da revolução norte-americana e que foi publicado com o título "Quem semeia vento, colhe tempestade", dizia: "Os que trazem más notícias, que insistem em contar as coisas tal como são, nunca foram bem-vistos, e com frequência não são absolutamente tolerados".[101]

**

A figura do pária e os sem-mundo

> *Os poucos refugiados que insistem em dizer a verdade, até o ponto da "indecência", obtêm, em troca de sua impopularidade, uma vantagem inestimável: para eles a história deixa de ser um livro fechado [...]. Os refugiados de todos os países, foragidos por toda parte, converteram-na vanguarda de seus povos.*
> HANNAH ARENDT

Voltemos agora às figuras contemporâneas sem-mundo e lembremos, por meio da experiência de exílio marcada pela judeidade, que Arendt toma a situação dos judeus emancipados como modelo de quem é estrangeiro em sua própria terra. Nesse contexto, utiliza categorias como a de pária e a de sobrevindo (*parvenu*). Os párias habitam espaços invisíveis da sociedade moderna e se encontram tão privados de força de gravidade – são seres humanos sem sombra, porque não têm luz – que podem ser facilmente apagados ou cancelados entre as multidões contemporâneas. "Privados de força de gravidade" não quer dizer outra coisa que não desenraizados. Diferentemente de Max Weber, que empregou a categoria de pária como um tipo ideal de destino diaspórico do povo judeu na Antiguidade e na Idade Média, Arendt enfatiza sua modernidade e mostra o que teria emergido com a emancipação, fruto da universalidade dos direitos – herdada da Revolução Francesa – e das tensões entre esta última e a discriminação experimentada pelos judeus nos estados-nações europeus.[102]

Nesse contexto, diante da judeidade como condição não escolhida, Arendt identifica duas figuras entre os párias: a dos "sobrevindos" [*parvenus*], que buscam apagar as diferenças e ser como os demais; e a dos "párias conscientes", que tentam extrair força de sua singularidade, de sua condição de proscritos sociais, e são irredutíveis, inassimiláveis e inconformistas.[103] Esta última figura talvez seja a única que permite a resistência e certamente, dentro das sombras dos tempos, quando o mundo e o espaço público se caracterizam por uma facticidade opaca e carente de sentido, são as últimas pessoas que se tornam verdadeiramente políticas, isto é, são as únicas capazes de ação e de discurso. Ao prestar atenção aos "párias conscientes", Arendt descobre uma "tradição oculta" entre aqueles espíritos corajosos que não cederam à tentação da assimilação, mas levaram a emancipação mais a sério do que ninguém pretendera fazer, e com isso se opuseram apaixonadamente ao seu entorno, tanto judeu quanto gentio. Tinham consciência de que a emancipação dos judeus não era outra coisa que não uma igualdade derivada de uma série de privilégios que primeiro haviam sido concedidos a algumas comunidades judaicas e posteriormente a todos os judeus, em lugar de serem fruto de uma lei que confirmasse a validade dos direitos universais a todos os judeus ou, o que vem a ser o mesmo, a admissão dos judeus, como tais, às fileiras da humanidade.

De fato, a sorte do povo judeu no século XX prefigura as desventuras dos povos da Europa em uns momentos em que havia tido lugar uma desnacionalização em massa e não restava nenhuma autoridade ou instituição para proteger os apátridas. Arendt escreve: "Tendo em conta os convênios jurídicos internacionais em vigor, todas as tentativas de solucionar a questão dos apátridas convergem no propósito de que os refugiados voltem a estar à disposição de serem deportados".[104] Fora da lei, nos estados-nações, os judeus encontraram-se bem no meio de uma história dupla, a das minorias e refugiados, e a de uma Europa moderna que era pensada como família de nações, e se tornaram símbolo de todas as questões nacionais que permaneceram sem solução.

Não é estranho que Arendt considerasse que a questão era "como" ser judia e não "o que é" ser judia. É assim que cabe entender também a afirmação segundo a qual, ao nascer, recebemos sempre alguma coisa dada, não escolhida e que é imposta a cada um, mas que se trata de algo que, em princípio, não nos condiciona de maneira absoluta: a nossa subjetividade – o nosso *quem* – realiza-se quando colocamos em jogo aquilo que recebemos e que não fizemos. E quando considera a judeidade como coisa recebida, dada, não o faz para indicar uma espécie particular de seres humanos, e sim um presente político, deixando evidente a dupla acepção de "presente": um dom e um tempo atual, uma determinada configuração do mundo.[105] Ou seja, essa coisa dada e que não fizemos apresenta-se já interpretada, não afeta todos da mesma maneira (não é a mesma coisa nascer judeu na virada do século XX na Alemanha do que fazê-lo hoje em dia em Nova York). Lembremos, a título de exemplo, que diante da perseguição que os judeus europeus sofriam no período do nazismo, Arendt lamentava a atitude de alguns intelectuais de esquerda que acreditavam estar ajudando quando diziam que não havia nenhuma dúvida de que os judeus faziam parte dos seres humanos, porque com isso cancelavam a especificidade do grave problema que naquele momento viviam aqueles que estavam sendo objeto de perseguição. O tratamento que faz do caráter apolítico do povo judeu e da figura dos refugiados abre espaço para pensar alguns problemas do nosso tempo globalizado, em que não apenas os governos e as guerras geram um grande número de deslocamentos e de refugiados, como com frequência são promovidos como armas lançáveis entre estados, como temos visto nos últimos tempos.[106]

*

Apesar da importância que outorga às figuras sem mundo, aos excluídos e aos oprimidos, Arendt não considerou como problemas políticos outras questões presentes nos Estados Unidos, onde vivia, como a opressão das mulheres, denunciada pelo feminismo, ou o problema do racismo contra os afro-americanos. Isso talvez não possa ser explicado apenas pelo fato de que, como temos sublinhado, suas reflexões não têm a ambição de oferecer ferramentas que possam dar conta de todas as opressões, mas também porque, em tempos sombrios, falou do caráter não político das lutas dos grupos oprimidos ou excluídos. A especificidade desses grupos radicaria no fato de que, neles, as pessoas excluídas se sentem ligadas entre si por um vínculo de fraternidade que homogeneíza e iguala todas elas em seu ser de oprimidas, e compartilham uma "cálida" identidade. Na história, a humanidade em forma de fraternidade aparece invariavelmente entre os povos perseguidos e os grupos escravizados; um tipo de humanidade que é o privilégio dos povos párias, escreve Arendt.[107] No entanto, a calidez dessa relação fraternal sempre vem acompanhada da perda de mundo, da carência de possibilidade de um espaço de liberdade política, da ausência de uma rede com diferentes qualidades de relacionamento, já que, nesse relacionamento, fica privilegiada apenas uma qualidade: entre quem exclui e os excluídos; e uma única possibilidade: conseguir que os que excluem deixem de fazê-lo. Esse relacionamento cálido ou fraterno desaparece, e com frequência gera nostalgia dele, assim que a opressão míngua. Arendt se refere a essa humanidade dos insultados e feridos que nunca sobrevive à hora da libertação, e acrescenta que esse é o alto preço que se paga pela liberdade política.

Em alguns momentos da sua obra, Arendt faz referência à feminidade como condição dada, mas nunca parece se deter especialmente nela. O certo é que Arendt era plenamente consciente dos problemas da emancipação feminina, como ilustra, por exemplo, sua resenha de 1933 do livro de Alice Rühle-Gerstel.[108] Essa mesma consciência pode ser apreciada também nos amargos comentários sobre a reação de Heidegger ao receber *Vita activa*,[109] ou nas inúmeras ocasiões em que lhe foi negado ser catalogada como mulher excepcional; sabia muito bem que quem aceita ser uma exceção, aceita ao mesmo tempo a regra da qual seria exceção. Assim, por exemplo, quando em 1953 foi a primeira mulher a quem Princeton ofereceu os prestigiosos seminários Christian Gauss, escreveu ao seu amigo Kurt Blumenfeld: "Na cerimônia de encerramento depois das conferências e talvez um pouco alegre pelo vinho, ilustrei aqueles honoráveis senhores a respeito do que é uma judia de exceção, e procurei deixar bem claro a eles que ali me sentira obrigada a ser uma mulher de exceção";[110] ou quando, em 1969, a mesma universidade a convidou a ser a primeira mulher a assumir um posto na categoria de catedrática, comentou com humor com um entrevistador: "Não me incomoda absolutamente ser uma mulher professora porque estou muito acostumada a ser uma mulher".[111]

O fato de que, mesmo conhecendo a questão da emancipação feminina, nunca tenha se aproximado do movimento feminista, deve-se provavelmente, em parte, à sua sintonia com algumas mulheres emancipadas da sua geração que, exaltadas pela própria liberdade, não viram a necessidade de um movimento coletivo de libertação (nesse sentido, basta lembrar que nem mesmo Simone de Beauvoir se declarou feminista até os anos 1970).[112] Todavia, o motivo principal da sua distância do movimento feminista é o fato de Arendt entender o feminismo como movimento não político, abstrato, centrado em questões específicas da "mulher" e, portanto, pertencente ao âmbito social.

Quanto ao racismo, em *As origens do totalitarismo*, havia escrito que, "apesar do que os cientistas ilustrados possam afirmar, a raça não é, politicamente falando, o início da humanidade, mas o seu final; não é a origem dos povos, mas seu declive; não é o nascimento natural do homem, mas a sua morte antinatural",[113] e havia demonstrado que a principal arma ideológica das políticas imperialistas europeias foi o racismo.[114] Considerava que a raça e o racismo tinham uma história, da mesma maneira que resistia a falar de um antissemitismo imemorial.

Com respeito ao racismo contra os afro-americanos, em diversas ocasiões ao longo da sua obra denuncia a precoce reticência dos fundadores dos Estados Unidos em abolir "o crime da escravidão", o crime fundamental sobre o qual se assenta o edifício da sociedade estadunidense. Da mesma forma, considera incompatível com a fundação da liberdade o fato de ter excluído os nativos indígenas e os negros do contrato fundacional, da constituição de 1787.[115] Daí considerar que a perpetuação do crime original não radica na discriminação nem na segregação, da qual era bem consciente, mas da legislação racial.[116]

Lembremos que, para Arendt, as instituições da cidade são as que engendram igualdade na esfera pública e também liberdade nas relações (*isonomia*), e não o inverso: não há liberdade ou igualdade natural que seja substituída pelas formas sociais e políticas.[117] De fato, sua concepção é que a vida política descansa na presunção de que podemos produzir igualdade por meio da organização, "pois o homem pode atuar em um mundo comum, mudá-lo e construí-lo, conjuntamente com seus iguais e só com seus iguais". Por esse motivo afirma que, "se um negro em uma comunidade branca é considerado apenas um negro, junto com seu direito à igualdade perde a liberdade de ação especificamente humana; todas as suas ações são consideradas consequências 'necessárias' de algumas qualidades 'negras'.[118]

Embora tenha combatido a discriminação que sofriam os negros e seu tratamento da questão judaica possa ter iluminado a questão negra, nunca conectou ambas.[119] Isso é o que é criticado, entre outras coisas, por Kathryn T. Gines em seu livro *Hannah Arendt and the Negro Question*, em que repassa as contribuições arendtianas à filosofia e à teoria política, considerando elemento não secundário as afirmações ou esquecimento relacionados à questão negra.[120] Sem dúvida, que ela não proponha a questão negra nos mesmos termos que a questão judaica é fruto da sua preocupação permanente em abordar cada problema na sua realidade conjuntural, na sua especificidade, e não em nome de princípios.[121] Uma mostra dessa atitude é o alvoroço gerado pelo seu artigo "Reflexões sobre Little Rock", que Ralph Ellison em 1963 qualificou de sombrio presságio do escândalo Eichmann.[122]

Em 1954, a Suprema Corte dos Estados Unidos havia determinado que a segregação nas escolas era intrinsecamente ilegal. Em 4 de setembro de 1957, nove estudantes negros matriculados na Central High School de Little Rock, Arkansas, ao tentarem entrar na escola, foram recebidos por uma multidão enfurecida e pela Guarda Nacional de Arkansas, acionada pelo governador do estado, Orval Faubus, a fim de bloquear sua entrada. As imagens da jovem estudante afro-americana Elizabeth Eckford, rodeada por uma massa hostil de estudantes brancos e pela Guarda Nacional, difundiram-se pela imprensa norte-americana e mundial. Diante disso, o Governo Federal ordenou que as tropas federais entrassem na cidade para manter a ordem e assegurar a dessegregação.

No mês de outubro, os editores da revista *Commentary* encomendaram a Arendt um artigo sobre o final da segregação escolar, imposto pelo Governo Federal, em particular na Little Rock Central High School. Como o texto que escreveu gerou forte polêmica dentro da redação da revista, um mês mais tarde Arendt propôs retirá-lo. Os editores recusaram a proposta e encomendaram uma réplica ao artigo a Sidney Hook. Essa réplica deveria aparecer, junto com o texto de Arendt, em um novo número reprogramado para fevereiro de 1958, em vez de numa edição posterior, como seria a praxe. Porém, embora ela tivesse aceitado essa oferta atípica, os editores comunicaram-lhe que continuavam ainda indecisos, e, irritada porque a polêmica já repercutia nos círculos intelectuais de Nova York sem que ninguém tivesse conseguido ler seu texto, decidiu retirar definitivamente o artigo. Além disso, para acabar de aumentar a confusão, Sidney Hook estava espalhando que Arendt havia declinado de publicar o artigo por medo da sua réplica. Em 1958, a réplica de Hook apareceu na revista *New Leader*, um ano antes que o artigo de Arendt finalmente fosse publicado. Possivelmente em razão das consequências que ainda se faziam sentir da intervenção forçada do Governo Federal e do lamentável papel do governador de Arkansas nas batalhas contra o final da segregação – durante o ano escolar de 1958-1959 todas as escolas secundárias estatais de Little Rock haviam sido fechadas por ele –,[123] em 1959 Arendt aceitou publicar seu "Reflections on Little Rock" na revista *Dissent*, que lhe propusera publicar o artigo com uma nota e duas réplicas críticas. Posteriormente, em outro número da *Dissent* apareceu uma carta irada de Hook criticando Arendt, e também a resposta dela.

Assim, apesar de ter sido escrito no final de 1957, "Reflexões sobre Little Rock" só foi lido no final de 1959, depois de já publicados "A crise da educação" e *A condição humana*. Poder-se-ia dizer que esses dois textos de 1958 teriam de acompanhar qualquer abordagem às questões e complexidades das quais Arendt trata em seu polêmico artigo.

Vou limitar-me a destacar dois dos aspectos que a meu ver ainda hoje iluminam cantos ocultos e complexidades geralmente ignoradas.[124] De um lado, a insistência de Arendt em questionar que o final da segregação tivesse de passar em primeiro e único lugar pelas escolas. Ela considera que isso significa colocar sobre os ombros das crianças as mudanças políticas que eram desejáveis na legislação racial: "Embora a discriminação e a segregação sejam a norma em todo o país, apenas nos estados do Sul são impostas pela legislação. Quem quiser mudar a situação no Sul dificilmente pode evitar abolir as leis matrimoniais e intervir a fim de garantir o livre exercício do direito ao voto".[125] Ao assinalar isso, apontava para o fato de que a eliminação da segregação devia ser iniciada entre adultos. Estava convencida de que é responsabilidade dos adultos tentar legar um mundo um pouco melhor às crianças. Hoje essa posição mostra-se interessante diante da persistência que ainda encontramos na maioria dos debates e propostas para dar fim a todas as formas de violência contra a diversidade humana, nos quais se costuma enfatizar o fato de que é nas escolas que é preciso trabalhar os conteúdos de caráter cívico-democrático. Arendt entende que colocar em primeiro lugar – e talvez como único lugar – o reforço na formação das crianças não é outra coisa que não dar como assentado que as pessoas adultas não podem fazer frente aos problemas do mundo em que vivemos e no qual estamos envolvidos, e por isso transferimos a responsabilidade como uma herança envenenada à próxima geração. Assim, escreve: "Será que chegamos ao ponto de exigir das crianças que mudem ou melhorem o mundo? Será que temos a intenção de deixar que no futuro nossas batalhas políticas sejam dirimidas nos pátios das escolas?".[126]

É preciso dizer que Arendt manteve essa aposta de considerar que a responsabilidade política é dos adultos até o final de seus dias, mesmo admitindo os comentários críticos de Ralph Ellison. Ellison questiona sua afirmação de que nem os pais, "nem os cidadãos brancos nem os negros consideraram que era sua obrigação acompanhar as crianças negras", e também sobre a sua observação do fato de que a humilhação sofrida pelas crianças – em particular de Elizabeth Eckford, cuja imagem aparecia em todas as revistas – não derivava do fato de que fossem perseguidas, mas de terem sido obrigadas a sair de um grupo para ingressar em outro, no qual não eram aceitas. Ralph Ellison responde aludindo ao heroísmo implícito dos pais negros e daqueles que lutam contra a discriminação, e sublinhando que são gente que tem de viver em uma sociedade sem reconhecimento nem *status* real e que – comprometida como está com os ideais dessa sociedade – tenta abrir caminho, buscando encontrar sua verdadeira posição.[127] E, diante do fato de que Arendt insinua que, ao fazerem suas crianças irem às escolas dessegregadas, os pais negros estão exigindo delas um comportamento de sobrevindo (*parvenu*) e, no mesmo gesto, apostando na ascensão social,[128] Ellison faz que ela observe que, do ponto de vista de muitos desses pais (que desejariam que o problema não existisse), o gesto de fazer que as crianças cruzem as linhas de hostilidade que envolvem as escolas é uma via para que enfrentem o terror e controlem o medo e a ira, porque são norte-americanos negros.[129] Portanto, Ellison sublinha um ideal de sacrifício próprio da experiência negra no Sul, que passa por manter "a vigilância diante da complexidade humana" e pela confiança em si mesmo sob uma grande tensão, algo que tem ressonâncias de uma iniciação entre as crianças dos terrores e do racismo da vida social. No mesmo ano em que foram publicados os comentários críticos de Ellison, Arendt escreveu a ele uma carta em que reconhecia que não havia entendido esse ideal de sacrifício e a complexidade da situação.[130]

O segundo aspecto que quero destacar é que, apesar de ter sido e continuar sendo objeto de muitas críticas, ao sublinhar que a única coisa que é possível fazer politicamente diante do racismo contra os negros é eliminar a discriminação imposta por lei, já que vai contra a igualdade diante da lei e a liberdade, Arendt coloca também o foco em um campo cheio de trilhas estreitas, obstáculos, mal-entendidos e armadilhas, mas que hoje é importante desbravar: trata-se de abordar a discriminação que se dá no terreno não político, naquele espaço híbrido entre o público e o privado nascido na idade moderna, que ela chama de social e que tematiza especialmente em *A condição humana* e em *Sobre a revolução*.[131]

Sem entrar no núcleo de todas essas críticas, queria mostrar que nesse contexto algumas reflexões arendtianas iluminam um ponto cego que muitas vezes deixamos de examinar; sabemos bem, pelo que temos visto nas páginas anteriores, que, para Arendt, a igualdade diante da lei não é o mesmo que a igualdade ou homogeneidade dos cidadãos. Em seu artigo, insiste que a discriminação social está interligada ao direito de associação e ao direito privado dos progenitores de educar seus filhos como e onde queiram; isso não significa que a distinção entre o social e o político tenha caráter normativo ou abstrato, nem que seja preciso aceitá-la como algo inamovível. Aqui talvez se trate, para além da atual tendência de pensar que com a igualdade legal desapareceram todos os problemas, de perceber que, de fato, é no âmbito social que a discriminação se encontra interligada à liberdade de associação e às questões econômicas e trabalhistas, e onde nem sempre é fácil saber como modificar os prejulgamentos ou as formas de normalização – como diríamos hoje –, que fazem o racismo ser um conjunto de práticas normais e aceitas. Arendt escreve: "As normas sociais não são normas legais",[132] o que nos obriga a perguntar-nos: o que significa que, uma vez reconhecidos os direitos de cidadania a coletivos que haviam estado excluídos, advenham as discriminações, a violência em relação a eles, a supremacia branca ou o machismo?

Talvez uma via para começar a responder a essa pergunta seja prestar atenção ao que alguns pensadores, como Ariella Azoulay ou Linda Zerilli, têm chamado de gramática da política.

A gramática estabelece os limites do que pode ser dito, do que é normal, mas não por meio de grandes teorias nem de direitos adquiridos, mas de pequenos atos e práticas cotidianos e comuns. Nesse sentido, em 2020 Azoulay afirmava que o gesto do movimento Black Lives Matter consiste em rejeitar a gramática política universal que, durante séculos, normalizou os crimes contra os negros e postergou a abolição cada vez mais urgente dos regimes imperiais racializadores.[133] Essa referência à gramática é encontrada também em Linda Zerilli quando, agora já faz uns anos, declarava, com Ludwig Wittgenstein, que "A gramática diz que tipo de objeto são as coisas";[134] em outras palavras, a gramática constitui nossa maneira de representar e nos diz o que é uma descrição inteligível da realidade e, portanto, não está sujeita a nenhuma refutação empírica.[135] "É correto e incorreto aquilo que as pessoas *dizem*; e as pessoas concordam na *linguagem*. Isso não é nenhuma concordância de opiniões, mas de forma de vida".[136]

Na medida em que as regras gramaticais determinam o significado (constituem-no) e, portanto, não correspondem a nenhum significado, são arbitrárias, nem razoáveis nem irracionais, de maneira que, quando assinalamos objeções ao sistema dos dois sexos ou à discriminação racial, teríamos de ser capazes de afetar esse tecido. Um tecido irreflexivo que não é fruto tanto de um acordo nas opiniões como na forma de vida. Trata-se de um acordo que não é racional, não o assinamos, tampouco é natural, se por natural entendemos o determinado e determinante de nossos critérios.[137] Tudo isso nos torna conscientes de que, pela força dos argumentos, por rigorosos que sejam, não é fácil desaprender nem combater essa "gramática", já que é prévia a qualquer prática de justificação. Assim, portanto, mesmo que não haja um critério definitivo bem fundamentado cognoscitiva ou empiricamente para estabelecer a diferença sexual ou a diferença racial, isso não quer dizer que em nossa vida cotidiana não tenhamos comportamentos que pressupõem julgamentos infravalorizadores dessas diferenças. Reclamar outra gramática é tentar uma nova maneira de ver, mas isso não quer dizer que com a nova gramática fiquem mais bem simbolizadas as diferenças, que não se exclua ninguém, já que nossa reclamação se situa no nível da ação e da imaginação, não no da teoria ou do conhecimento, e está vinculada a um "*apaixonado* decidir-se por [um outro] sistema de referências".[138]

Todavia, talvez além do que pensava Arendt, tudo isso nos lembra que, em geral, quando nos interessamos pelas situações de perseguição ou de opressão, tendemos a adotar exclusivamente uma postura de denúncia dos opressores ou perseguidores responsáveis pela injustiça que está sendo cometida. Essa postura é, sem dúvida, necessária, já que de outro modo não há conflito. Entretanto, com frequência, as ações que alguém empreende para acabar com essa injustiça não são entendidas como iniciativas, e sim como reações diante da injustiça vivida. Considerá-las iniciativas é reconhecê-las como ações de alguém que não é somente uma vítima passiva oprimida, mas responsável, tanto no sentido de responder pelas próprias ações como no de ser capaz de assumir aquilo que quer inovar e aquilo que quer conservar no espaço comum.

**

Sobre a especificidade da violência humana[*]

> *Nada pode ser mais perigoso no terreno teórico [...] que a tradição do pensamento organicista nas questões políticas, pela qual o poder e a violência são interpretados biologicamente.*
>
> HANNAH ARENDT

Em plena Guerra Fria e no momento das lutas estudantis nas universidades estadunidenses e europeias, do movimento dos direitos civis, da rebelião contra a guerra do Vietnã e a Guerra dos Seis Dias entre Israel e os

---

[*] Uma versão desta seção foi publicada como prólogo de *Sobre a violência*, de Hannah Arendt. Civilização Brasileira: Rio de Janeiro, 2022.

países árabes que levou à ocupação de Jerusalém Oriental e dos territórios palestinos, Hannah Arendt publica seu discutido *Sobre a violência*. O texto, de 1970, foi o resultado de ter ampliado e elaborado sua intervenção em um acalorado debate com Noam Chomsky, Conor Cruise O'Brien e Robert Lowell sobre "A legitimidade da violência", que havia tido lugar três anos antes no famoso Teatro das Ideias de Nova York.[139] Arendt dá um apoio entusiástico ao movimento da desobediência civil, às manifestações do 68 dos estudantes para tornar a universidade independente dos seus vínculos com a pesquisa voltada a atividades bélicas ou para evitar o tipo de recrutamento para a guerra que era levada a termo.[140] Ao mesmo tempo, faz uma reflexão crítica sobre a retórica em favor do uso da violência da Nova Esquerda e do Black Power e não tem nenhum escrúpulo em fazer afirmações provocadoras, como quando critica duramente um *establishment* acadêmico universitário que capitula "diante de todas as estúpidas exigências dos estudantes *negros*".

Nesse livro podemos encontrar dois traços do pensamento arendtiano: um forte realismo político e nenhum lugar para o fatalismo nem para a ingenuidade.[141] Poder-se-ia dizer que as reflexões sobre a violência constituem um de seus "exercícios de pensamento político", que se caracterizam por tentar responder às experiências com as quais se sentiu confrontada e em que sua escrita se transforma diante do acontecimento.[142]

Em *Sobre a violência*, Arendt parte dos acontecimentos da década de 1960 com o pano de fundo de um século XX de guerras e revoluções. Daí ter revisado criticamente os textos mais lidos pelos estudantes radicais, tanto os de Georges Sorel ou Franz Fanon como os de Jean-Paul Sartre, a quem trata com hostilidade pelo seu amálgama de existencialismo e marxismo, e também pelo seu irresponsável elogio da violência e sua leitura inadequada de Marx. Ao mesmo tempo, Arendt menciona os estudos que, desde as diversas ciências, haviam sido produzidos a respeito da agressividade humana. Em *Sobre a violência*, reencontramos sua célebre e criticada distinção entre poder político e violência – já elaborada ou presente em seus escritos sobre Marx ou em *O que é a política?* e *A condição humana* – e, ao mesmo tempo, a ênfase no fato de que, em determinados casos e, em paralelo com sua dinâmica, a violência tem a ver com a ação política. Talvez esse tratamento ambíguo e paradoxal seja justamente o resultado de sua vontade de desentranhar a especificidade da violência humana para além do tratamento habitual que se fazia dela naquele período.[143]

Como temos visto, Arendt se situa longe da tradição que identifica poder e dominação e que entendeu que a autoridade, a violência ou a força são simples meios de garantir a manutenção do vínculo entre quem manda e quem obedece. Ela, ao contrário, considera o poder como aquilo que flui quando as pessoas se juntam e atuam concertadamente, e sublinha que a própria palavra *poder* (e seu equivalente grego *dynamis*, latim *potentia* ou alemão *Macht*) indica seu caráter potencial.[144] Entendido dessa maneira, o poder político – diferentemente de seus instrumentos da violência – não poderia ser acumulado nem se poderia fazer dele uma reserva para as emergências, já que fica separado da atuação instrumental ou teleológica. Daí que Arendt afirme que entender como sinônimos poder, violência, autoridade, força e fortaleza não só significa "certa surdez em relação aos significados linguísticos, o que já é suficientemente grave, como também resulta em uma espécie de cegueira para as realidades que lhes correspondem".[145]

Por si mesma, a violência nunca pode ser fundadora de liberdade política ou de poder de atuar: "Falar de poder não violento é, nesse momento, redundante. A violência pode destruir o poder, mas é totalmente incapaz de criá-lo".[146] A faculdade de ação é aquilo que capacita o ser humano a reunir-se com seus semelhantes para atuar de maneira concertada e alcançar objetivos e empreendimentos que, de outro modo, nunca teria podido imaginar.

"Nem a violência nem o poder são fenômenos *naturais*, isto é, manifestações de processos vitais; pertencem ao âmbito político dos afazeres humanos, e seu caráter essencialmente humano é garantido pela faculdade de ação do homem, a capacidade de começar com algo novo."[147] Assim, não somente Arendt tratará de estabelecer distinções entre poder, violência, autoridade, fortaleza e força como questionará os epítetos – natural e irracional – com que habitualmente são acompanhados os discursos e as reflexões em torno da violência.

Embora costume afirmar que se investigou muito a respeito do fenômeno da violência e que contamos com muitas reflexões sobre a guerra e a sua relação com o poder político, Arendt considera que dispomos de bem poucos estudos sobre a especificidade da violência no comportamento humano. Diante desse comentário, alguém poderia esgrimir que muito tempo antes haviam sido feitos esforços importantes na pesquisa sociológica, psicológica e biológica em torno da agressividade humana. Não obstante, Arendt sugere que, a fim de pensar a especificidade da violência humana, é importante deixar de aceitar de maneira acrítica muitos dos resultados dessa espécie de trabalhos, já que praticamente todos se articulam em torno da tese de que para poder descobrir o sentido da violência dos seres humanos precisamos conhecer como se comportam os ratos, as formigas ou os símios. Assim, escreve: "Se definimos o homem como um membro do reino animal, por que teríamos de exigir dele que adotasse os critérios de comportamento próprios de outras espécies animais?".[148]

Certamente, a partir dos inúmeros estudos sobre a agressividade humana, temos a impressão de que não só teríamos de aceitar que a conduta violenta é natural, instintiva, como também que, na mesma medida que a violência não cumpre necessariamente a função de autoconservação da vida em um meio hostil, próprio dos animais, no caso dos humanos a agressividade se acumula e adquire a forma de uma agressividade mais alta, reprimida e terrivelmente perigosa.

Mesmo assim, como já comentamos, Arendt entende que as ciências sociais modernas constituíram uma das tentativas sérias de eliminar a responsabilidade do cenário humano, o que seria o resultado do triunfo da ideia de que os responsáveis pelas decisões e ações humanas sempre são as circunstâncias. De fato, Arendt já havia insistido nessa ideia ao afirmar que a vontade de objetividade dessas ciências elimina qualquer pretensão de compreender os fenômenos humanos e suprime também qualquer responsabilidade.

A violência humana tampouco é bestial nem irracional. Na maioria dos casos supõe a fabricação de armas, o que implica uma atividade mental de alta complexidade, de maneira que está longe de ser irracional: simplesmente é instrumental. Pode ser antipolítica ou pré-política, mas não irracional: apresenta-se como um meio para um fim que é externo à própria violência.

Ao se referir à violência espontânea – aquela que consiste em atuar sem discussões ou discurso e sem levar em conta as consequências –, Arendt comenta que esta nunca é mera reação natural a uma situação, por exemplo, de miséria ou de opressão, mas que sempre necessita apoiar-se em uma emoção – a raiva, por exemplo –, que introduz um sentido: é preciso que nosso sentido de justiça tenha sido ofendido. "A raiva só surge quando há motivos para suspeitar de que as condições podem ser mudadas, mas não são". Isto é, a fim de reagir de maneira razoável, é preciso ser tocado pela emoção; por exemplo, os tumultos e movimentos do final da década de 1970 apontariam para "queixas genuínas". Assim, o gesto violento inspirado pela raiva não é bestial nem irracional, já que, como observa Arendt, o contrário do emocional não é o racional, mas a incapacidade de sentir emoção.

Apesar de sua simpatia pelos movimentos de não violência, Arendt não era pacifista.[149] De fato, em vista do arsenal que o governo norte-americano empregava para enfrentar o movimento que clamava contra a guerra, entendia que a resistência pacífica era oportuna, tanto pelo "enorme *poder* da não violência" como também por razões táticas. Os motivos da sua adesão ao pacifismo surgem do fato de que sabia que a mera condenação moral de qualquer violência apaga qualquer diferença entre as diversas formas de violência.[150]

Assim, como acabamos de ver, em *Sobre a violência* encontramos não apenas a separação entre poder e violência ou a ênfase no caráter instrumental desta última como um tratamento especial dos atos violentos vinculados à raiva. Dessa maneira, Arendt considera que, em determinadas circunstâncias, a violência pode ser uma passagem necessária de acesso à liberdade: em determinados casos, a violência é o único meio para restabelecer o equilíbrio da balança da justiça. Nesse sentido, cita palavras de William O'Brien, político e nacionalista irlandês do século XIX, para quem às vezes "a violência é a única maneira de assegurar que a voz da moderação seja ouvida". Não obstante, é preciso observar que Arendt se refere a um ato de protesto com um fim de curto prazo, que deixa evidente um problema concreto no âmbito político, e constata ironicamente que a violência só se torna irracional no momento em que é racionalizada, quando se torna um instrumento permanente e exclusivo de uma luta coletiva.

Assim, há uma violência que é uma expressão no limite do político – um momento em que a violência e a raiva intervêm na discussão pública – e uma violência que, ao se desencadear, destrói o âmbito do político. Tanto em um caso quanto no outro não há nada de natural ou de meramente instintivo, e, se falamos de irracionalidade, esta aparece quando se pretende que a política tenha algo a ver com a racionalidade meios/fins e quando confundimos as fraternidades, que emergem do exercício sistemático da violência, com a comunidade política; nesses contextos, o que se esvai mais rapidamente é a pluralidade que caracteriza o poder político. Certamente, nos textos arendtianos encontramos reiterados comentários sobre a nefasta ilusão de comunidade que é pressuposta pela fraternidade, já que, com ela, os muitos adquirem aparência de unidade, e isso comporta uma perda de sentido da realidade de mundo, que costuma se apresentar na forma de ditadura ou de terror. Com suas considerações, Arendt não pretendia identificar a violência com o mal, mas mostrar que da violência não deriva seu contrário, o poder, e que a igualdade diante da opressão ou a morte não tem nada a ver com a igualdade política.

**

Desobediência civil e responsabilidade

Sou responsável por alguma coisa que não fiz, e o motivo da minha responsabilidade é minha pertinência a um grupo (a um coletivo) que não posso dissolver com nenhum ato voluntário.
HANNAH ARENDT

Depois da derrota da Alemanha nazista, ficou habitual falar da culpabilidade coletiva como recurso para se referir ao comportamento de cumplicidade passiva da população alemã com o regime nazista e também do processo de autoinculpação e de autoescusa. Em informe sobre a viagem que fez à Alemanha em 1950, Arendt escreve sobre um país devastado pelas suas cidades destruídas e sobre as notícias dos campos de concentração e de extermínio, e sublinha que por toda parte se ouvia e se falava menos a respeito daquele pesadelo de destruição e de horror: "A falta de reação é patente em toda parte e é difícil dizer se isso significa uma renúncia semi-inconsciente ao luto ou uma genuína incapacidade de sentir [...] essa falta geral de emoção ou, em todo caso, essa aparente dureza de coração, às vezes revestida de um sentimentalismo barato, é o mais patente sintoma exterior de uma negativa tenaz, profundamente arraigada e às vezes perversa de confrontar-se com o que ocorreu e suportá-lo" e assumir responsabilidade política.[151]

Certamente não existe culpabilidade moral (ou legal) pelo que não fizemos, pois, diferentemente do que ocorre com a responsabilidade política, a culpa sempre identifica: é estritamente individual; para ter culpa é preciso ter feito alguma coisa, por meio de ação ou omissão. Quando atribuímos uma ação a alguém, tornamos esse alguém culpável e, no mesmo gesto, o reconhecemos como agente. Assim, de maneira aparentemente paradoxal, a culpa seria um meio de singularizar.[152]

Diante da tendência de considerar que culpabilidade e responsabilidade são de certo modo sinônimos, Arendt afirma que essa igualação só vale para o caso da culpabilidade moral ou legal e não para o da responsabilidade política. Assim, e na medida em que era consciente de que quando todos são culpáveis ninguém o é, esclarece que, enquanto na responsabilidade política a ênfase encontra-se situada no "mundo", na culpabilidade moral ou jurídica ela radica no "eu", está vinculada à ação; onde há ação, há um agente ao qual atribuí-la e que tem que responder por ela; por esse motivo, a culpabilidade é pessoal e não coletiva. Em contrapartida, a responsabilidade política ou coletiva tem a ver com a pergunta a respeito "do que" estamos dando conta, considerando aquilo que nos foi dado e não fizemos, "o que" desejamos que perdure e "o que" queremos inovar, e não é assimilável à questão de "quem" é ou tem sido culpado ou inocente de uma ação.

Nós humanos somos todos membros de uma comunidade, vivemos e sobrevivemos por uma espécie de consentimento tácito que dificilmente pode ser considerado voluntário, de maneira que é possível conceber uma responsabilidade política coletiva pelos erros ou méritos dos nossos antepassados ou pelo que se faz hoje em nosso nome; portanto, essa responsabilidade tem a ver com a possibilidade de conservar e introduzir mudanças no mundo. Arendt nos lembra que, sem sermos culpados pessoalmente, somos responsáveis politicamente por aquilo que não fizemos, pelo cuidado com o mundo e pelo marco legal em que nascemos. A questão da responsabilidade política é muito presente em praticamente todos os seus textos, na medida em que o que está em jogo é o mundo e que o contrário disso é a indiferença.[153]

*

Sobre esse pano de fundo, podemos entender a posterior distinção que Arendt faz entre a objeção de consciência e a desobediência civil. A objeção de consciência é um gesto centrado no eu, que se exaure quando esse eu pode ser dispensado de alguma medida do governo ou de uma norma legal (objeção, por exemplo, de participar do serviço militar obrigatório ou da guerra). Esse gesto extrai sua força da apelação a uma lei ou princípio superior às leis positivas (seja um princípio moral ou uma lei transcendente). Por esses motivos, Arendt qualifica a objeção de consciência como não política.

Por outro lado, a desobediência civil é levada a termo por uma minoria organizada, não tanto por um interesse comum, mas por uma opinião comum e pela decisão de se opor a uma política do governo; sua ação concertada provê um acordo recíproco, e é isso o que concede força e credibilidade à sua posição. Dito de outra maneira, embora os que constituem essa minoria possam ter chegado a formar parte do grupo dissidente por motivos de consciência, agora só contam consigo mesmos, com sua aliança, com as promessas mútuas; em todo caso, um desobediente civil não é um transgressor individual da lei.

Justamente no verão de 1970, na entrevista concedida a Adelbert Reif sobre o afã de revolução no movimento de protesto estudantil de ambos os lados do Atlântico, Arendt afirmava que, apesar das diferenças dos diversos contextos nacionais, o que distinguia aquela geração das anteriores era a sua determinação à ação, o entusiasmo pela ação, isto é, a confiança de poder mudar as coisas com as próprias forças. E acrescentava que, pela primeira vez em muito tempo, havia surgido um movimento político espontâneo que atuava e o fazia praticamente de maneira exclusiva por motivos morais. Conjuntamente com esse fator moral, uma nova experiência entrou no terreno da política, e essa geração descobriu que, quando se participa da vida pública, abre-se uma dimensão da experiência humana – à qual não se pode ter acesso de nenhuma outra maneira –, que o século XVIII chamou de "felicidade pública".[154]

No mês de setembro do mesmo ano publicou "Desobediência civil", um texto que também temos de situar no debate sobre a crise da República norte-americana e que é fruto da reescrita de uma intervenção sua num simpósio sobre o lema "A lei morreu?", organizado naquela primavera pela associação dos advogados da cidade de Nova York e que girava em torno de um dos temas propostos aos participantes – "A relação moral entre o cidadão e a lei em uma sociedade baseada no livre consentimento".[155] Em um momento em que nos Estados Unidos a desobediência civil estava na ordem do dia, com frequência era atacada e questionada como uma infração à lei comparável à do delinquente comum. Embora muitos juristas a diferenciassem da delinquência, entendiam que a desobediência à lei apenas podia se justificar se o desobediente aceitava voluntariamente o castigo previsto na lei pela sua transgressão. Nesse debate podemos constatar o esforço de Arendt para mostrar que a desobediência civil é um gesto de responsabilidade política conciliável com o "espírito" das leis estadunidenses e que é possível encontrar para ela um lugar institucional e não somente jurídico.

Arendt entende que a desobediência civil constitui um gesto de responsabilidade, já que em situações de emergência, quando as instituições estabelecidas deixam de funcionar, o desobediente civil, embora normalmente divirja de uma maioria, atua em nome e a favor de um grupo, e desafia abertamente, em público, a lei e as autoridades estabelecidas sobre o fundamento de uma divergência básica e não porque pessoalmente deseje se beneficiar de uma exceção para si mesmo, como seria o caso de um objetor de consciência.

Assim, afirma que os revolucionários compartilham com os desobedientes civis o desejo de "mudar o mundo", mas no caso destes últimos seus atos de dissidência têm um fim de curto prazo. As associações voluntárias não são partidos políticos, são organizações *ad hoc* que perseguem objetivos dentro de um breve período de tempo e que, uma vez que o alcançam, desaparecem, apesar de deixarem claras outras novas possibilidades que talvez se abram. A desobediência civil emerge em grupos que se reúnem a fim de promover uma opinião no mundo e diminuir o poder moral da maioria, ou com a vontade de fazer frente à falência das instituições, como era o caso dos Estados Unidos naquele momento; ou seja, está vinculada à faculdade de julgar, de sofrer e resistir, de escolher companhias, de ampliar as costuras do espaço público comum, em suma, à responsabilidade política.

De maneira que Arendt considera que "os desobedientes civis não são a última forma de associação voluntária e que, portanto, estão em harmonia com as tradições mais antigas do país",[156] isto é, que estão relacionados com a arte de associar-se da qual falava Locke e com o espírito das leis de Montesquieu. A desobediência seria, pois, a prática de um direito enraizado nos usos e costumes do povo estadunidense e que é voltado a recriar as condições de um consentimento livre, um consentimento no sentido de "apoio ativo e participação contínua em todas as questões de interesse público", de uma aliança fruto de compromisso mútuo.[157] Em "Desobediência civil", Arendt fala do que chama de versão horizontal do contrato, na qual os pactos e os acordos se apoiam na reciprocidade e não nas decisões da maioria. Com isso faz notar que o que fica questionado é a consideração de que o direito ao sufrágio universal e a eleições livres são as bases suficientes da democracia. A grande vantagem da versão horizontal do contrato recairia no fato de que a reciprocidade liga cada membro com seus concidadãos por meio de uma aliança e não de um passado memorável ou de uma homogeneidade étnica.

Ao colocar ênfase na especificidade da transgressão da lei por parte dos grupos desobedientes, Arendt sublinha que sem a possiblidade de desobedecer não há legitimidade da obediência.[158] Diante dos tribunais que consideram que o único transgressor não delinquente da lei é o objetor de consciência e que a única adesão de grupo que compreendem é a "conspiração", Arendt – além de destacar que "conspiração" (*conspirare*) implica não só respirar juntos mas em segredo, e que a desobediência civil se produz em plena luz,[159] em público – aspira a encontrar um nicho para a desobediência civil não nas leis, mas no marco das práticas das instituições públicas norte-americanas. Como escreveu Ilaria Possenti, Arendt considera que só podemos ser livres se estamos dispostos a sacrificar a pretensão de coerência de nós mesmo em relação ao mundo; rejeitar a desobediência, a incoerência, a contradição, significa prescindir da condição plural da existência humana e impedir o fermento do novo, do imprevisível. E Arendt parece pretender que esse fato se torne uma prática das instituições públicas norte-americanas.

6
Em consideração ao mundo

Peço perdão às grandes perguntas pelas pequenas respostas.
WISŁAWA SZYMBORSKA

EMBORA MUITOS DOS TEXTOS A QUE ME REFERI nestas páginas não sejam fruto de uma vontade de sistema, mas de diversas tentativas de compreender os acontecimentos do totalitarismo e de uma obstinada e lúcida busca de modos de pensamento e de liberdade política, eles estão escritos com tonalidades afins:[1] ajudam a olhar onde não olhávamos, são tentativas de intervir, de investigar e de dizer o que é (*legein ta eonta*), e que poderia ter sido, de uma outra maneira; lembramos que, uma vez rompido de maneira irreversível o fio da tradição, o melhor que podemos fazer é assumir a incerteza, a contingência, e compartilhá-la com os outros; são textos que nos fazem sentir a teimosia da realidade diante das categorias que utilizamos para compreendê-la; projetamos luz, mas também deixamos zonas de sombra. Penso que talvez as recriminações que costumam ser dirigidas a Arendt não derivem tanto de uma suposta desatenção a determinados problemas que lhe eram contemporâneos, mas do caráter aberto do seu pensamento em contraste com a tendência atual — sou consciente de que exagero — de projetar uma única luz que ilumine todas as injustiças ou aflições e não deixe nenhuma sombra.

Diante da possibilidade de ficarmos ofuscados, cegados por um excesso de luz ou de vermo-nos submetidos a uma escuridão absoluta e inquietante, Arendt se esforça para deixar evidente a combinação de sombras e luz que nos é necessária para encarar a realidade e aparecer. O que mais me interessou nos seus textos foi o gesto que "denota uma forma de confiança intelectual na capacidade de quem lê de enfrentar a complexidade de uma situação sem impor nenhuma percepção binária".[2]

*

Esse gesto comporta alguns dos giros paradoxais, deslocamentos e revisões das categorias que encontramos na obra de Arendt. Talvez em resumo seja o que não se encaixava na sua época e que tampouco acaba de se encaixar hoje, embora esta última afirmação pareça absurda em um momento em que seu nome está em todas as bocas e em que os conceitos dos quais se equipou para compreender alguns dos acontecimentos que marcaram o século XX parecem poder ser empregados em qualquer situação atual. Contudo, o mundo mudou, as experiências que vivemos não são as suas, de maneira que, mais que formular a pergunta recorrente sobre o que diria ela desse ou daquele problema, teríamos de procurar fazer nossas algumas das suas formas de abordagem, de compreender o acontecimento na sua especificidade, o que comporta afastar-nos da busca de princípios que permitam julgar e dar conta de qualquer experiência com a qual nos vejamos confrontados.

No prefácio da primeira edição de *As origens do totalitarismo,* lemos que a compreensão significa, em poucas palavras, "olhar a realidade de maneira não premeditada e com atenção, e enfrentá-la seja ela qual for".[3] O lugar que a expressão "de maneira não premeditada" tem nessa descrição da compreensão sempre me intrigou, mas, se a entendemos, com Deborah Nelson, como contraposta a "espontânea" – outro termo-chave do léxico arendtiano –, parece que implica abertura, não defensividade, e que aponta a uma recusa a se equipar previamente de ferramentas e categorias que não se deixam questionar pelo conjunto de acontecimentos ou experiências que pretendemos compreender. Arendt insiste que encarar o caráter contingente da realidade é o preço que temos de pagar para compartilhar o mundo com os outros na sua pluralidade e para que reste um mundo *entre* nós.[4] Dito de outra maneira, não podemos ser indiferentes ao mundo deixando de convertê-lo em inteligível, e a responsabilidade política tem a ver tanto com a ação quanto com a compreensão.[5]

Consciente de que não podemos desfazer os males e danos passados, Arendt considera que a responsabilidade tem a ver com a avaliação e a compreensão do ocorrido sob os regimes totalitários, e aposta na narração como a via para revelar o significado daquilo que de outra maneira continuaria sendo uma sequência de meros acontecimentos; por essa via, embora sem solucionar ou fechar nenhum problema definitivamente, o relato se incorporará ao mundo, de modo que a compreensão se torna a outra face da ação. Seu convite a revisitar o passado, enquanto se presta atenção à maneira como se configuram os discursos que o geram, também é um gesto no mesmo sentido: o passado faz parte do mundo e assinala as potencialidades futuras de acrescentar-lhe algo novo. Arendt expressa isso com uma citação de Faulkner: "O passado não morre nunca. Sequer é passado".[6] Das agonias do presente olhamos para trás a fim de descobrir as diversas camadas, a espessura e a densidade; e assim podemos evitar um agora superficial, sempre idêntico a si mesmo, opaco, que se converte apenas em um momento de passagem necessário, à espera de um futuro que deixará para trás um passado já finalizado.

A liberdade não é nenhuma recompensa pelos sofrimentos vividos, e a esperança de redenção dos males do passado não tem a ver com a responsabilidade. Arendt prefere ligar a responsabilidade à insistência em tratar de encarar a realidade, seja qual for, e a vincula à perseverança na ação ou a assumir a iniciativa em relação ao que nos foi dado, à nossa condição de natais. Como temos visto, a natalidade é tempo, aponta à nossa capacidade de interromper a situação ou dinâmica atuais e iniciar algo novo.[7] Mas, embora Arendt trate a natalidade como um início continuado, insiste que esse início é sempre frágil, está ligado à incerteza, já que não controlamos os resultados nem as consequências. É justamente pela consideração ao mundo, pela sua salvaguarda, que nos "trens de pensamento" arendtianos encontramos uma consciência realista da dupla face da imprevisibilidade das ações humanas e uma acentuada preocupação com os processos que nós humanos desencadeamos com nossas ações. Assim, não podemos assimilar sem mais nem menos a natalidade à esperança ou àquele irresponsável pontapé adiante que desloca os problemas atuais a um tempo que virá, como se fosse a geração futura que tivesse de dar conta deles. E, se nos detemos nesse ponto, encontramos um daqueles momentos em que Arendt não se encaixa nos discursos do nosso tempo.

No prefácio de 1951 de *As origens do totalitarismo*, Arendt afirma que a esperança e o temor exacerbados parecem estar mais próximos "do núcleo dos acontecimentos do nosso século que o julgamento equilibrado, imparcial, e a percepção acurada". Em textos posteriores assinala que, em tempos sombrios, a esperança constitui um obstáculo para atuar com coragem. Por exemplo, a propósito de sua consideração de que o valor de uma paixão radica na quantidade de realidade que transmite, escreve: "Na esperança, a alma ignora a realidade, da mesma maneira que foge dela com o temor". Com essas palavras consta e introduz a hipótese de que essas duas paixões têm sido utilizadas nos regimes totalitários para destruir. O que parece ficar confirmado quando, em 1964, recorre às duras e amargas palavras da crônica sobre a estada em Auschwitz do poeta polonês Tadeusz Borowski: "Nunca na história da humanidade a esperança havia sido tão forte, nem nunca tão negativa como nessa guerra, como nesse campo: não nos ensinaram a libertarmo-nos da esperança, e por isso nos matam nas câmaras de gás".[8] Como se, nos campos, a esperança não permitisse ver a realidade e fosse uma maneira de projetar-se para o mundo futuro, como se ela impedisse de ver os miseráveis restos da possibilidade de participar do próprio destino, seja em uma revolta exasperada, seja no suicídio. Talvez possamos entender nessa chave que, com a publicação das memórias de Nadejda Mandelstam *Contra toda esperança* (*Hope against Hope*, 1970), Arendt as considerasse um dos grandes documentos humanos do século XX.[9]

Certamente não podemos viver sem esperança, mas temos de duvidar da esperança que nos leva a habitar o mundo do futuro e que, no mesmo gesto, nos torna indiferentes à realidade. Isso é o que têm em comum as obras de Arendt: um gesto de persistir na tarefa inesgotável de compreender os fatos na sua particularidade, uma aposta nos novos inícios e, ao mesmo tempo, em tecer espaços de relação que permitam momentos de liberdade política mesmo que se caracterizem pela sua fragilidade. A verdadeira compreensão não se cansa nunca do diálogo interminável, dos círculos viciosos, dos giros paradoxais, porque confia que chegará a captar alguma centelha da verdade, da realidade.

Seus exercícios de pensamento se movem entre o passado e o futuro, contêm críticas e experimentos, mas os experimentos não pretendem desenhar nenhuma espécie de futuro utópico, e as críticas não tentam refutar ou dominar o passado, são um gesto a favor do mundo. Mesmo partindo da extrema fragilidade dos nossos intentos de atuar e dar sentido, esses exercícios se afastam de discursos de caráter apocalíptico, nos convidam a navegar nessa incerteza a fim de entrever o poder que têm de nos propor novos desafios e novas interrogações. Quando as respostas formuladas por tradição já não existem nem são válidas, Arendt nos convida a voltar a formular perguntas como: o que é a liberdade?, e a encarar problemas que nos interpelem, não com o ânimo de descobrir soluções definitivas, mas para encontrar vias para que o mundo não se torne alheio a nós.

Consciente do caráter irreversível e definitivo da fratura da tradição, a preocupação de Arendt é encontrar outra forma de relação com a dimensão do passado e repensar a brecha entre passado e futuro que essa ruptura deixou. Nesse sentido, são iluminadoras as palavras de Mary McCarthy referidas a *A condição humana*: "É como se estivesse enchendo às pressas um baú com tudo de valioso, com as bagatelas e curiosidades da experiência humana, na esperança de que alguma coisa sobreviva".[10] Arendt queria evitar que, junto a nossas tradições, todo o nosso passado se estragasse; assim, buscou um pensamento que, alimentado no hoje, trabalhasse com fragmentos arrancados do passado ou tirados de seu contexto original que pudessem ter a força dos novos pensamentos.[11] Atrás dessa aspiração a uma forma não tradicional de vínculo com o passado há a convicção de que, embora o mundo ceda à ruína, ao mesmo tempo podemos recuperar pedaços que ficaram para trás, rastreando e mergulhando no passado. É conhecida a referência de Arendt à segunda canção de Ariel em *A tempestade*, de Shakespeare: "Como um pescador de pérolas que desce até o fundo do mar, não a fim de escavar o fundo e trazê-lo à luz, mas para arrancar a puxões o que é rico e estranho, as pérolas e o coral, das profundezas, e trazê-lo à superfície", que utilizou para falar da abordagem à história de Walter Benjamin, caracterizada como se fosse uma rede que recolhe restos que ficaram para trás. Para Arendt, trabalhar naquilo que foi, rastrear e se aprofundar na história, é uma maneira de encarar a perda da tradição na época moderna. Trata-se de recuperar os restos que foram descartados, encostados num canto ou perdidos na progressão do tempo.[12]

Um diálogo similar ao que estabelece com Benjamin, embora não tão evidente, é o que mantém com Isak Dinesen: muitos dos textos de Arendt estão cheios de referências nem sempre explícitas aos contos dessa escritora dinamarquesa. Nesse sentido, podemos citar "O mergulhador", um conto no qual aparece a questão da perda, do exílio e, ao mesmo tempo, a escavação dos tesouros sedimentados da tradição como vias para renovar e iluminar a vida do presente, como é característico da narrativa de Dinesen. O protagonista é um pescador de pérolas que anteriormente havia sido construtor de asas. Nas suas imersões, o mergulhador entra em relação com o mundo submarino e conhece um peixe-boi que, nas suas palavras, comunica-lhe que as espécies marinhas são, de todas as espécies da Terra, as que foram criadas com maior esmero à imagem e semelhança de Deus, e acrescenta: "Não correm nenhum risco. Nossa mudança de lugar na existência nunca cria, nem deixa para trás, o que o homem chama de um caminho, um fenômeno – que, na realidade, não é fenômeno, mas ilusão –, no qual desperdiça deliberações incompreensivelmente apaixonadas". O peixe-boi continua seu discurso sobre os habitantes do mundo líquido, que ele caracteriza, poderíamos dizer, por seu conformismo, e os compara com a espécie humana: "O homem, enfim, está alarmado com a ideia do tempo e desequilibrado pelo contínuo vagar *entre o passado e o futuro*. Os habitantes do mundo líquido conciliaram passado e futuro na máxima: 'Après nous, le déluge'".[13]

Arendt pretende evitar o perigo de habitar um presente absoluto, sem projetos nem memória. Temos dito: um mundo sem passado nem futuro é um mundo natural, não humano, de maneira que se trata de resgatar "o rico e estranho", os tesouros da experiência que, de outra maneira, se perderiam. Mary McCarthy, com a morte de sua amiga, assegurou: "Foi uma entusiasta da reciclagem";[14] e, em suas mãos, reciclar é dar um novo uso a fragmentos da tradição, até, em ocasiões, como antídoto para combater o legado tradicional. Daí a atenção que Arendt presta à história das palavras, às etimologias, e suas leituras *interessadas* de textos da história da filosofia. A tarefa que Arendt propõe não é restaurar nossos vínculos com a tradição e o passado, mas descobrir ideias e valores que tenham sobrevivido em nova forma e possam ser utilizados para um novo início.[15]

Daí que o pensamento de Arendt não possa ser considerado dominado pela melancolia, se por melancolia entendemos tanto a recusa em reconhecer a perda como o elogio de um momento passado idealizado. De fato, poderíamos dizer que sua obra está escrita em consideração ao mundo, porque no mundo sempre acontece alguma coisa que não esperávamos.

Notas

Introdução

1. Apesar das tentativas cada vez mais frequentes de convertê-la em uma filósofa fácil de se encaixar no mapa da filosofia contemporânea e dos esforços daqueles que, como Emmanuel Faye, tentam reduzir toda a obra de Arendt a uma operação que consistiria em tornar sedutoras as profundas intenções destrutivas de seu mestre Heidegger. (Para um questionamento de aproximações desse tipo, ver HILB, Claudia; LEIBOVICI, Martine. In: COLÓQUIO "Pourquoi Arendt importe", abr. 2017. Disponível em: http://lcsp.univ-paris-diderot.fr/Arendt.html. Acesso em: 9 mar. 2025.)

2. ARENDT, Hannah. *Denktagebuch, 1950 bis 1973*. Edição de Ursula Ludz e Ingeborg Nordmann. München: Piper, 2002. Caderno XIII, §8, 1953. Disponível em castelhano: *Diario filosófico*. Barcelona: Herder, 2006. Como muitos dos textos que cito neste livro não têm tradução para o catalão, as traduções que aparecem são minhas. Para a versão em português o tradutor Luís Reyes Gil se encarregou da tarefa. Também incluo nas notas a referência à edição em língua portuguesa ou inglesa, quando há – caso se deseje localizar.

3. ARENDT, Hannah. *The Human Condition*. Chicago: The University of Chicago Press, 1958. p. 6. Em português: ARENDT, Hannah. *A condição humana*. Tradução de Roberto Raposo. Rio de Janeiro: Forense Universitária, 2016. Arendt faz distinção entre idade moderna e mundo moderno: "Cientificamente, a idade moderna, que começou no

século XVII, chegou ao final no início do século XX; politicamente, porém, o mundo moderno, em que vivemos hoje, nasceu junto com as explosões atômicas".

4. BALIBAR, Étienne. (De)Constructing the Human as Human Institution: A Reflection on the Coherence of Hannah Arendt's Practical Philosophy. *Social Research*, v. 74, n. 3, p. 727, 2007. Disponível em castelhano: BALIBAR, Étienne. Arendt, el derecho a los derechos y la desobediencia cívica. In: BALIBAR, Étienne. *La Igualibertad*. Barcelona: Herder, 2017. Algo semelhante é afirmado por Susannah Young-ah Gottlieb em: Reflection on the Right to Will: Auden's "Canzone" and Arendt's Notes on Willing. *Comparative Literature*, v. 53, n. 2, p. 132, 2001.

5. BERNSTEIN, Richard. *Por que ler Hannah Arendt hoje?* Barueri: Forense Universitária, 2021.

6. ARENDT, Hannah. On Hannah Arendt. In: *Thinking without a bannister: Essays in understanding 1953-1975*. KOHN, Jerome (ed.). New York: Schocken Books, 2018. p. 474. Trata-se da transcrição de algumas das respostas e intervenções de Arendt em um congresso sobre sua obra realizado em Toronto em novembro de 1972.

7. VILLA, Dana. Arendt and totalitarianism: Contexts of interpretation. *European Journal of Political Theory*, v. 10, n. 2, 2011.

8. De fato, essa é a caracterização que Arendt fez da atitude de seu amigo e mestre Karl Jaspers (ARENDT, Hannah. Karl Jaspers: A Laudatio. In: *Men in Dark Times*. New York: Harcourt, Brace and World, 1968. p. 78. Disponível em português: ARENDT, Hannah. Karl Jaspers: A Laudatio. In: *Homens em tempos sombrios*. São Paulo: Companhia das Letras, 2008).

9. WOLIN, Sheldon. Hannah Arendt and the Ordinance of Time. *Social Research*, v. 44, n. 1, p. 91, 1977.

10. ARENDT, Hannah. Was bleibt? Es bleibt die Muttersprache. In: GAUS, Günther. *Zur Person. Porträts in Frage und Antwort*. München: Feder Verlag, 1964, posteriormente publicado em: ARENDT, Hannah. Was bleibt? Es bleibt die Muttersprache. In: REIF, Adelbert (comp.). *Gespräche mit Hannah Arendt*. München: Piper, 1976. Nestas páginas citaremos a edição de Piper.

11. Ver REVAULT D'ALLONNES, Myriam. *La Crise Sans Fin: essai sur l'expérience moderne du temps*. Paris: Seuil, 2012; PORCEL, Beatriz. Hannah Arendt y la Crisis de Nuestro Tiempo. Argumentos, n. 19, 2013.

1. Considerações preliminares a partir de uma entrevista

1. Em uma carta de 31 de maio de 1941 a Günther Anders, Arendt anexa seu CV. ARENDT, Hannah; ANDERS, Günther. *Schreib doch mal "hard facts" über Dich: Briefe 1939 bis 1975. Texte und Dokumente*. Edição de Kerstin Putz. München: C. H. Beck Verlag, 2016.

2. No ano de 1929 publicou uma versão da sua tese na editora Springer de Berlim: ARENDT, Hannah. *Der Liebesbegriff bei Augustin: Versuch einer philosophischen Interpretation*. Berlin: Springer, 1929, e muitos anos depois, na década de 1960, fez uma importante revisão, pois queria publicá-la em inglês; finalmente apareceu de maneira póstuma em 1996, ARENDT, Hannah. *Love and Saint Augustine*. Edição revisada na década de 1960. Publicação póstuma. Chicago: The University of Chicago Press, 1996. Disponível em português: ARENDT, Hannah. *O conceito de amor em Santo Agostinho*. São Paulo: Instituto Piaget, 1997.

3. O filósofo Günther Anders (Breslau, 1902 – Viena, 1992), primeiro marido de Hannah Arendt, filho dos psicólogos evolucionistas William e Clara Stern, utilizava o pseudônimo Anders. O casamento durou de 1929 a 1936; na realidade, já no exílio de Paris, havia entre eles apenas uma "comunidade de ajuda mútua", como declarou Antonia Grunenberg. Sobre a figura de Anders como filósofo e sua obra, ver: HERNANDO, César de Vicente. *Günther Anders, fragmentos de mundo*. Madrid: La Oveja Roja, 2011.

4. ARENDT, Hannah; HEIDEGGER, Martin. *Briefe 1925 bis 1975 und andere Zeugnisse*. Edição de Ursula Ludz. Frankfurt: Vittorio Klostermann, 1998. Disponível em inglês: ARENDT, Hannah; HEIDEGGER, Martin. *Letters: 1925-1975*. Boston: Houghton Mifflin Harcourt, 2004, em especial, a carta nº 45 (1932-1933), em que Heidegger tenta responder às acusações de antissemitismo que circulavam a respeito dele e sobre as quais possivelmente Arendt o interrogava em uma carta não conservada.

5. ARENDT, Hannah; JASPERS, Karl. *Briefwechsel 1926-1969*. Edição de Lotte Köhler e Hans Saner. München: Piper, 1985.

6. ARENDT, Hannah. *The Human Condition*. p. 222. Ver também GRUNENBERG, Antonia. *Hannah Arendt et Martin Heidegger: histoire d'un amour*. Paris: Payot, 2012. p. 182 e seg. Em português: GRUNENBERG, Antonia. *Hannah Arendt e Martin Heidegger: história de um amor*. São Paulo: Perspectiva, 2019.

7. "Se é possível dizer que 'provenho de algum lugar', é da tradição da filosofia alemã", foi como respondeu a Gershom Scholem na dura correspondência que mantiveram em 1963 sobre a publicação de *Eichmann em Jerusalém*. Ver ARENDT, Hannah; SCHOLEM,

Gershom. *Der Briefwechsel 1939-1964*. Edição de Marie Luise Knott, com David Heredia. Frankfurt: Jüdischer Verlag, 2010. Carta nº 134. Disponível em inglês: ARENDT, Hannah; SCHOLEM, Gershom. *The correspondence of Hannah Arendt and Gershom Scholem*. Chicago: University of Chicago Press, 2017.

8. ARENDT, Hannah. Was bleibt? Es bleibt die Muttersprache. p. 9.

9. TOCQUEVILLE, Alexis de. Un món nou requereix una ciència política nova. In: *La democracia en América*. Madrid: Alianza, p. 13. Em português: TOCQUEVILLE, Alexis de. *A democracia na América – edição integral*. São Paulo: Edipro, 2019.

10. Essa atitude adquire com o tempo novas tonalidades e ênfases, e podemos até percebê-la em sua última obra, na qual se ocupa da *vita contemplativa*, como declarou a Hans Jonas: "'Fiz minha contribuição à teoria política – disse-me ela –, e com isso é suficiente; a partir de agora e quanto ao que me resta, vou me dedicar a assuntos *transpolíticos*", e com essas palavras queria dizer: à filosofia", JONAS, Hans. Acting, Knowing, Thinking: Gleanings from Hannah Arendt's Philosophical Work. *Social Research*, v. 44, n. 1, p. 27, 1977. Disponível em castelhano: JONAS, Hans. Actuar, conocer, pensar. La obra filosófica de Hannah Arendt. In: BIRULÉS, Fina (ed.). *Hannah Arendt: el orgullo de pensar*. Barcelona: Gedisa, 2018.

11. ARENDT, Hannah. On Hannah Arendt. In: *Thinking without a bannister: essays in understanding 1953-1975*. KOHN, Jerome (ed.). New York: Schocken Books, 2018. p. 449. Em português: ARENDT, Hannah. On Hannah Arendt. In: *Pensar sem corrimão: compreender 1953-1975*. In: KOHN, Jerome (ed.). Rio de Janeiro: Bazar do Tempo, 2021.

12. AZOULAY, Ariella; HONIG, Bonnie. Between Nuremberg and Jerusalem: Hannah Arendt's Tikkun Olam. *Differences*, v. 27, n. 1, p. 52.

13. YOUNG-BRUEHL, Elizabeth. *Hannah Arendt: for the love of the world*. New Haven; London: Yale University Press, 1984. p. 405. Em castelhano: YOUNG-BRUEHL, Elizabeth. *Hannah Arendt*. Barcelona: Paidós, 2006, como uma "fenomenologia husserliana da fenomenologia de Hegel" (WAHL, Jean. Le rôle d'Alexandre Koyré dans le développement des études hégeliennes en France. *Hegel-Studien*, Suplemento 3, 1965, p. 19).

14. ARENDT, Hannah. *Between past and future: six exercises in political thought*. New York: Viking Press, 1961. p. 14. Em 1968, fez uma reedição ampliada: ARENDT, Hannah. *Between Past and Future: eight exercises in political thought*. New York: Viking Press, 1968.

Disponível em português: ARENDT, Hannah. *Entre o passado e o futuro: edição revista e atualizada*. São Paulo: Perspectiva, 2022.

15. YOUNG-BRUEHL, Elizabeth. Exchange on Hannah Arendt. *The New York Review of Books*, 25 jan. 1979. Ver também: HADOT, Pierre. *Ejercicios espirituales y filosofía antigua*. Madrid: Siruela, 2006. p. 28 e seg. Em português: HADOT, Pierre. *Exercícios espirituais e filosofia antiga*. São Paulo: É Realizações, 2014.

16. COLLIN, Françoise. *L'homme est-il devenu superflu?* Paris: Odile Jacob, 1999. p. 31.

17. ARENDT, Hannah. *The Human Condition*, p. 232. Ver também: CANOVAN, Margaret. Arrêter l'escalator. Arendt et l'action comme interruption. In: TASSIN, Étienne (ed.). *Hannah Arendt, l'humaine condition politique*. Paris: L'Harmattan, 2001.

18. Ver ÀUSTER, À. Lorena. Hannah Arendt sobre les aparences: "una espècie de fenomenòloga". *Convivium*, n. 33, 2020.

19. ARENDT, Hannah. *The Human Condition*, p. 246.

20. Hannah Arendt usa sempre o termo "homens" ("men") como um masculino neutro (sobre a relação de Arendt com o feminismo, remeto-me ao meu FUSTER, À. Lorena. Notes sobre Hannah Arendt i els feminismes. In: *Entreactes. Entorn de la política, el feminisme i el pensament*. Perpinyà: Trabucaire, 2014); ver também as palavras de Hans Jonas com as quais abre seu artigo: JONAS, Hans. Acting, Knowing, Thinking: Gleanings from Hannah Arendt's Philosophical Work : "Hannah Arendt foi uma das grandes mulheres deste século. Acredito que ela concordaria comigo quando digo 'mulheres' e não 'pensadoras' (apenas uma parte do todo) ou 'pessoas' (uma evasão assexual)".

21. ARENDT, Hannah. *The Human Condition*, p. 50.

22. LYOTARD, Jean-François. A fenomenologia não é uma metafísica, e sim uma filosofia do concreto. In: *Phénomenologie*. Paris: PUF, 1976. p. 47. Em português: LYOTARD, Jean-François. *A fenomenologia*. Lisboa: Edições 70, 2008. Segundo a classificação que Kevin Thompson estabelece na introdução ao volume que compilou conjuntamente com Lester E. Embree, THOMPSON, Kevin; EMBREE, Lester E. (orgs.). *Phenomenology of the political*. Berlin: Springer Science & Business Media, 2000. p. 3. Arendt faz parte da terceira geração de fenomenólogos que nos anos 1950 fixa o olhar em questões ético-políticas que estavam ausentes nas duas gerações anteriores (a do Husserl centrado na cognição e a do Heidegger direcionado à experiência vivida). Ver também JUNG, Hwa Yol. The Political Relevance of Existential Phenomenology. *The Review of Politics*,

n. 33, 1971. Esse falar como fenomenóloga talvez seja também uma maneira de reconhecer uma dívida, especialmente na primeira parte de seu último livro, *A vida do espírito*, com a fenomenologia da percepção de Merleau-Ponty (ENEGRÉN, André. Arendt lectrice de Merleau-Ponty. *Esprit*, n. 6, 1982. p. 154).

23. ARENDT, Hannah. We refugees. *Menorah Journal*, jan. 1943. Disponível em: ARENDT, Hannah. *Jewish writings*. Edição de Jerome Kohn e Ron Feldman. New York: Schocken Books, 2007. p. 264. Em português: ARENDT, Hannah. *Escritos judaicos*. Barueri: Amarilys, 2018.

Ver também ARENDT, Hannah. Paciència activa; Humiliats i sense drets. In: FANTAUZZI, Stefania (ed.). *Participar del món. Escrits 1941-1945*. Palma: Lleonard Muntaner, 2020.

24. YOUNG-BRUEHL, Elisabeth. *Hannah Arendt: for the love of the world*. New Haven; London: Yale University Press, 1984. p. xxii.

25. ARENDT, Hannah. *Denktagebuch, 1950 bis 1973*. Caderno II, §15, nov. 1950.

26. CASSIN, Barbara. *Plus d'une langue*. Paris: Bayard, 2019.

27. ARENDT, Hannah. Was bleibt? Es bleibt die Muttersprache. p. 23; DERRIDA, Jacques. *El monolingüisme de l'altre o la pròtesi de l'origen*. Barcelona: Edicions de la Universitat de Barcelona, 2017. p. 79 e seg.

28. CASSIN, Barbara. *La nostalgie. Quand donc est-on chez soi?* Paris: Éditions Autrement, 2018. p. 86. Em português: CASSIN, Barbara. *A nostalgia: quando, afinal, estamos em casa?* São Paulo: Quina Editora, 2024.

29. ARENDT, Hannah. Was bleibt? Es bleibt die Muttersprache. p. 23.

30. Pode-se considerar que essa seja a resposta à pergunta sobre como é possível confiar na língua depois que ela teve que passar pelas múltiplas trevas de um discurso homicida sem dispor de palavras para o que ocorreu, como propunha Paul Celan no seu discurso em Brêmen (CELAN, Paul. Al·locució pronunciada amb motiu da recepció del premi de literatura de la ciutat lliure hanseàtica de Bremen. *Rels*, n. 3, 2004).

31. ARENDT, Hannah; JASPERS, Karl. *Briefwechsel 1926-1969*. München: Piper, 1985. Carta nº 22.

32. ARENDT, Hannah. *Elemente und Ursprünge totaler Herrschaft*. Frankfurt: Europäische Verlagsanstalt, 1955. p. 15. Em português: ARENDT, Hannah. *Origens do totalitarismo*. São Paulo: Companhia das Letras, 2013. Em 1944 Arendt havia feito à Houghton

Mifflin Press a proposta de escrever um livro com o título: *The Elements of Shame: Antisemitism-Imperialism-Racism*. O livro, concluído no outono de 1949 com o título *The Origins of Totalitarianism*, foi publicado pela primeira vez em 1951 nos Estados Unidos e, no mesmo ano, no Reino Unido com o título *The Burden of Our Time*. Em 1958 apareceu uma segunda edição ampliada e, em 1967, uma terceira com novos prefácios para cada uma das partes. Em 2004, Samantha Power fez o prólogo de uma nova edição norte-americana (Nova York: Schocken Books). A não ser quando indicado de outro modo, a edição de 2004 é a que temos utilizado neste livro.

33. KNOTT, Marie Luise. *Desaprender: caminos del pensamiento de Hannah Arendt*. Barcelona: Herder, 2016. WEIGEL, Sigrid. Poetic difference – sounding through – inbetweenness. Hannah Arendt's Thoughts and Writings between different languages, cultures, and fields. In: GOEBEL, Eckart; WEIGEL, Sigrid (eds.). *Escape to life: German intellectuals in New York. A compendium on exile after 1933*. Berlin; Boston: Walter De Gruyter Inc., 2012. p. 55-79; FERRIÉ, Christian. Une politique de lecture: Arendt en allemand. *Tumultes*, v. 30, n. 1, 2008. p. 235-266. Ver também BOELLA, Laura. *Hannah Arendt: un umanesimo difficile*. Milano: Feltrinelli, 2020. p. 24 e seg.

34. McCARTHY, Mary. Editor's Postface. In: ARENDT, Hannah. *The life of the mind*. New York: Harcourt, 1978. p. 243 e seg. Disponível em português: McCARTHY, Mary. Prefacio de la editora. In: ARENDT, Hannah. *A vida do espírito*. São Paulo: Civilização Brasileira, 2012.

35. Sobre esse ponto, ver: PALMIER, Jean-Michel. *Weimar en exil: le destin de l'émigration intellectuelle allemande antinazie en Europe et aux États-Unis*. Paris: Payot, 1990. Em inglês: PALMIER, Jean-Michel. *Weimar in exile: the antifascist emigration in Europe and America*. London: Verso Books, 2006.

36. KNOTT, Marie Luise. *Desaprender: caminos del pensamiento de Hannah Arendt*. p. 54, p. 80.

37. ARENDT, Hannah. The Threat of Conformism. *The Commonweal*, 24 set. 1954. Disponível em: ARENDT, Hannah. *Essays in understanding, 1930-1954*. Edição de Jerome Kohn. New York: Harcourt, Brace & Company, 1994. p. 423. Disponível em castelhano: ARENDT, Hannah. *Ensayos de comprensión, 1930-1954*. Madrid: Caparrós Editor, 2005.

38. DOMIN, Hilde. *Das zweite Paradies: Roman in Segmenten*. München: Piper, 1968. p. 73. Disponível em castelhano: DOMIN, Hilde. *El segundo paraíso*. Madrid: Casus-Belli,

2012. Em carta de 20 de janeiro de 1960, Domin comunica a Arendt que nessa novela usou suas palavras, citadas de memória.

39. ARENDT, Hannah. *Men in Dark Times*, p. ix.

40. KNOTT, Marie Luise. *Desaprender: caminos del pensamiento de Hannah Arendt*. p. 80; ARENDT, Hannah; JASPERS, Karl. *Briefwechsel 1926-1969*. München: Piper, 1985. Carta de 28 de janeiro de 1949, §84.

41. É o nome que recebem os trabalhos reunidos em seu livro ARENDT, Hannah. *Between Past and Future*.

42. Kohn publicou as seguintes compilações de textos de Arendt: ARENDT, Hannah. *Essays in understanding: 1930-1954*. Edição de Jerome Kohn. New York: Schocken Books, 1993; ARENDT, Hannah. *Responsibility and judgment*. Edição de Jerome Kohn. New York: Schocken Books, 2003. Em português: ARENDT, Hannah. *Responsabilidade e julgamento*. São Paulo: Companhia das Letras, 2004. ARENDT, Hannah. *The Promise of Politics*. Edição de Jerome Kohn. New York: Schocken Books, 2005; ARENDT, Hannah. *The Jewish Writings*, 2007; ARENDT, Hannah. *Thinking Without a Bannister: essays in understanding 1953-1975*. KOHN, Jerome (ed.). New York: Schocken Books, 2021.

43. ARENDT, Hannah. What is Existenz Philosophy? *Partisan Review*, v. 13, n. 1, 1946. p. 34-56. Em castelhano: ARENDT, Hannah. *¿Qué es la filosofía de la existencia?* Madrid: Biblioteca Nueva, 2018.

Ver também: GRUNENBERG, Antonia. *Hannah Arendt et Martin Heidegger*. Paris: Payot, 2012. p. 294.

44. ARENDT, Hannah. *Kritische Gesamtausgabe*. Disponível em: www.arendteditionprojekt.de/projekt/index.html. Acesso em: 9 mar. 2025. Disponível em: https://hannah-arendt-edition.net/home. Acesso em: 9 mar. 2025. Os três primeiros volumes, dos dezessete previstos, já foram publicados: ARENDT, Hannah. *The modern challenge to tradition: Fragmente eines Buchs*. Edição de Barbara Hahn e James McFarland. Göttingen: Wallstein Verlag, 2018 (Kritische Gesamtausgabe, v. VI); ARENDT, Hannah. *Sechs Essays*. Edição de Barbara Hahn. Göttingen: Wallstein Verlag, 2019 (Kritische Gesamtausgabe, v. III) ;ARENDT, Hannah. *Rahel Varnhagen. Lebensgeschichte einer deutschen Jüdin / The life of a Jewish woman*. Edição de Barbara Hahn, Johanna Egge e Friederike Wein. Göttingen: Wallstein Verlag, 2021.

45. "Antes, dizíamos uns aos outros: bem, temos inimigos. É algo muito natural. Por que um povo não haveria de ter inimigos? Mas isso era diferente. Foi realmente como se um abismo se abrisse", ARENDT, Hannah. Was bleibt? Es bleibt die Muttersprache. p. 24.

46. Ver PALMIER, Jean-Michel. *Weimar en exil: le destin de l'émigration intellectuelle allemande antinazie en Europe et aux États-Unis.* Paris: Payot, 1990. p. 61, 139 e seg.

47. Kurt Blumenfeld, secretário executivo e principal porta-voz da Federação Sionista da Alemanha (ZVfD) desde 1909, foi quem introduziu Arendt na renovação da consciência judaica que os sionistas haviam iniciado. Suas críticas à assimilação e à filantropia, juntamente com as advertências diante do perigo que os preconceitos que os judeus alemães enfrentavam pudessem se repetir em uma futura sociedade judaica, influenciaram o pensamento de Arendt. Ver: ARENDT, Hannah; BLUMENFELD, Kurt. "… in keinem Besitz verwurzelt." In: *Die Korrespondenz.* Edição de Ingeborg Nordmann e Iris Pillinf. Hamburg: Rotbuch Verlag, 1995.

48. ARENDT, Hannah. Was bleibt? Es bleibt die Muttersprache. p. 20-21.

49. ARENDT, Hannah. Personal Responsibility under Dictatorship. *The Listener*, n. 6, 1964; ARENDT, Hannah. *Responsibility and judgment.* Edição de Jerome Kohn. New York: Schocken Books, 2003. p. 24.

50. Ver: PALMA, Massimo. *Foto di gruppo con servo e signore: mitologie hegeliane in Koyré, Strauss, Kojève, Bataille, Weil, Queneau.* Roma: Lit Edizioni, 2017. E, para uma lista dos que assistiram aos seminários: AUFFRET, Dominique. *Alexandre Kojève: la philosophie, l'État, la fin de l'histoire.* Paris: Grasset, 1990. p. 328-329.

51. Arendt já conhecia Benjamin, que era primo de seu primeiro marido, Gunther Stern. Disponível em: http://stabi02.unblog.fr/2009/05/17/hannah-arendt-walter-benjamin-une-rencontre-insolite/. Acesso em: 9 mar. 2025.

52. Disponível em: http://campgurs.com. Acesso em: 9 mar. 2025.

53. Organização fundada em 1949 encarregada de restituir os bens culturais, expropriados dos judeus durante a guerra, aos seus antigos proprietários ou a instituições judaicas, em particular à Universidade Hebreia de Jerusalém. Scholem e Arendt ocuparam postos centrais na organização; na correspondência que mantiveram entre 1949 e 1951 encontramos referências ao trabalho que realizavam ali (ARENDT, Hannah; SCHOLEM, Gershom. *Der Briefwechsel 1939-1964*).

54. Discurso proferido em Copenhage em 1975 por ocasião da concessão do prêmio Sonning (existe tradução para o catalão com o título "El gran joc del món" na revista *Saber*, n. 13, 1987). Ver a Seção 5.

55. ARENDT, Hannah. *Sechs Essays*. Heidelberg: Schneider, 1948. p. 5-6. Disponível em castelhano: ARENDT, Hannah. *Ensayos de comprensión, 1930-1954*. Madrid: Caparrós Editor. Ver também: HAHN, Barbara. *The Jewess Pallas Athena: this too a theory of modernity*. Princeton, NJ: Princeton University Press, 2005.

56. Em edições posteriores desta obra, Jaspers muda esse título para *Max Weber: Político-Cientista-Filósofo*. Sobre o distanciamento da figura de Max Weber, veja VILLACAÑAS, José Luís. *La Cuestión del Espíritu: Weber en Arendt*. In: *Filosofía, historia y política en Agnes Heller y Hannah Arendt*. GARCÍA GÓMEZ-HERAS, María José; MARTÍNEZ CARRASCO, Cristina (org.). Murcia: Universidad de Murcia, 2015, e a monografia de SÁNCHEZ MADRID, Nuria. *Hannah Arendt: La filosofía frente al mal*. Madrid: Alianza, 2021.

57. ARENDT, Hannah; JASPERS, Karl. *Briefwechsel 1926-1969*. München: Piper, 1985. Carta nº 22 (1º de janeiro de 1933).

58. ARENDT, Hannah. Was bleibt? Es bleibt die Muttersprache. p. 27-28.

59. Ibid., p. 21.

60. LEIBOVICI, Martine. Honorer l'amitié. Prefácio a: ARENDT, Hannah; BLUMENFELD, Kurt. *Correspondance 1933-1963*. Paris: Desclée de Brouwer, 2012. p. 17.

61. DOHM, Christian Wilhelm. Über *die bürgerliche Verbesserung der Juden*, 1781. Arendt situa a origem desse processo na publicação em 1781 desse livro do jurista e historiador iluminista Christian Wilhem Dohm.

62. LEIBOVICI, Martine. *Hannah Arendt, une Juive: expérience politique et histoire*. Paris: Desclée de Brouwer, 1998. p. 373. Ver também os artigos que Arendt escreveu nos anos 1940 na revista *Aufbau*, assim como todas as discussões e conferências que foram preservadas das sessões de Die Jungjüdische Gruppe, um grupo organizado por Arendt e pelo sociólogo Joseph Maier (há uma tradução para o catalão de ARENDT, Hannah. Participar del món. Escrits 1941-1945), e o polêmico artigo de 1945, "Zionism Reconsidered", publicado no *Menorah Journal* (ARENDT, Hannah. *Jewish writings*, 2007).

63. Ensaio que continuou inédito até a sua publicação póstuma (ARENDT, Hannah. *Jewish writings*, 2007). Malgrado seu título ser idêntico ao da primeira parte de *As origens do totalitarismo*, há notáveis diferenças entre ambos.

64. Hannah Arendt, *Rahel Varnhagen. The Life of a Jewish Woman*. Nova York: Harcourt Brace Jovanovich, 1974, p. xvii. Disponível em castelhano: *Rahel Varnhagen. Vida de una mujer judía*. Barcelona: Herder, 2000.

65. ARENDT, Hannah. Concern Politics in Recent European Philosophical Thought. Conferência proferida em 1954. Disponível em: ARENDT, Hannah. *Essays in Understanding, 1930-1954*. Edição de Jerome Kohn. New York: Harcourt, Brace & Company, 1994. p. 444.

66. ARENDT, Hannah. Understanding and Politics. *Partisan Review*, v. 20, n. 4, 1954. Disponível em português: ARENDT, Hannah. Compreensão e Política. *Entre o passado e o futuro*. São Paulo: Perspectiva, 2022.

67. Em contraste com a consideração característica do pensamento político ocidental segundo a qual o princípio democrático nos ajuda a encontrar defesa contra a ameaça, cabe observar que o totalitarismo nazista se afirmou a partir de vias legais e sobre o fundo de uma constituição democrática – a da República de Weimar – que não precisou abolir. Em contrapartida, o bolchevismo nasceu de uma revolução que queria a realização de uma "democracia real".

68. COLLIN, Françoise. *L'homme est-il devenu superflu?* Paris: Odile Jacob, 1999. p. 11.

69. ARENDT, Hannah. Prólogo à primeira edição norte-americana de *The Origins of Totalitarianism*.

70. ARENDT, Hannah. *The Origins of Totalitarianism*. p. 12.

71. ARENDT, Hannah. *Denktagebuch, 1950 bis 1973*. Caderno XIV, §17, março de 1953.

72. ARENDT, Hannah. A Reply. *The Review of Politics*, v. 15, n. 1, 1953. Atualmente em: ARENDT, Hannah. *Essays in Understanding: 1930-1954*. p. 402.

73. O procedimento do historicismo é aditivo, afirma Benjamin: "Desdobra a massa dos fatos para preencher o tempo homogêneo e vazio. A historiografia materialista, ao contrário, baseia-se em um princípio construtivo. O ato de pensar não consiste apenas no movimento dos pensamentos, mas também na sua imobilização. Quando o pensamento se detém de repente em uma constelação saturada de tensões, produz nela um choque que a cristaliza numa mônada". BENJAMIN, Walter. *Sobre el concepte d'història*.

Barcelona: Flâneur, 2019. Tese XVII; KANT, Immanuel. *Crítica de la facultat de jutjar.* Barcelona: Edicions 62, 2004. §58. No importante livro de DISCH, Lisa. *Hannah Arendt and the Limits of Philosophy.* New York: Cornell University Press, 1994. p. 147-148. Nova York: Cornell University Press, 1994, p. 147-148, sublinha a importância da terceira crítica kantiana nesse ponto.

74. LEIBOVICI, Martine. *Hannah Arendt, une Juive: expérience politique et histoire.* Paris: Desclée de Brouwer, 1998. p. 137.

2. O totalitarismo, um fenômeno sem precedentes

1. ARENDT, Hannah. Nightmare and Flight. *Essays in Understanding: 1930-1954.* p. 133-135.

2. FORTI, Simona. *Il totalitarismo.* Roma-Bari: Laterza, 2001.

3. BERNSTEIN, Richard. *Radical evil: a philosophical interrogation.* Cambridge: Polity Press, 2002.

4. ARENDT, Hannah. *The Origins of Totalitarianism.* p. 448. Ver também o artigo de 1945 em ARENDT, Hannah. Organized Guilt and Universal Responsibility. In: *Essays in Understanding: 1930-1954.* p. 128.

5. ARENDT, Hannah. The Image of Hell. In: *Essays in Understanding: 1930-1954.* p. 199.

6. ARENDT, Hannah. *The Human Condition.* p. 267. Ver também: GÓMEZ RAMOS, Antonio; SÁNCHEZ MUÑOZ, Cristina (eds.). *Confrontando el mal: ensayos sobre violencia, memoria y democracia.* Madrid: Plaza y Valdés, 2017.

7. Cabe lembrar – ver nota 32, na p.162 deste volume – que as diversas edições desta obra, concluída em 1949 e publicada pela primeira vez em 1951, contêm acréscimos e supressões significativos. Para uma análise minuciosa das diferenças entre as primeiras redações e edições e as seguintes, ver o artigo de TSAO, Roy T. The Three Phases of Arendt's Theory of Totalitarianism. *Social Research*, v. 69, n. 2, 2002, em que são detalhadas as mudanças na concepção arendtiana do totalitarismo, especialmente com relação ao seu vínculo como o imperialismo.

8. BAEHR, Peter. *Hannah Arendt, totalitarianism, and the social sciences.* Stanford: Stanford University Press, 2010. p. 4. Mesmo assim, Arendt às vezes deixa entender que no período do imperialismo colonial e no surgimento das massas na modernidade é possível

ler algumas raízes do totalitarismo, embora não queira mostrar nenhuma continuidade clara entre estas e a emergência dos regimes totalitários.

9. BENHABIB, Seyla. *The Reluctant Modernism of Hannah Arendt.* Thousand Oaks, CA: Sage, 1996. p. 20.

10. ARENDT, Hannah. *Rahel Varnhagen: the life of a Jewish woman.* Ver o capítulo 12, "Entre pária e assimilada. 1815-1819"; NIXON, Jon. *Hannah Arendt and the politics of friendship.* London; New York: Bloomsbury, 2015. p. 55 e seg.

11. ARENDT, Hannah. *Rahel Varnhagen. The Life of a Jewish Woman.* p. 58.

12. Ver ARENDT, Hannah. *The Origins of Totalitarianism.* p. 181.

13. Sobre o tratamento arendtiano do antissemitismo, ver TRAVERSO, Enzo. *El totalitarisme: història d'un debat*; LEIBOVICI, Martine. *Hannah Arendt, une Juive: expérience politique et histoire*; BERNSTEIN, Richard. *Hannah Arendt and the Jewish question.* Cambridge: Polity Press, 1996.

14. ARENDT, Hannah. Carta a Waldemar Gurian, 27 de março de 1942. Citada em: GRUNENBERG, Antonia. *Hannah Arendt und Martin Heidegger.* München: Piper, 2006. p. 258.

15. Sobre essa valoração do povo judeu como um povo apolítico, ver uma detalhada análise das observações que Arendt faz em torno dessa questão em: LEIBOVICI, Martine. *Hannah Arendt et la tradition juive: le judaïsme à l'épreuve de la sécularisation.* Genève: Labor et Fides, 2003.

16. ARENDT, Hannah. *The Origins of Totalitarianism.* p. 17.

17. TOPOLSKI, Anya. *Arendt, Levinas and a politics of relationality.* London; New York: Rowman & Littlefield, 2015. p. 191.

18. ARENDT, Hannah. *The Origins of Totalitarianism.* p.12-13.

19. Ver o artigo que mencionei de Roy T. Tsao para as variações em *As origens do totalitarismo* do tratamento do vínculo do antissemitismo com o racismo no período do imperialismo e no dos regimes totalitários.

20. ARENDT, Hannah. *Eichmann in Jerusalem: A Report on the Banality of Evil.* New York: Viking Press, 1963. p. 267. Disponível em português: ARENDT, Hannah. *Eichmann em Jerusalém: um relato sobre a banalidade do mal.* Tradução de José Rubens Siqueira. São Paulo: Companhia das Letras, 1999.

21. ARENDT, Hannah. *The origins of Totalitarianism*. p. 180. Arendt cita CARTHILL, Al. *The lost dominion*. Edinburgh; London: William Blackwood & Sons, 1924. p. 41-42, 93, onde encontra a expressão "massacres administrativos".

22. Ibid., p. 181.

23. Ibid., p. 185.

24. Ibid., p. 178.

25. Ibid., p. 185.

26. Ibid., p. 186.

27. Ibid., prólogo à segunda parte, p. 164.

28. MAY, Derwent. *Hannah Arendt*. New York: Penguin, 1986. p. 64.

29. Apesar de suas críticas ao nacionalismo, Arendt reconhece legitimidade no sentimento nacional: basta ver seu tratamento das "minorias apátridas", povos sem Estado, surgidos dos diversos tratados de paz e da dissolução dos impérios otomano e austro-húngaro (*The Origins of Totalitarianism*, p. 289 e seg.).

30. LEVET, Bérénice. *Le musée imaginaire d'Hannah Arendt*. Paris: Stock, 2011. p. 214.

31. Quando o imperialismo penetrou na cena política, no final do século XIX, parecia ser a cura para todos os males e produziu um falso sentimento de segurança "que enganou a todos, menos os homens mais sensíveis. Péguy na França e Chesterton na Inglaterra souberam instintivamente que viviam em um mundo de ficções vazias e que a maior ficção de todas era a sua estabilidade". *The Origins of Totalitarianism*, p. 196.

32. Com o termo *mob*, Arendt não se refere ao "povo" da tradição política francesa, nem à "classe proletária" da tradição marxista, e sim à massa atomizada, amorfa e reunida como fruto do processo da modernidade. A turba é a massa desenraizada "composta pelos descartes de todas as classes", que se tornará um dos pilares dos regimes totalitários. Sobre esse conceito, ver CEDRONIO, Marina. *La democrazia in pericolo: politica e storia nel pensiero di Hannah Arendt*. Bologna: Il Mulino, 1994. p. 119 e seg., e PITKIN, Hannah F. *The Attack of the Blob: Hannah Arendt's Concept of the Social*. Chicago: The University of Chicago Press, 1998.

33. ARENDT, Hannah. *The Origins of Totalitarianism*, p. 202.

34. Na segunda parte da obra, Arendt analisa a figura do burocrata e do agente secreto.

35. ARENDT, Hannah. *The Origins of Totalitarianism*, p. 167.

36. VILLA, Dana. Arendt and totalitarianism: Contexts of interpretation. *European Journal of Political Theory*, v. 10, n. 2, 2011. p. 289. Ver p. 31 e seg. deste livro para o tratamento dos elementos que se cristalizaram na emergência dos regimes totalitários.

37. ARENDT, Hannah. Social Science Techniques and the Study of Concentration Camps. *Jewish Social Studies*, v. 12, n. 1, 1950. Disponível em: ARENDT, Hannah. *Essays in Understanding: 1930-1954*. Edição de Jerome Kohn. New York: Harcourt, Brace & Company, 1994. p. 243.

38. De fato, Arendt considera totalitário apenas o período que, na Alemanha, vai de 1938 até o final da guerra e, na Rússia, o dominado por Stálin, de 1930 até meados da década de 1950, portanto; considera que, a partir da morte de Stálin, o regime soviético constituía um tipo de ditadura. No momento em que Arendt escreveu essa obra, as fontes sobre o regime stalinista eram escassas, e por esse motivo ela pensou em um futuro trabalho intitulado "Elementos marxistas do totalitarismo", que não chegou a escrever. Alguns materiais que pretendia incluir foram utilizados em *A condição humana* e em seus textos sobre Marx, escritos por volta de 1953, "Karl Marx and the Tradition of Political Thought" e "Karl Marx and the Tradition of Western Political Thought". Posteriormente, em abril de 1972, Hannah Arendt fez uma intervenção no Columbia University's Seminar on Communism com o título "Stalinism in Retrospect", na qual se referia ao surgimento de importantes novos livros de autores russos: Roy Medvedev, *Que a história julgue*; Nadejda Mandelstam, *Contra toda esperança*; e Aleksandr Solzhenitsyn, *O primeiro círculo*. Ver Stalinism in Retrospect: Hannah Arendt. In: *History and Theory*. BAEHR, Peter (ed.). n. 54, 2015. p. 353-366.

39. ARENDT, Hannah; JASPERS, Karl. *Briefwechsel 1926-1969*, carta 76 de 19 de novembro de 1949.

40. ARENDT, Hannah. A Reply. In: *Essays in Understanding: 1930-1954*, p. 402 e seg.

41. ARENDT, Hannah. On the Nature of Totalitarianism: An Essay in Understanding. In: *Essays in Understanding: 1930-1954*, p. 339.

42. ARENDT, Hannah. A Reply. In: *Essays in Understanding: 1930-1954*, p. 402.

43. "Imperialism" (provavelmente, 1946), em *Outlines and Research Memoranda* (Box 69), citado por CANOVAN, Margaret. *Hannah Arendt: a reinterpretation of her political thought*. Cambridge: Cambridge University Press, 1992. p. 29.

44. Lembremos que a edição alemã tem como título *Elemente und Ursprünge totaler Herrschaft*.

45. ARENDT, Hannah. The Nature of Totalitarianism. Conferência proferida em 1954. Citado em: YOUNG-BRUEHL, Elisabeth. *Hannah Arendt: for the love of the world*. p.203.

46. ARENDT, Hannah. *The Life of the Mind*, p. 138.

47. ARENDT, Hannah. *The Origins of Totalitarianism*, p. 591.

48. Ibid., p. 595.

49. Sobre a ambivalente e necessária alteridade da justiça em relação ao direito, ver também DERRIDA, Jacques. *Force de loi: le "fondement mystique de l'autorité"*. Paris: Galilée, 1994.

50. O fenômeno totalitário está ligado à abolição da brecha entre a legalidade positiva e as normas da justiça.

51. CÍCERO. *República*. Livro I, 25-39.

52. ARENDT, Hannah. *The Origins of Totalitarianism*, p. 597. Em seu artigo "Imperialismo totalitário. Reflexões sobre a revolução húngara" – publicado originalmente em *Journal of Politics*, XX/I, em 1958, e acrescentado como capítulo 14 e epílogo da segunda edição norte-americana de *The Origins of Totalitarianism* –, Arendt escreve, ao comentar os problemas da sucessão após a morte de Stálin: "Do ponto de vista totalitário, a regulação vinculante da sucessão introduziria um elemento de estabilidade estranho e até contrário às necessidades do 'movimento' e à sua extrema flexibilidade. No caso de ter existido uma tal lei de sucessão, teria sido a única lei estável e inalterável em toda a estrutura, e com isso possivelmente um primeiro passo em direção a algum tipo de legalidade". ARENDT, Hannah. *The Origins of Totalitarianism*. Cleveland e Nova York: Meridian Books, 1962, p. 483.

53. ARENDT, Hannah. On the Nature of Totalitarianism: An Essay in Understanding. In: *Essays in Understanding: 1930-1954*, p. 341.

54. ARENDT, Hannah. Mankind and Terror. In: *Essays in Understanding: 1930-1954*, p. 299.

55. ARENDT, Hannah. T*he Origins of Totalitarianism*. Nova York, Schocken Books, 2004, p. 603.

56. "Os campos de concentração são os laboratórios onde são ensaiadas as mudanças na natureza humana" (Ibid., p. 591).

57. LEIBOVICI, Martine; ROVIELLO, Anne-Marie. *Le pervertissement totalitaire: la banalité du mal selon Hannah Arendt*. Paris: Kimé, 2017, destacam que, quando Arendt teve Eichmann diante dela, viu nele o desinteresse, a abnegação (*selflessness*) que havia identificado em *As origens do totalitarismo* como um dos traços que caracterizam o membro ideal de um regime totalitário. Retomarei esse ponto na Seção 5.

58. "O argumento mais persuasivo nesse aspecto, um argumento do qual tanto Hitler quanto Stálin se sentiam muito orgulhosos, é: 'Você não pode dizer A sem dizer B e C e et cétera', até chegar ao final do alfabeto homicida... (Nas palavras de Trótski: 'Podemos ter razão com o partido e pelo partido, porque a História não proporcionou nenhum outro caminho para ter razão')", em ARENDT, Hannah. *The Origins of Totalitarianism*. p. 609.

59. COLLIN, Françoise. *L'homme est-il devenu superflu?*. p. 51; ENZENSBERGER, Hans Magnus. *Hammerstein y el tesón*. Barcelona: Anagrama, 2011 (agradeço a Manolo Laguillo, que me levou a conhecer esse livro).

60. ARENDT, Hannah. *The Origins of Totalitarianism*. p. 599.

61. ARENDT, Hannah. Ideology and Terror: A Novel Form of Government. *The Review of Politics*, v. 15, n. 3, jul. 1953, e, posteriormente, incorporado em *The Origins of Totalitarianism* na sua edição de 1958 e de 1967 (em substituição a "Concluding Remarks").

62. ARENDT, Hannah. Social Science Techniques and the Study of Concentration Camps. In: *Essays in Understanding: 1930-1954*. p. 233.

63. ARENDT, Hannah. *The Origins of Totalitarianism*. p. 600.

64. Ibid., p. 611-612.

65. Arendt fala de "isolamento" (*isolation*) como resultado da destruição da esfera pública, por exemplo, nos regimes tirânicos, e de "solidão" (*loneliness*) para se referir à privação da companhia humana e também da própria companhia, no sentido de estar privado da experiência humana da realidade, de comunidade e consolo, no caso do totalitarismo.

66. ARENDT, Hannah. Social Science Techniques and the Study of Concentration Camps. In: *Essays in Understanding: 1930-1954*. p. 240.

67. Algumas das reflexões de Arendt em torno da distinção entre *zoe* e *bios* ou sobre a maneira como os regimes totalitários convertem os seres humanos em supérfluos, em mero material orgânico, são anteriores às de Foucault sobre a biopolítica e encontram certa continuidade na obra de Agamben.

68. Arendt dedica seções especiais à análise desse passo em dois casos. O primeiro, intitulado "Entre o vício e o delito" (ARENDT, Hannah. *The Origins of Totalitarianism*. p. 105 e seg.), mostra a transformação importante que pressupõe passar de considerar que determinadas condutas são delitivas a entendê-las como viciosas. Nessa mesma seção analisa Marcel Proust, uma figura comprometida com dois "vícios", ser judeu e homossexual. Longe dos discursos bem-intencionados, destaca que, a partir do momento em que a perversidade humana deixa de ser um ato da vontade para se converter em uma qualidade inerente e psicológica que o sujeito não é capaz de rejeitar ou escolher, que o governa tão coativamente como uma droga faz com um viciado, todos resultam finalmente suspeitos de algum tipo de predestinação especial. Escreve: "O castigo é o direito do delinquente", um direito do qual se vê privado se "os juízes decidem, e estão dispostos a perdoar o homicídio nos invertidos e a traição nos judeus por razões derivadas de [...] a predestinação racial". A outra seção, dedicada à anulação do indivíduo como sujeito de direito, é intitulada "As perplexidades dos Direitos do Homem" (Ibid., p. 369 e seg.). Nesta última, ao fazer referência aos apátridas e refugiados, Arendt afirma que é muito "mais difícil destruir a personalidade legal de um delinquente [...] que daquele a quem negaram todas as responsabilidades humanas comuns" (Ibid., p. 381).

69. Ibid., p. 571.

70. Arendt alerta para os perigos da inocência absoluta no século XX. Na sua resposta a uma apresentação de 1968 de Joel Feinberg sobre a responsabilidade coletiva, escreve: "Sim, é certo que o século XX criou uma categoria de pessoas que foram autênticos párias, que não pertenciam a nenhuma comunidade internacionalmente reconhecida, fosse qual fosse: os refugiados e as pessoas sem estado, que certamente não podiam ser consideradas politicamente responsáveis por nada. Em termos políticos, sem levar em conta o caráter grupal ou individual, são absolutamente inocentes. É precisamente essa inocência absoluta que os condena a uma posição, para dizê-lo de alguma maneira, extrínseca à Humanidade como um todo" (ARENDT, Hannah. Collective Responsibility. In: *Responsibility and Judgment*. p. 150).

71. FORTI, Simona. *Il totalitarismo*.

72. GRUNENBERG, Antonia. Totalitarian Lies and Post-Totalitarian Guilt: The Question of Ethics in Democratic Politics. *Social Research*, v. 69, n. 2, 2002. p. 362.

73. Arendt se refere polemicamente aqui às palavras de Georges Bataille relativas à compreensão dos métodos do stalinismo – "il me semble superficiel de *s'attarder longtemps à l'horreur*" – na sua resenha de um livro de Viktor Andreevich Kravchenko, publicada em 1948 na revista *Critique*.

74. ARENDT, Hannah. *The Origins of Totalitarianism*. p. 569.

75. CANOVAN, Margaret. Hannah Arendt como pensadora conservadora. In: *Hannah Arendt. El orgullo de pensar*. [Edição de Fina Birulés]. Barcelona: Gedisa, p. 52.

76. BIRMINGHAM, Peg. An Interview with Peg Birmingham. *Filosofisk Supplement*, 2021.

77. ARENDT, Hannah. *Denktagebuch, 1950 bis 1973*. Caderno IV, §1, maio de 1951. Margaret Canovan afirma que Arendt "ampliou" o mundo com uma palavra: pluralidade (ANOVAN, Margaret. *Hannah Arendt: a reinterpretation of her political thought*. Cambridge: Cambridge University Press, 1992. p. 281).

78. ARENDT, Hannah. Discurso pronunciado em Hamburgo em 1959 por ocasião do recebimento do Prêmio Lessing. Ver Seção 3.

79. ARENDT, Hannah. Zueignung an Karl Jaspers. In: *Sechs Essays*. Heidelberg: Schneider, 1948. p. 8.

3. Em torno do mundo

1. ARENDT, Hannah. *Denktagebuch, 1950 bis 1973*. Caderno XXI, §84, janeiro de 1956.

2. ARENDT, Hannah. *The Human Condition*. p. 5 e 11.

3. ARENDT, Hannah. *The Human Condition*. p. 52. Para falar desse espaço *entre*, Arendt em inglês utiliza *in-between*; en alemão, *Zwischenraum*, e em latim, *inter-esse* ou *inter homines esse*.

4. Na realidade, Arendt não emprega a expressão "singularizar-se". A respeito desse ponto, ver TASSIN, Étienne. *Un monde commun: pour une cosmo-politique des conflits*. Paris: Seuil, 2003. p. 124 e seg.; e De la subjetivación política. Althusser/Rancière/Foucault/Arendt/Deleuze. *Revista de Estudios Sociales*, n. 43, 2012.

5. FUSTER, À. Lorena. Hannah Arendt sobre les aparences: "una espècie de fenomenòloga". p. 194.

6. ARENDT, Hannah. *Was ist Politik? Fragmente aus dem Nachlass*. Edição de Ursula Ludz. Zürich; München: Piper, 1993. p. 11. Parcialmente disponível em português: ARENDT, Hannah. *O que é política* Bertrand Brasil, 1998. O grifo é da autora.

7. ARENDT, Hannah. *Denktagebuch, 1950 bis 1973*. Caderno XX, §40, outubro de 1954.

8. ZERILLI, Linda. *Feminism and the abyss of freedom*. Chicago: University of Chicago Press, 2005. Disponível em castelhano: ZERILLI, Linda. *El feminismo y el abismo de la libertad*. Buenos Aires: Fondo de Cultura Económica, 2008.

9. ESPOSITO, Roberto. *Communitas: origen y destino de la comunidad*. Buenos Aires: Amorrortu, 2003. p. 137 e seg.

10. Quanto a esse ponto, ver as interessantes páginas de: LEIBOVICI, Martine. *Hannah Arendt, une Juive: expérience politique et histoire*. Paris: Desclée de Brouwer, 1998. p. 72 e seg.

11. ZERILLI, Linda. *Feminism and the abyss of freedom*. Chicago: University of Chicago Press, 2005. p. 22.

12. ARENDT, Hannah. On Humanity in Dark Times: Thoughts about Lessing. In: *Men in Dark Times*. New York: Harcourt, Brace & World, 1968. p. 4. Publicado originalmente em alemão: ARENDT, Hannah. *Von der Menschlichkeit in finsteren Zeiten: Rede über Lessing*. München: Piper, 1960. Previamente Arendt havia se ocupado de Lessing, por exemplo, no artigo de 1932 "O Iluminismo e a questão judaica" (ARENDT, Hannah. *Jewish writings, 2007*) ou em ARENDT, Hannah. *Rahel Varnhagen: the life of a Jewish woman*. New York: Harcourt Brace Jovanovich, 1974. p. xvii, embora fazendo outra interpretação do escritor iluminista alemão.

13. ARENDT, Hannah. On Humanity in Dark Times: Thoughts about Lessing. p. 5.

14. Ibid., p. 9. Para uma comparação dessa combinação de retirada e não de retração e o que Arendt caracteriza como a força diagonal do pensamento, ver DIDI-HUBERMAN, Georges. *Survivance des lucioles*. Paris: Minuit, 2009. Disponível em castelhano: DIDI-HUBERMAN, Georges. *Supervivencia de las luciérnagas*. Madrid: Abada, 2012. p. 118 e seg. Em português: DIDI-HUBERMAN, Georges. *Sobrevivência dos vaga-lumes*. Minhas Gerais: UFMG, 2011.

15. ARENDT, Hannah. On Humanity in Dark Times: Thoughts about Lessing. p. 8.

16. Ibid., p. 30.

17. Ibid, p. 10.

18. ARENDT, Hannah. Preface. In: *Men in Dark Times*, p. viii.

19. DIDI-HUBERMAN, Georges. *Supervivencia de las luciérnagas*. p. 120. Ver também LAURENZI, Elena. Punti luminosi per guardare avanti. In: FORCINA, Marisa (ed.). *Un punto fermo per andare avanti: saperi, relazioni, lavoro e politica*. Lecce: Milella, 2015. p. 117 e seg.

20. Deveríamos dizer que a aposta de Didi-Huberman na sobrevivência dos vaga-lumes, como veremos nas próximas páginas, não se distancia muito da confiança arendtiana na natalidade ("Cada novo nascimento é como uma garantia da salvação no mundo, é como uma promessa de redenção para aqueles que já não são um começo", ARENDT, Hannah. *Denktagebuch, 1950 bis 1973*. Caderno IX, §12, maio de 1952, depois de ter assistido a uma interpretação do *Messias* de Händel), nem do lugar que ela concede à imaginação na sua obra, tanto no que se refere ao julgamento quanto à compreensão, nem ao que nomeia como seu *old-fashioned storytelling* (ARENDT, Hannah. Action and the Pursuit of Happiness. In: ARENDT, Hannah; DEMPF, Alois; ENGEL-JONOSI, Friedrich (eds.). *Politische Ordnung und menschliche Existenz: Festgabe für Erich Voegelin*. München: Beck, 1962. p. 10. Disponível em castelhano: ARENDT, Hannah. Action and the Pursuit of Happiness. In: *Pensar sin asideros*, v. I. Barcelona: Página Indómita, 2019. p. 307-330). Arendt não define de maneira clara o termo *storytelling*, por isso há diversas interpretações, por exemplo, YOUNG-BRUEHL, Elisabeth. Hannah Arendt's Storytelling. *Social Research*, v. 44, n. 1, 1977, ou BENHABIB, Seyla. *The Reluctant Modernism of Hannah Arendt*.

21. CANOVAN, Margaret. Friendship, Truth and Politics: Hannah Arendt and Toleration. In: MENDUS, Susan (ed.). *Justifying Toleration: Conceptual and Historical Perspectives*. Cambridge: Cambridge University Press, 1988. p. 180. Ver também CURTIUS, Kimberley. *Our sense of the real: aesthetic experience and Arendtian politics*. Ithaca, NY: Cornell University Press, 1999. p. 7 e seg.

22. A palavra reconhecimento (*recognition*) é um termo empregado em inglês para traduzir o que Aristóteles, em sua *Poética*, denomina *anagnòrisi*, "uma mudança da ignorância para o conhecimento" (*Poética*, 1452a). "Recognition (as *anagnorisis*) is a creative shock, where an element from the past jolts consciousness out of joint and thereby helps in the creation of novelty". GEOGHEGAN, Vincent. *Ernst Bloch*. New York; London: Routledge. p. 37. O reconhecimento que Arendt parece ter em mente é um processo

por meio do qual um agente, cuja ação já concluiu, ouve ou se torna espectador de relatos e experimenta, na imaginação, o sofrimento das suas ações passadas (PIRRO, Robert. *Hannah Arendt and the Politics of Tragedy.* DeKalb, IL: Northern Illinois University Press, 2001. p. 134 e seg.).

23. ARENDT, Hannah. On Humanity in Dark Times: Thoughts about Lessing. p. 20. Em uma anotação de agosto de 1953, Arendt escreve: "Quando Faulkner compreendeu o significado de *endurance*, introduziu a paixão no romance, que antes não havia tido lugar", ARENDT, Hannah. *Denktagebuch, 1950 bis 1973.* Caderno XVII, §23.

24. Para uma comparação entre o artigo e o discurso proferido, ver Ingeborg Nordmann, "Auf die Freiheit kommt es an", em ARENDT, Hannah. *Rede am 28. September 1959 bei der Entgegennahme des Lessing-Preises der Freien und Hansestadt Hamburg.* Hamburg: Europäische Verlagsanstalt, 1999.

25. DISCH, Lisa. *Hannah Arendt and the Limits of Philosophy.* p. 119.

26. Carta de Arendt a William O'Grady (16 de julho de 1975): "Não confie no narrador, confie naquilo que é narrado", citado por YOUNG-BRUEHL, Elisabeth. *Hannah Arendt.* p. 481.

27. ARENDT, Hannah. On Humanity in Dark Times: Thoughts about Lessing. p. 22.

28. ARENDT, Hannah. Understanding and Politics. p. 391.

29. PROUST, Françoise. Le récitant. In: ABENSOUR, Miguel et al. (eds.). *Ontologie et politique.* Paris: Tierce, 1989. p. 102.

30. Arendt não se detém na interrogação que fizeram a si mesmos poetas como Paul Celan (ver nota 30, na p. 162 deste volume) ou filósofos como Sarah Kofman, que escreve: "Não há relato, já não é possível narrar como se os acontecimentos que romperam a continuidade histórica não tivessem acabado também com aquele tipo de literatura narrativa baseada na clareza, na continuidade, na sedução e no sentido" (*Paroles suffoquées*. Paris: Galilée, 1987, p. 21). De todo modo, embora Arendt pareça identificar o relato com os contos ou com a narração oitocentista, além de outorgar um lugar muito importante a Faulkner, dedicou um longo artigo a Nathalie Sarraute, cuja obra está longe das convenções tradicionais do romance ("ARENDT, Hannah. Review of *Nathalie Sarraute, The Golden Fruits. The New York Review of Books*, 5 mar. 1964. Disponível em castelhano: ARENDT, Hannah. *Más allá de la filosofía: escritos sobre cultura, arte y literatura.* Edição de Fina Birulés e À. Lorena Fuster. Madrid: Trotta, 2014).

31. OTTLIEB, Susannah Young-ah. Introduction. In: ARENDT, Hannah. *Reflections on literature and culture*. Stanford, CA: Stanford University Press, 2007. p. xiii.

32. CANOVAN, Margaret. Introduction. In: ARENDT, Hannah. *The Human Condition*. 2. ed. Chicago: The University of Chicago Press, 1998. p. vii.

33. ARENDT, Hannah. *Denktagebuch, 1950 bis 1973*. Caderno XXI, §75, janeiro de 1956.

34. ARENDT, Hannah. Social Science Techniques and the Study of Concentration Camps. In: *Essays in Understanding: 1930-1954*. Edição de Jerome Kohn. New York: Harcourt, Brace & Company, 1994. p. 232.

35. Para estudos sobre o tratamento arendtiano das ciências sociais, ver ASCHHEIM, Steven. Against Social Science: Jewish Intellectuals, the Critique of Liberal-Bourgeois Modernity, and the (Ambiguous) Legacy of Radical Weimar Theory. In: *In Times of Crisis: Essays on European Culture, Germans, and Jews*. Madison, WI: University of Wisconsin Press, 2001; e BAEHR, Peter. *Hannah Arendt, totalitarianism, and the social sciences*. Stanford, CA: Stanford University Press, 2010.

36. ARENDT, Hannah. A Reply. In: *Essays in Understanding: 1930-1954*. Edição de Jerome Kohn. New York: Harcourt, Brace & Company, 1994. p. 401-408.

37. ARENDT, Hannah. *On violence*. New York: Harcourt, Brace & World, 1970. Em castelhano: ARENDT, Hannah. *Sobre la violència*. Barcelona: Angle, 2011. p. 89.

38. ARENDT, Hannah. A Reply. In: *Essays in Understanding: 1930-1954*. Edição de Jerome Kohn. New York: Harcourt, Brace & Company, 1994. p. 404.

39. Ibid.

40. ARENDT, Hannah. On Humanity in Dark Times: Thoughts about Lessing. p. 6.

41. ARENDT, Hannah. *Denktagebuch, 1950 bis 1973*. Caderno IV, §8, maio de 1951.

42. ARENDT, Hannah. *Hannah Arendt and the Limits of Philosophy*, p. 119.

43. Seria preciso assinalar que "Arendt não se distinguiu por ser uma pensadora da arte", embora "na sua obra encontremos dois ângulos a partir dos quais enfoca a arte: 1) a seção 'A permanência do mundo e a obra de arte' de *A condição humana* e 2) o que tem a ver com a sua releitura da *Crítica da faculdade de julgar*, de Kant", BIRULÉS, Fina; FUSTER, À. Lorena. En la brecha del tiempo. In: ARENDT, Hannah. *Más allá de la filosofía: escritos sobre cultura, arte y literatura*. Edição de Fina Birulés e À. Lorena Fuster. Madrid: Trotta, 2014. p. 18 e seg.

44. KNOTT, Marie Luise. *Desaprender: caminos del pensamiento de Hannah Arendt*. Lisa Disch escreve que o atrativo dos ensaios arendtianos críticos das ciências sociais "repousa não tanto no 'caso' que apresentam contra o positivismo, mas no 'caso' que apresentam em favor do *storytelling*. Arendt é excepcional porque narra histórias sobre Dreyfus e Disraeli, utiliza passagens de Proust e faz alusões a Lawrence da Arábia como apoio às afirmações teóricas que faz em *As origens do totalitarismo*" (*Hannah Arendt and the Limits of Philosophy*, p. 107).

45. Julia Kristeva, *El genio femenino. Hannah Arendt*. Barcelona: Paidós, 2000, p. 105. Carta de Arendt a Anders, julho de 1941: "O poeta não deveria nunca ser interrogado sobre suas ideias". In: ARENDT, Hannah; ANDERS, Günther. *Schreib doch mal 'hard facts' über Dich: Briefe 1939 bis 1975*. Edição de Kerstin Putz. München: C. H. Beck, 2016.

46. FORTI, Simona. *Vita della mente e tempo della polis*. Milano: Franco Angeli, 1996. p. 236.

47. GUARALDO, Olivia. *Politica e racconto: trame arendtiane della modernità*. Roma: Meltemi, 2003. p. 119. Poderíamos caracterizar o acontecimento, seguindo Jacques Taminiaux, como aquilo que, tanto para os indivíduos quanto para as coletividades, emerge de modo singular e imprevisto, aparece no tempo notoriamente e merece ser lembrado como tal, de maneira que pressupõe a reorganização da experiência (TAMINIAUX, Jacques. Acontecimiento, mundo y juicio según Hannah Arendt. In: HILB, Claudia (comp.). *El resplandor de lo público: en torno a Hannah Arendt*. Caracas: Nueva Sociedad, p. 133).

48. WOLIN, Sheldon. Hannah Arendt and the Ordinance of Time. *Social Research*, p. 93.

49. Esse curso teve um antecedente em 1955, com o título "Contemporary Issues", na Universidade de Berkeley, e uma continuação em 1968 na New School for Social Research. Sobre esses cursos, ver: LAFER, Celso. Experiencia, acción y narrativa: reflexiones sobre un curso de Hannah Arendt. *Revista de Occidente*, n. 305, 2006. p. 87, 89.; e HEUER, Wolfgang. La imaginación es el prerrequisito del comprender. *Cadernos de Ética e Filosofia Política*, n. 7, Departamento de Filosofia da Universidade de São Paulo, 2005.

50. ARENDT, Hannah. Understanding and Politics, p. 392. Em uma carta que Didi-Huberman escreveu a László Nemes, diretor do filme *O filho de Saül*, podemos ler: "É muito mais difícil representar um inferno que existiu do que um inferno imaginário" (*Sortir du noir*. Paris: Minuit, 2015).

51. ARENDT, Hannah. Isak Dinesen 1885-1963. In: *Men in Dark Times*, p. 97.

52. Sobre a imaginação no pensamento de Arendt, ver À. Lorena Fuster. "Arendt i la imaginació", *Taula, quaderns de pensament*, n. 43, 2011, p. 59 e seg.; e "La imaginación: un actor secundario bastante desatendido", em Ángel Prior e Ángel Rivero (eds.), *Filosofía, Historia y Política en* Ágnes *Heller y Hannah Arendt*. Múrcia: Universidade de Múrcia, 2015.

53. ARENDT, Hannah. Understanding and Politics, p. 392.

54. Para Kant, julgar consiste em subsumir o particular no universal. Essa subsunção tem duas possibilidades: se o universal vem dado e o que é preciso buscar é o particular, nos encontraremos diante da modalidade determinante; se, ao contrário, o dado é o particular e o que precisamos encontrar é o universal, estaremos diante da modalidade reflexionante; no seu caráter *reflexionante*, o julgamento precisa levar em conta os acontecimentos sempre singulares sem nenhum universal dado. É um julgar sem critérios estabelecidos e tem muito mais a ver com a capacidade de diferenciar do que com a capacidade de ordenar e subsumir; portanto, nesse contexto, os julgamentos nunca têm caráter conclusivo e nunca obrigam a assentir por meio de nenhuma conclusão logicamente irrefutável.

55. KANT, Immanuel. *Crítica de la facultat de jutjar.* Barcelona: Edicions 62, 2005. §41, §40.

56. ARENDT, Hannah. *Lectures on Kant's Political Philosophy.* Edição de Ronald Beiner. Chicago: University of Chicago Press, 1992. p. 43. Disponível em castelhano: ARENDT, Hannah. *Conferencias sobre la filosofía política de Kant.* Barcelona: Paidós, 2012.

57. ARENDT, Hannah. Truth and Politics. In: *Between Past and Future: Eight Exercises in Political Thought.* New York: Viking Press, 1967. p. 241. Disponível em castelhano: ARENDT, Hannah. *La crisi de la cultura.* Barcelona: Pòrtic, 1969. p. 74.

58. Ibid.

59. ARENDT, Hannah; JASPERS, Karl. Carta de Arendt a Karl Jaspers, 29 de agosto de 1957. In: *Briefwechsel 1926-1969.* München: Piper, 1985. Carta nº 209.

60. ARENDT, Hannah. On Humanity in Dark Times: Thoughts about Lessing. p. 29.

61. COLLIN, Françoise. *Praxis de la diferencia.* Barcelona: Icaria, 2006. p. 158-159.

62. Em novembro de 1969 Arendt escreve: "Interpretar e citar, apenas para ter testemunhos e também para ter amigos" (ARENDT, Hannah. *Denktagebuch, 1950 bis 1973.* Caderno XXVII, §7, novembro de 1969).

63. Bérénice Levet. *Le Musée imaginaire d'Hannah Arendt*, p. 18.

64. ARENDT, Hannah. *The Life of the Mind*. p. 212.

65. ARENDT, Hannah. *Men in Dark Times*. p. 204.

66. Durante a década de 1950, basicamente: Jacob Burckhardt, Werner Jaeger, Francis M. Cornford.

67. VILLA, Dana. The Philosopher versus the Citizen: Arendt, Strauss, and Socrates. *Political Theory*, v. 26, n. 2, p. 149.

68. ARENDT, Hannah; JASPERS, Karl. *Briefwechsel 1926-1969*, carta de 4 de março de 1951.

69. Para uma leitura nessa chave, ver USTER, À. Lorena. *La imaginació arrelada: una proposta interpretativa a partir de Hannah Arendt*. 2020. Tese (Doutorado em Filosofia) – Universidade de Barcelona, Barcelona, p. 251 e seg.

70. Ver ARENDT, Hannah. *The Life of the Mind*. p. 169. Como escreveu Barbara Cassin: "É preciso dizer que Arendt nos apresenta um Sócrates muito pouco usual, uma dupla personalidade que já é filosófica, mas ainda é pré-socrática" (CASSIN, Barbara. Grecs et Romains. In: *Ontologie et politique*. p. 28). Simona Forti enfatiza que o uso da figura de Sócrates na filosofia do século XX é um capítulo a ser escrito, considerando que "Sócrates e Platão 'podem ser ditos de muitas maneiras'" e mostrou o que é extraído da figura Sócrates por Arendt, Foucault e Patočka (FORTI, Simona. Letture socratiche: Arendt, Foucault, Patočka. In: ARENDT, Hannah. *Socrate*. Milano: Raffaello Cortina, 2015. p. 99 e seg.).

71. ARENDT, Hannah. Philosophy and Politics. *Social Research*, v. 57, n. 1, 1990. p. 73. Margaret Canovan analisa as diversas tentativas de Arendt de responder à pergunta sobre a profundidade do abismo que separa a filosofia da política e se interroga sobre se a tensão entre ambas têm decorrido de um acidente desafortunado, a condenação de Sócrates, ou se tem a ver com a própria natureza do pensar filosófico (CANOVAN, Margaret. Socrates or Heidegger? Hannah Arendt's Reflections on Philosophy and Politics. *Social Research*, v. 57, n. 1, 1990. p. 135-165).

72. Há diversas edições póstumas das notas para esse curso: trechos da terceira parte foram publicados em tradução francesa em *Les Cahiers du Grif* (n. 33, 1986); em 1990, Jerome Kohn preparou uma primeira versão em inglês dessa mesma parte, com o título ARENDT, Hannah. Philosophy and Politics, e, posteriormente, editou uma segunda, modificada,

com o título "Sócrates" (incluída em ARENDT, Hannah. *The Promise of Politics*. Jerome Kohn, (ed.). Nova York: Schocken Books, 2005. Disponível em português: *A promessa da política*. Rio de Janeiro: Bertrand Brasil, 2008). Em 2015 foi publicado na Itália um novo trabalho de edição crítica dos originais conservados na Biblioteca do Congresso, a cargo de Ilaria Possenti (ARENDT, Hannah. *Socrate*. Ilaria Possenti (ed.). Milano: Raffaello Cortina, 2015).

73. A condenação de Sócrates constituiria o indício do caráter precário desse equilíbrio (GRAY, Glenn. The Winds of Thought. *Social Research*, v. 44, n. 1, 1977).

74. ARENDT, Hannah. Philosophy and Politics. p. 80.

75. "O *phainesthai* ('o aparecer') sempre é um *dokei moi* ('me parece', 'opino') para um ser finito, porque é na facticidade que o mundo aparece a cada um de um determinado ângulo e cada um é aparência para os outros". USTER, À. Lorena. Hannah Arendt sobre les aparences: "una espècie de fenomenòloga". p. 184.

76. ARENDT, Hannah. *The Promise of Politics*, p. 15.

77. Arendt não deixa de destacar também os efeitos destrutivos do pensar e da maiêutica socrática, já que, com as perguntas e as interrogações, perdemos a segurança naquilo que, até aquele momento, nos havia parecido fora de qualquer dúvida. Então, o melhor que podemos fazer é aferrar-nos à incerteza, à contingência, e compartilhá-la com os outros. Em poucas palavras, o niilismo sempre é um dos resultados possíveis do pensar; assim o indicam figuras como Alcibíades ou Crítias, que, sendo notáveis discípulos de Sócrates, converteram-se em uma autêntica ameaça para a cidade quando, depois de terem perdido a confiança nas definições de piedade, como resultado da interrogação reflexiva, decidiram ser ímpios.

78. MOREAULT, Francis. *Hannah Arendt, l'amour de la liberté: essai de pensée politique*. Quebec: Les Presses de l'Université Laval, 2022. p. 64.

79. TASSIN, Étienne. *Le trésor perdu: Hannah Arendt, l'intelligence de l'action politique*. Paris: Payot, 1999. p. 67.

80. ARENDT, Hannah. *The Promise of Politics*, p. 16.

81. Ibid, p. 18.

82. ARISTÓTELES. Ética a *Nicômaco*. 1155a, 20-30. Em português: ARISTÓTELES. Ética a *Nicômaco*. Maria Stephania da Costa Flores (trad.) São Paulo: Principis, 2021.

83. ASSY, Bethânia. Hannah Arendt and The Faculty of Thinking: A Partner to Think, a Witness to Act. *Revista Ética & Filosofia Política*, v. 9, n. 1, 2006. p. 5.

84. ARENDT, Hannah. Some Questions of Moral Philosophy. In: *Responsibility and Judgment*. Jerome Kohn (ed.). New York: Schocken Books, 2003. p. 97.

85. Neste livro, a figura de Sócrates é mencionada em várias ocasiões, embora ele não tenha um papel destacado.

86. ARENDT, Hannah. Socrates. *The Promise of Politics*, p. 8.

87. Miguel Abensour, *Hannah Arendt contre la philosophie politique?* Paris: Sens & Tonka, 2006.

88. ARENDT, Hannah. *The Promise of Politics*, p. 30.

89. ARENDT, Hannah. Concern with Politics in Recent European Thought. In. *Essays in Understanding: 1930-1954*, p. 429.

90. ARENDT, Hannah. *The Promise of Politics*, p. 37. Como acontece com a raia-elétrica, pensar provoca paralisia, tem a ver com a interrupção de qualquer outra atividade ou urgência da vida comum, daí que em quase todas as línguas encontremos a expressão "parar para pensar".

91. Ibid, p. 34.

92. CANOVAN, Margaret. Socrates or Heidegger? Hannah Arendt's Reflections on Philosophy and Politics.

93. ARENDT, Hannah. Socrates. *The Promise of Politics*, p. 38.

94. ARENDT, Hannah. Was ist Autorität? *Der Monat*, v. VIII, n. 89, 1955. Atualmente em ARENDT, Hannah. *Between Past and Future: Eight Exercises in Political Thought*. ARENDT, Hannah. *Thinking without a Bannister. Essays in Understanding 1953-1975* e ARENDT, Hannah. Authority in the Twentieth Century. *The Review of Politics*, v. 18, n. 4, 1956.

95. BOCHEŃSKI, Józef Maria. *¿Qué es la autoridad? Introducción a la lógica de la autoridad*. Barcelona: Herder, 1979. Ver também: REVAULT D'ALLONNES, Myriam. *El poder de los comienzos: ensayos sobre la autoridad*. Buenos Aires: Amorrortu, 2008.

96. No vocabulário político dominante e nas diversas formas de individualismo contemporâneo, o fato de ter evitado qualquer relação que se defina em termos de hierarquia

ou de obediência trouxe a deslegitimação de uma ampla gama de modos de vínculo. Com isso quero dizer que o fato de empregarmos como único modelo de relação o da igualdade parece deixar-nos com uma única possibilidade: considerar como injusta ou ilegítima qualquer relação que, do ponto de vista lógico, seja de caráter assimétrico ou irreflexivo. Assim, poderíamos dizer que o fato de ter forçado encaixar todos os vínculos em um único modelo significa, de um lado, empobrecer o espaço inter-humano e, de outro, deixar sem articulação, sem palavras que lhes deem sentido, toda uma série de vínculos ou laços, que não desaparecem pelo simples fato de não os mencionarmos. Em 1980, Richard Sennett – bom conhecedor da obra de Arendt – escreveu um ensaio interessante sobre esse ponto: SENNETT, Richard. *La autoridad*. Madrid: Alianza Editorial, 1982. Uma análise exaustiva sobre o conceito e a relação de autoridade pode ser lida na tese de doutorado de Edgar Straehle, STRAEHLE, Edgar. *Hannah Arendt: una lectura desde la autoridad*. 2016. Tese (Doutorado em Filosofia) – Universidade de Barcelona, Barcelona, 2016.

97. BENVENISTE, Émile. *Vocabulaire des institutions indo-européennes*. Paris: Minuit, 1969. v. II, cap. VI.

98. ARENDT, Hannah. What is Authority?. In: *Between Past and Future*, p. 120-121.

99. REVAULT D'ALLONNES, Myriam. *El poder de los comienzos: ensayo sobre la autoridad*. Buenos Aires: Amorrortu, 2008. p. 15.

100. ARENDT, Hannah. *Between Past and Future*, p. 5.

101. RICOEUR, Paul. *La lectura del tiempo pasado: memoria y olvido*. Madrid: Arrecife-Ediciones de la Universidad Autónoma de Madrid, 1999.

102. HELLER, Ágnes. El último estadio de la Historia (Memoria, Rememoración y Bildung: sobre la teoría de la modernidad en Hegel). *Isegoría*, n. 14, 1996.

103. ARENDT, Hannah. The Crisis in Education. *Partisan Review*, v. 20, n. 4, 1958. Atualmente em: ARENDT, Hannah. *Between Past and Future*, p. 189; ARENDT, Hannah. La crisi de l'educació. In: *La crisi de la cultura*.

104. ARENDT, Hannah. Reflections on Little Rock. *Dissent*, v. 6, n. 1, 1959. Atualmente em ARENDT, Hannah. *Responsibility and Judgment*, 203.

105. Arendt assinala que a lei mais vergonhosa dos estados do Sul dos Estados Unidos era a lei que convertia o matrimônio misto em delito, e com isso aponta, entre

outras coisas, para o fato de que a eliminação da segregação deveria ter sido iniciada entre adultos.

106. ARENDT, Hannah. Remarks to the American Society of Christian Ethics. *Hannah Arendt Papers at the Library of Congress, Speeches and Writings File*, 1923-1975, 1-2, 1973.

4. A especificidade da política

1. Arendt. Hannah. *Between Past and Future*, p. 25.

2. Sobre essa distinção, ver: ARENDT, Hannah. *The Human Condition*, p. 48 (nota 39), e p. 80 (nota 3). Arendt escreve em inglês *labor, work* e *action* e, em alemão *Arbeit, Werk* e *Handeln*. Há discrepâncias sobre sua tradução. Em particular, no nosso país [Catalunha, o país da autora] encontramos duas opções: (a) *labor, treball* e *acció* ["labor, trabalho e ação"], e (b) *treball, obra* e *acció* ["trabalho, obra e ação"]. Neste livro utilizaremos a opção (a), já que me parece que o termo "labor" é mais pertinente para expressar o que Arendt pretende dizer, pois indica uma tarefa prolongada, especialmente agrícola, e também as tarefas de costura, e não era em vão que em castelhano o franquismo usava essa expressão para as tarefas consideradas femininas e não remuneradas: "sus labores" e também "labores del campo". Em português, ver a revisão técnica de ARENDT, Hannah. *A condição humana*. Tradução de Adriano Correia. Rio de Janeiro: Forense Universitária, 2013. p. XXV.

3. ARENDT, Hannah. *The Human Condition*, p. 88.

4. Para uma reconstrução da gênese do conceito de natalidade no pensamento de Arendt, ver VATTER, Miguel. Natality and Biopolitics in Hannah Arendt. *Revista de Ciencia Política*, v. 26, n. 2, 2006; TSAO, Roy T. Arendt's Augustine. In: BENHABIB, Seyla (ed.). *Politics in Dark Times: Encounters with Hannah Arendt*. New York: Cambridge University Press, 2010.

5. Aos verbos gregos *archein* ("começar", "guiar" e finalmente "governar") e *prattein* ("atravessar", "alcançar", "acabar") correspondem os verbos latinos *agere* ("pôr em movimento", "dirigir") e *gerere* (cujo significado original é "levar").

6. ARENDT, Hannah. *The Human Condition*, p. 192.

7. Ibid., p. 22.

8. Como assinalou, entre outros, Wystan Hugh Auden na sua resenha de *A condição humana*, escrita em 1959, "Thinking what we are doing" (atualmente reunida em WILLIAMS, Garrath (ed.). *Hannah Arendt: Critical Assessments of Leading Political Philosophers.* London; New York: Routledge, 2006. v. III).

9. OLLIN, Françoise. Nacer y tiempo: Agustín en el pensamiento arendtiano. In: BIRULÉS, Fina (comp.). *Hannah Arendt: el orgullo de pensar.* Barcelona: Gedisa, p. 85.

10. ARENDT, Hannah. *Was ist Politik?*, p. 10.

11. TOPOLSKI, Anya. *Arendt, Levinas and a Politics of Relationality.* London; New York: Rowman & Littlefield, 2015. p. 16.

12. ARENDT, Hannah. *Was ist Politik?*, p. 11.

13. Lembremos que em ARENDT, Hannah. *The Human Condition* (p. 237) insiste que o caráter político das promessas radica no fato de que são "ilhas de segurança em um oceano de insegurança" e sublinha que aquelas promessas, como as messiânicas ou utópicas, que pretendem prever ou eliminar a caótica insegurança do futuro, erodem o político. Sobre a promessa como reconhecimento da imprevisibilidade, ver NIXON, Jon. *Hannah Arendt and the Politics of Friendship*, pág. 48. e seg.

14. ARENDT, Hannah. *On Revolution.* Nova York: Viking Press, 1965, p. 169. Disponível em castelhano: ARENDT, Hannah. *Sobre la Revolución.* Madri: Alianza, 2014.

15. ARENDT, Hannah. *The Human Condition*, p. 200.

16. Talvez um dos motivos pelos quais, já na década de 1990, algumas pensadoras feministas buscassem a companhia de Arendt tenha a ver com o fato de que seu pensamento convida a considerar a política como espaço de relação, como uma espécie de cena caracterizada por uma irredutível pluralidade, na qual a liberdade pode aparecer e onde é possível singularizar-nos; temos visto que a comunidade não se constitui sobre a base de uma prévia identidade compartilhada e estável. Ao contrário do que durante tanto tempo significou o debate em torno de uma possível identidade feminina, a ênfase é encontrada na diferença e na distinção, no gesto de assumir a iniciativa diante daquilo que nos foi dado.

17. ARENDT, Hannah. *The Human Condition*, p. 244.

18. QUINTANA, Laura. Pensamiento y violencia. In: QUINTANA, Laura; VARGAS, Julio (comp.). *Hannah Arendt: política, violencia, memoria.* Bogotá: Uniandes, 2012. p. 53.

19. ARENDT, Hannah. *The Human Condition*, p. 234.

20. COLLIN, Françoise. *Praxis de la diferencia*. Barcelona: Icaria, 2006, p. 238.

21. ARENDT, Hannah. *The Human Condition*, p. 179.

22. "'O espectador' não é outra pessoa, e sim simplesmente um modo diverso de se relacionar com o mundo comum e de estar nele" (Linda Zerilli, "We feel our Freedom." Imagination and Judgment in the Thought of Hannah Arendt. *Political Theory*, v. 33, n. 2, abril de 2005, p. 179).

23. ARENDT, Hannah. Isak Dinesen 1855-1962. In: *Men in Dark Times*. p. 105.

24. ARENDT, Hannah. *Denktagebuch, 1950 bis 1973*, Caderno XXI, §55, julho de 1955.

25. Sigo aqui reflexões de LEIBOVICI, Martine. *Hannah Arendt, une Juive: expérience politique et histoire*. Paris: Desclée de Brouwer, 1998. p. 72 e seg.

26. ARENDT, Hannah. *The Human Condition*, p. 219.

27. WOLIN, Sheldon. Hannah Arendt and The Ordinance of Time. *Social Research*, v. 44, n. 1, 1977. p. 103.

28. ARENDT, Hannah. Karl Marx and the Tradition of Western Political Thought. In: *Thinking Without a Bannister: Essays in Understanding 1953-1975*. Jerome Kohn (ed.). New York: Schocken Books, 2018. p. 8.

29. BUTLER, Judith. *Notes Toward a Performative Theory of Assembly*. Cambridge, MA: Harvard University Press, 2015. p. 23. Disponível em castelhano: BUTLER, Judith. *Cuerpos aliados y lucha política: hacia una teoría performativa de la asamblea*. Barcelona: Paidós, 2017.

30. HARENDT, Hannah. *The Human Condition*, p. 198.

31. REVAULT D'ALLONNES, Myriam. *Le miroir et la scène: ce que peut la représentation politique*. Paris: Seuil, 2016. p. 194.

32. HILL, Samantha Rose. The Promise of Mourning. *[Publicação desconhecida]*, p. 21 e seg.

33. COLLIN, Françoise. *L'homme est-il devenu superflu?*. p. 175. Esse talvez seja um dos motivos pelos quais atualmente Arendt é objeto de muitas críticas, porque, hoje em dia, parece que só é legítimo pensar a partir de princípios.

34. Em *A condição humana* Arendt faz eco a um poema de Rilke sobre a arte que, com o título de "Magia", descreve essa transfiguração. Também Walter Benjamin escreve: "Se, para explicá-lo com uma comparação, quisermos ver a obra em crescimento como uma fogueira em chamas, o comentarista está ali à frente como um químico; o crítico, como um alquimista. Enquanto para o primeiro o único objeto de sua análise são a madeira e as cinzas, para o crítico só a própria chama conserva um enigma: o daquilo que está vivo" ("Las afinidades electivas de Goethe", em *Dos ensayos sobre Goethe*. Barcelona: Gedisa, 1996, p. 14).

35. RICOEUR, Paul. Pouvoir et violence. In: *Ontologie et politique*. p. 146; CAVARERO, Adriana. *Inclinazioni: critica della rettitudine*. 2014.

36. VATTER, Miguel. Natality and Biopolitics in Hannah Arendt.

37. COLLIN, Françoise. *L'homme est-il superflu?*, p. 189.

38. SCHÜRMANN, Reiner. *El principio de anarquía: Heidegger y la cuestión del actuar*. Madrid: Arena Libros, 2017.

39. ARENDT, Hannah. *The Origins of Totalitarianism*, p. 382.

40. BIRMINGHAM, Peg. The An-Archic Event of Natality and the "Right to Have Rights". *Social Research*, v. 74, n. 3, 2007.

41. DURST, Margarete. Birth and Natality in Hannah Arendt. *Analecta Husserliana*, n. 79, 2003. p. 777-797.

42. ARENDT, Hannah. *The Life of the Mind*, p. 19.

43. Como destaquei nas primeiras páginas deste livro, o pensamento de Arendt não é do tipo "ou bem isso, ou bem aquilo", mas do tipo "e, e".

44. ARENDT, Hannah. *The Origins of Totalitarianism*, p. 593.

45. Vale a pena reparar que Arendt escreve *Menschheit* e não *Menschlichkeit*. ARENDT, Hannah. *Eichmann in Jerusalem*, p. 268.

46. Palavras similares a essas já as encontramos em "The Image of Hell", em ARENDT, Hannah. *Essays in Understanding: 1930-1954*, p. 200: "O povo judeu tem direito de redigir essa ata de acusação contra os alemães, mas sempre que não esqueça que nesse caso fala por todos os povos da terra".

47. AZOULAY, Ariella. Vulnerable Times, Perpetrators and Victims. *Profession*, Modern Language Association (MLA), 2014. Disponível em: https://profession.mla.org/vulnerable-times-perpetrators-and-victims/. Acesso em: 9 mar. 2025.

48. AZOULAY, Ariella; HONIG, Bonnie. Between Nuremberg and Jerusalem: Hannah Arendt's Tikkun Olam. p. 69.

49. GÜNDOĞDU, Ayten. *Rightlessness in an Age of Rights: Hannah Arendt and the Contemporary Struggles of Migrants*. Oxford: Oxford University Press, 2015.

50. Arendt escreve o que acabo de sintetizar em suas "Observações finais", publicadas como último capítulo da edição de ARENDT, Hannah. *The Origins of Totalitarianism*, p. 618 e seg.

51. POSSENTI, Ilaria. *L'apolide e il paria*. Roma: Carocci, 2002. p. 32.

5. Crise

1. ARENDT, Hannah. The Crisis in Education. In: *Between Past and Future: Eight Exercises in Political*, p. 174; ARENDT, Hannah. La crisi de l'educación. In: *La crisi de la cultura*. p. 8.

2. ARENDT, Hannah. The Crisis Character of Modern Society. In: *Thinking Without a Bannister: Essays in Understanding 1953-1975.*, p. 328 e seg.

3. JOVANOVICH, William. *Hannah Arendt Papers: Correspondence, 1938-1976*, doc. 001485. Carta de Jovanovich a Arendt de 4 de outubro de 1971.

4. ARENDT, Hannah. Understanding and Politics. In: *Essays in Understanding: 1930-1954*. p. 389.

5. REVAULT D'ALLONNES, Myriam. Hannah Arendt penseur de la crise. Études: *Revue de Culture Contemporaine*, v. 415, set. 2011. p. 198.

6. ARENDT, Hannah. No Longer and Not Yet (1946). In: *Essays in Understanding: 1930-1954*, p. 158.

7. ARENDT, Hannah. *Was ist Politik?*, p. 19.

8. ARENDT, Hannah. *The Origins of Totalitarianism*, p. 593.

9. AZOULAY, Ariella; HONIG, Bonnie. Between Nuremberg and Jerusalem: Hannah Arendt's *Tikkun Olam.*, p. 52-53.

10. Desde o final da década de 1970 foi possível ter acesso a uma série de documentos que não puderam ser lidos nem por Hannah Arendt nem por todos os demais observadores do julgamento, como as atas e gravações das conversas conhecidas como "Entrevistes Sassen" e, a partir de 2009, os escritos de Eichmann entre 1950 e 1960 [*Argentinien-Papiere*]. Nos últimos anos foram publicados livros importantes sobre a figura de Eichmann apoiados nessa documentação que evidencia o forte antissemitismo do Eichmann anterior ao seu julgamento, por exemplo: CESARANI, David. *Becoming Eichmann: Rethinking the Life, Crimes and Trial of a "Desk Murder"*. Cambridge, MA: Da Capo Press, 2006; STANGNETH, Bettina. *Eichmann vor Jerusalem: das unbehelligte Leben eines Massenmörders*. Hamburg: Arche Verlag, 2011. Em castelhano: STANGNETH, Bettina. *Adolf Eichmann: historia de un asesino de masas*. Barcelona: Edhasa, 2007; BENHABIB, Seyla. Whose Trial? Adolf Eichmann's or Arendt's? The Eichmann-controversy Revisited. In: *Exile, Statelessness, and Migration: Playing Chess with History from Hannah Arendt to Isaiah Berlin*. Princeton: Princeton University Press, 2018. Como observou Bettina Stangneth, desde 1980, "qualquer um que tivesse desejado argumentar alguma coisa contra Hannah Arendt teria conseguido encontrar os elementos necessários havia muito tempo" (STANGNETH, Bettina. *Adolf Eichmann: historia de un asesino de masas*. Barcelona: Edhasa, 2007. p. 19).

11. Entrevista com o primeiro-ministro David Ben Gurion, em 31 de março de 1961, citado por ZERTAL, Idith. *La nació i la mort: la Xoà en el discurs i la política d'Israel*. Palma: Lleonard Muntaner, 2006. p. 193.

12. ARENDT, Hannah. *Eichmann in Jerusalem*, p. 253.

13. Quanto ao discurso inicial de Gideon Hausner, "que durou três sessões", e no qual houve referências até ao Egito dos faraós, Arendt escreve "Má interpretação histórica e retórica de baixa qualidade do fiscal" (ARENDT, Hannah. *Eichmann in Jerusalem*, p. 19).

14. Há alguns anos, Claudia Hilb se referia ao informe de Arendt para refletir em torno dos julgamentos dos autores dos crimes cometidos pela ditadura militar argentina (1976 e 1983) e escrevia: "nos encontramos diante de um novo tipo de crime para o qual não dispomos de leis, e que convocam então ou bem leis que não dão conta da novidade do fenômeno nem são adequadas aos novos crimes cometidos, ou bem leis de novo tipo, que deverão ser aplicadas retroativamente" ("Por eso, Sr. Eichmann, debe Ud. colgar. De Eichmann en Jerusalén a los 'Juicios' en Argentina (reflexiones situadas)", *African Yearbook of Rhetoric*, v. 6, n. 1, 2015, p. 5).

15. ARENDT, Hannah. *Eichmann in Jerusalem*, p. 25.

16. ARENDT, Hannah. Organized Guilt and Universal Responsibility. In: *Essays in Understanding: 1930-1954*, p. 128. Arendt acrescenta que foi Péguy quem denominou o pai de família como o grande aventureiro do século XX, mas que morreu jovem demais para concluir que era também o grande criminoso do século.

17. HILB, Claudia. "Por eso, Sr. Eichmann, debe Ud. colgar. De Eichmann en Jerusalén a los 'Juicios' en Argentina (reflexiones situadas)".

18. ARENDT, Hannah. *Eichmann in Jerusalen*, p. 211.

19. Ibid., p. 287. Grifado no original.

20. Na entrevista radiofônica com Joachim Fest (9 de novembro de 1964), Arendt contrastou sua caracterização da ação (*A condição humana*, 1958; *Sobre a revolução*, 1963) com o fato de "funcionar" e afirmou que este último constituiu a perversão da ação, já que tudo aquilo que está em jogo no atuar de maneira concertada e na ação – deliberar conjuntamente, chegar a decisões precisas, assumir a responsabilidade, pensar no que fazemos – fica eliminado no funcionamento. ARENDT, Hannah; FEST, Joachim. *Eichmann était d'une bêtise révoltante: entretiens et lettres*. Edição de Ursula Ludz e Thomas Wild. Paris: Fayard, 2013. p. 54-55.

21. ARENDT, Hannah. Thinking and Moral Considerations. *Social Research*, v. 38, n. 3, 1971. Atualmente em: ARENDT, Hannah. *Responsibility and Judgment*. Edição de Jerome Kohn. New York: Schocken Books, 2003. p. 159.

22. ARENDT, Hannah. Post scriptum. In: *Eichmann en Jerusalén*. [Tradução para o espanhol]. p. 287.

23. ARENDT, Hannah. Post scriptum. In: *Eichmann en Jerusalén*. p. 287.

24. Arendt cita as notas de Bertolt Brecht sobre sua obra *A resistível ascensão de Arturo Ui* na entrevista televisiva com Roger Errera, ARENDT, Hannah. *Thinking without a Bannister. Essays in Understanding 1953-1975*, 504 (agradeço a Andrea Pérez pela localização das palavras de Brecht).

25. ARENDT, Hannah. *Eichmann en Jerusalén* p. 252. Mais de cinquenta anos após a publicação de *Eichmann em Jerusalém*, a expressão "banalidade do mal" virou uma espécie de clichê similar ao que foi na época de Dostoiévski a expressão "o grande criminoso", para dizê-lo com palavras de J. M. Coetzee ("Retrato del monstruo como joven artista. (Hitler según Mailer)". *ABCD. Las artes y las letras*, 797, maio de 2007). Ver também

FORTI, Simona. *I nuovi demoni: ripensare oggi male e potere*. Milano: Feltrinelli, 2012. Em castelhano: FORTI, Simona. *Los nuevos demonios*. Buenos Aires: Edhasa, 2014.

26. STANGNETH, Bettina. *Eichmann vor Jerusalem*. O livro de Stangneth, publicado em 2011, estuda as atas e gravações das reuniões do Círculo Sassen, revê a história dos *Argentinien Papiere*, distribuídos entre diversos arquivos, e mostra o acesso às fontes, que apresenta em detalhe pela primeira vez.

27. STANGNETH, Bettina. Adolf Eichmann, de l'Argentine à Jérusalem. Entretien. In: *Revue d'Histoire da Shoah*, 2015/2, n. 203, p. 327-350.

28. ARENDT, Hannah. *Eichmann en Jerusalén*, p. 42.

29. McCARTHY, Mary. El escándalo. In: *Escrito en la pared y otros ensayos literarios*. Barcelona: Lumen, 1972. p. 82.

30. KANT, Immanuel. *Fonamentació de la metafísica dels costums*. Barcelona: Laia, 1984. p. 108.

31. ARENDT, Hannah. *Eichmann en Jerusalén*, p. 135. Os grifos são de Arendt.

32. LEIBOVICI, Martine; ROVIELLO, Anne-Marie. *Le pervertissement totalitaire: la banalité du mal selon Hannah Arendt*. Paris: Kimé, 2017. p. 21; LEIBOVICI, Martine. De l'obéissance en régime totalitaire. In: *Hannah Arendt, totalitarisme et banalité du mal*. HERZOG, Annabel (coord.). Paris: PUF, 2011. p. 36.

33. Ibid., p. 294; FORTI, Simona. *I nuovi demoni*, p. 251.

34. Arendt faz um uso particular da expressão *selflessness* ou *Selbstlosigkeit*, cujo sentido aproximado poderíamos traduzir como "ausência de si"; na realidade, no seu uso corriqueiro, *selflessness* é traduzido como "desinteresse", "altruísmo", "abnegação". "Abnegação", não como bondade, mas como um sentimento de que a própria pessoa não importa, que ela pode ser substituída por outra a qualquer momento e em qualquer lugar. Arendt detecta em Eichmann esse fenômeno de autoperda radical, de indiferença e de enfraquecimento do instinto de autoconservação.

35. LEIBOVICI, Martine; ROVIELLO, Anne-Marie. *Le pervertissement totalitaire: la banalité du mal selon Hannah Arendt*. p. 299-300. Nesse ponto, seria preciso lembrar que, numa tentativa de caracterizar o novo tipo de crimes cometidos pelo regime nazista, Arendt havia empregado em *As origens do totalitarismo* a expressão kantiana "mal radical" e na sua crônica do julgamento utilizou "banalidade do mal". Sobre essa mudança – reconhecida pela própria autora na carta a Scholem de 20 de julho de 1963 – já se

escreveu e discutiu muito. Ver BERNSTEIN, Richard. *El mal radical: una indagación filosófica*. Buenos Aires: Eds. Lilmod, 2005; e GÓMEZ RAMOS, Antonio; SÁNCHEZ MUÑOZ, Cristina (eds.). *Confrontando el mal: ensayos sobre violencia, memoria y democracia*.

36. ARENDT, Hannah. *Eichmann in Jerusalem*, p. 125.

37. Ibid.

38. ARENDT, Hannah. The Destruction of Six Millions: A *Jewish World* Symposium. *Jewish writings*, 2007, p. 494.

39. LEVI, Primo. *Els enfonsats i els salvats*. Barcelona: Edicions 62, 2000, p. 41.

40. ARENDT, Hannah. *Eichmann in Jerusalem*, p. 119; ZERTAL, Idith. *La nació i la mort*. p. 118 e seg., p. 241 e seg. Sobre esse ponto, ver RING, Jennifer. *The Political Consequences of Thinking: Gender and Judaism in the Work of Hannah Arendt*. Albany: State University of New York Press, 1998.

41. BARNOUW, Dagmar. *Visible Spaces*. Baltimore; London: Johns Hopkins University Press, 1990. p. 225 e seg.

42. Daí seu espanto ao ver que, uma vez terminada a guerra, essa estrutura voltava a ser invocada sem nenhum questionamento. ARENDT, Hannah. Some Questions of Moral Philosophy. In: *Responsibility and Judgment*. p. 54-55.

43. ARENDT, Hannah. *Eichmann in Jerusalem*, p. 279.

44. ARENDT, Hannah. Some Questions of Moral Philosophy. In: *Responsibility and Judgment*, p. 78.

45. ARENDT, Hannah. Personal Responsibility under Dictatorship. In: *Responsibility and Judgment*, p. 44.

46. ARENDT, Hannah. *Understanding and Politics*, p. 391.

47. ARENDT, Hannah. Some Questions of Moral Philosophy. In: *Responsibility and Judgment*, p. 90.

48. ARENDT, Hannah. Thinking and Moral Considerations. In: *Responsibility and Judgment*, p. 185.

49. Ibid., p. 164.

50. Ibid., p. 136.

51. ARENDT, Hannah. Personal Responsibility under Dictatorship. In: *Responsibility and Judgment*, p. 45.

52. ARENDT, Hannah. Some Questions of Moral Philosophy. In: *Responsibility and Judgment*, p. 67.

53. Arendt observa que, quando o diálogo comigo mesma deixa de ser o critério último de conduta, o que se busca não é evitar fazer o mal, mas algo totalmente diferente: fazer o bem aos outros, de maneira que o único critério será o próximo. A atual equiparação da bondade com o menosprezo do eu (*selflessness*) é indício desse giro. Assim escreve: "O intento deliberado de autoanulação em nome de Deus e do meu próximo é, sem dúvida, a quintessência de toda ética cristã digna desse nome" (Ibid., p. 116).

54. ARENDT, Hannah. Thinking and Moral Considerations. in: *Responsibility and Judgment*, p. 186.

55. ARENDT, Hannah. *The Life of the Mind*, p. 188.

56. STONEBRIDGE, Lyndsey. Hannah Arendt's Testimony: Judging in a Lawless World. p. 85. Ver também STONEBRIDGE, Lyndsey. *The Judicial Imagination: Writing after Nuremberg*. Edinburgh: Edinburgh University Press, 2011. p. 47 e seg.

57. ARENDT, Hannah. *Eichmann in Jerusalem*, p. 295-296.

58. BARNOUW, Dagmar. Speaking about Modernity: Arendt's Construct of the Political. *New German Critique*, n. 50, 1990. p. 22. Sobre o papel do *storytelling* em *Eichmann em Jerusalém*, ver também HERZOG, Annabel. Reporting and Storytelling: Eichmann in Jerusalem as Political Testimony. *Thesis Eleven*, 2002.

59. ARENDT, Hannah; SCHOLEM, Gershom. *Der Briefwechsel 1939-1964*. Carta de Scholem a Arendt (23-24 de junho de 1963) e resposta de Arendt (20 de julho de 1963) (o grifo é meu).

60. BARNOUW, Dagmar. *Visible Spaces*. Baltimore; London: Johns Hopkins University Press, 1990. p. 234-235. (o grifo é meu).

61. Paráfrase na qual nem sempre se vê claramente a diferença entre quem fala e o objeto do discurso.

62. BARNOUW, Dagmar. *Visible Spaces*. p. 234.

63. Ibid.

64. ARENDT, Hannah; FEST, Joachim. *Eichmann était d'une bêtise révoltante: entretiens et lettres*. Paris: Fayard, 2013. p. 68.

65. ARENDT, Hannah; SCHOLEM, Gershom. p. 274 e seg.

66. SEBALD, W. G. Against the Irreversible: On Jean Améry. In: *On the Natural History of Destruction*. New York: Random House, 2003. p. 153.

67. ARENDT, Hannah. We Refugees. *Jewish Writings*, 2007.

68. KNOTT, Marie Luise. *Desaprender: caminos del pensamiento de Hannah Arendt*. Neste livro, a autora dedica páginas à ironia e ao riso em Arendt e mostra que é possível situar o uso arendtiano do riso e da ironia na tradição de Kafka e Benjamin.

69. Resenha de "Nathalie Sarraute, *The Golden Fruits*", *The New York Review of Books*, n. 2 (5 de março de 1964), atualmente em ARENDT, Hannah. *Reflections on Literature and Culture*. Edição de Susannah Young-ah Gottlieb. Stanford, CA: Stanford University Press, 2007. p. 221; ARENDT, Hannah. Was bleibt? Es bleibt die Muttersprache. p. 26; ARENDT, Hannah; FEST, Joachim. *Eichmann était d'une bêtise révoltante: entretiens et lettres*. Paris: Fayard, 2013. p. 68.

70. ARENDT, Hannah. Thinking and Moral Considerations. In: *Responsibility and Judgment*.

71. ARENDT, Hannah. *Eichmann in Jerusalem*, p. 279.

72. Nos anos 1965 e 1966, Arendt deu uma série de aulas na New School for Social Research e na Universidade de Chicago. Entre as suas anotações para esses cursos, podemos ler: "Precisamos dizer que fomos testemunhas da total ruína de uma ordem 'moral' não apenas uma vez, mas duas, e esse súbito retorno à 'normalidade', contrariamente ao que se costuma supor de maneira complacente, só pode reforçar nossas dúvidas". Simona Forti referiu-se a essas aulas como o "*missing link*" entre a crônica do processo e as teses arendtianas sobre o julgamento nos anos 1970 (FORTI, Simona, *I nuovi demoni*, p. 249).

73. AZOULAY, Ariella; HONIG, Bonnie. Between Nuremberg and Jerusalem: Hannah Arendt's *Tikkun Olam*; BUTLER, Judith. Vida precaria, vulnerabilidad y ética de la cohabitación. In: *Cuerpo, memoria y representación: Adriana Cavarero y Judith Butler en diálogo*. SAEZ TAJAFUERCE, Begonya (ed.). Barcelona: Icaria, 2014. p. 63. DI CESARE, Donatella. *Stranieri residenti: una filosofia della migrazione*. Torino: Bollati Boringhieri, 2017. p. 255. Ver também CORREIA, Adriano. *O caso Eichmann: Hannah Arendt e as controvérsias jurídicas sobre o julgamento*. São Paulo: Edições 70, 2023.

74. AZOULAY, Ariella; HONIG, Bonnie, ibid.

75. Ibid., p. 49.

76. ARENDT, Hannah. The Aftermath of Nazi Rule: Report from Germany. *Commentary*, n. 10, 1950; ARENDT, Hannah. *Thinking without a Bannister. Essays in Understanding 1953-1975*, p. 252.

77. "Que possamos mudar as circunstâncias em que vivemos se deve ao fato de que somos relativamente livres em relação a essas circunstâncias, e essa liberdade é mal utilizada e desnaturalizada pela mentira" (Hannah Arendt, "Truth and Politics", *Between Past and Future. Eight Exercises in Political Thought*, p. 250; ARENDT, Hannah. Veritat i política. In: *La crisi de la cultura*. p. 83). Para um tratamento detalhado desse artigo, deve-se ter presente o Caderno XXIV do *Denktagebuch*, que tem o mesmo título, e a edição alemã de "Wahrheit und Politik" de 1969. Ver LUDZ, Ursula. On the Truth-and-Politics Section in the *Denktagebuch*. In: BERKOWITZ, Roger; *Artifacts of Thinking*. STOREY, Ian (eds.). New York: Fordham University Press, 2017.

78. ARENDT, Hannah. *Between Past and Future. Eight Exercises in Political Thought*, p. 87.

79. WOLIN, Sheldon. Hannah Arendt and the Ordinance of Time. *Social Research*, v. 44, n. 1, 1977. p. 93.

80. ARENDT, Hannah. Lying in Politics: Reflections on the Pentagon Papers escrito em 1971 para a *The New York Review of Books* (18 de novembro) e posteriormente publicado em ARENDT, Hannah. *Crises of the Republic*. New York: Harcourt, Brace, Jovanovich, 1972. Em português: ARENDT, Hannah. *Crises da república: Ensaios*. Crítica: 2024.

81. Tanto KOYRÉ, Alexandre. Réflexions sur le mensonge. *Renaissance*, n. 1, fev.-mar. 1943, como DERRIDA, Jacques. *Histoire du mensonge: prolégomènes*. Paris: Herne, 2005. p. 79, perguntam-se se ainda se pode chamar de "mentira" essa mentira absoluta. Derrida escreve: "O conceito de mentir para si mesmo, de autoengano, de que Hannah Arendt necessita essencialmente para marcar a especificidade da mentira moderna como mentira absoluta, também é um conceito irredutível, que podemos chamar, com todo o rigor clássico, de *mentira*".

82. ARENDT, Hannah. Approaches to the "German Problem", v. XII, n. 1, 1945. In: *Thinking without a Bannister. Essays in Understanding 1953-1975*, p. 111.

83. FORTI, Simona. Introduzione. In: *La filosofia di fronte all'estremo. Totalitarismo e riflessione filosòfica*. Turim: Einaudi, 2004, p. xxix.

84. ARENDT, Hannah. Truth and Politics. In: *Between Past and Future. Eight Exercises in Political Thought*, p. 231.

85. Ibid., p. 236.

86. FISTETTI, Francesco. *Hannah Arendt a Gerusalemme: ripensare la questione ebraica.* Genova: Il Nuovo Melangolo, 2020.

87. CHALIER, Jonathan. Le Réel Inquiété: Entretien avec Myriam Revault d'Allonnes. *Esprit*, 2018.

88. ARENDT, Hannah. Truth and Politics. In: *Between Past and Future. Eight Exercises in Political Thought*, p. 239.

89. Ibid., p. 258-9.

90. WOLIN, Sheldon. Hannah Arendt and the Ordinance of Time. *Social Research*, v. 44, n. 1, 1977. p. 93.

91. DINESEN, Isak. Les carreteres de Pisa. In: *Set contes gòtics*. Barcelona: Columna, 1996.

92. KAFKA, Franz. *El procés*. Barcelona: Aymà, 1966. p. 255 ("'no', va dir el sacerdot, 'no cal pas creure que tot és veritat, només cal creure que tot és necessari'. 'Quina opinió més aflictiva', va dir K., 'la mentida se'ns torna l'ordre del món'", ou "'não', disse o sacerdote, 'não é preciso acreditar que tudo é verdade, apenas é preciso acreditar que tudo é necessário'. 'Que opinião mais aflitiva', disse K., 'a mentira torna-se para nós a ordem do mundo'").

93. Como assinala acertadamente Olivia Guaraldo no seu ensaio introdutório em ARENDT, Hannah. *La menzogna in politica: riflessioni sui "Pentagon Papers"*. Gênova-Milão: Marietti, 2006.

94. ARENDT, Hannah. Lying in Politics: Reflections on the Pentagon Papers. In: *Crises of the Republic*. New York: Harcourt, Brace, Jovanovich, 1972. p. 6-7.

95. GUARALDO, Olivia. p. xviii.

96. ARENDT, Hannah. Truth and Politics. In: *Between Past and Future. Eight Exercises in Political Thought*, p. 253.

97. DIETZ, Mary G. Lying as Politics in the Age of Trump: What Hannah Arendt Does, and Does Not, Anticipate under a Deeply Vicious Presidency. *Public Seminar*, 23 out.

2018. Disponível em: http://www.publicseminar.org/2018/10/lying-as-politics-in-the-age-of-trump/. Acesso em: 9 mar. 2025.

98. ZERILLI, Linda. Fact-Checking and Truth-Telling in an Age of Alternative Facts. *Le foucaldien*, v. 6, n. 1, 2020. p. 3 e seg.

99. "O maior perigo na hora de reconhecer que o totalitarismo é a maldição do século seria ficarmos obcecados ao extremo de não enxergar os diversos pequenos males e os não tão pequenos que pavimentam o caminho para o inferno" (ARENDT, Hannah. The Eggs Speak Up. In: *Essays in Understanding, 1930-1954*. p. 271-272).

100. ARENDT, Hannah. *Denktagebuch*, Caderno XXIV, §12, 1963-64.

101. ARENDT, Hannah. Home to Roost: A Bicentennial Address. The New York Review of Books, 26 jun. 1975. In: *Responsibility and Judgment*, p. 261.

102. Eleni Varikas, "The burden of our time. Hannah Arendt and the critique of political modernity", *Radical Philosophy*, n. 92, 1998, p. 19. Nesse artigo, Varikas destaca, como faz Arendt, que na Inglaterra e na Alemanha o uso do termo *pária* permaneceu marginal, talvez por conta de um sistema bem diferente de legitimação política.

103. Expressão que Arendt extrai de Bernard Lazare e que utiliza não só para se referir aos judeus, mas também aos criadores, poetas e revolucionários.

104. ARENDT, Hannah. Humiliats i sense drets. In: *Participar del món: escrits 1941-1945*. p. 160.

105. LEIBOVICI, Martine. *Hannah Arendt, une Juive: expérience politique et histoire*. p. 72 e seg.

106. TASSIN, Étienne. *Pour quoi agissons-nous? Questionner la politique en compagnie d'Hannah Arendt*. Lormont: Le Bord de l'Eau, 2018.

107. ARENDT, Hannah. On Humanity in Dark Times: Thoughts about Lessing. p. 13. "A humanidade especificamente judia no contexto da perda de mundo era uma coisa muito bonita", diz na entrevista de 1964 (Was bleibt? Es bleibt die Muttersprache, p. 28).

108. Alice Rühle-Gerstel, *Das Frauenproblem der Gegenwart: Eine psychologische Bilanz*. Leipzig: S. Hirzel, 1932.

109. Arendt enviou a Heidegger a tradução alemã de *A condição humana* que tem por título *Vita activa*. O resultado foi uma notável hostilidade da parte de Heidegger. Arendt escreveu a Jaspers: "Sei que lhe resulta intolerável que meu nome apareça em público,

que eu escreva livros etc. Desde sempre, e no que diz respeito à minha pessoa, joguei o jogo das mentirinhas com ele, comportando-me como se nada disso existisse, como se eu, para dizê-lo assim, não fosse capaz de contar até três, exceto quando fazia uma interpretação das suas próprias coisas; neste último caso, sempre lhe resultava gratificante que eu pudesse contar até três e às vezes até quatro. Entretanto, de repente, essa mentirinha me pareceu muito entediante, e minha mudança de atitude me custou receber uma bofetada" (ARENDT, Hannah; JASPERS, Karl. Carta a Jaspers de 1º de novembro de 1961. In: *Briefwechsel 1926-1969.Carta 297*).

110. ARENDT, Hannah; BLUMENFELD, Kurt. Carta a Kurt Blumenfeld de 16 de novembro de 1953. In: *In keinem Besitz verwurzelt: Die Korrespondenz*.

111. Palavras de Hannah Arendt evocadas por David Bird no obituário publicado no *The New York Times*, 6 de dezembro de 1975.

112. David Laskin, em seu livro *Partisans. Marriage, Politics and Betrayal Among the New York Intellectuals* (Nova York: Simon & Schuster, 2000, p. 15) escreveu que Hannah Arendt, Elizabeth Hardwick, Diana Trilling e Jean Stafford "foram a última geração antes do feminismo". Não obstante, e mesmo resultando aparentemente paradoxal, depois de anos de duras críticas das feministas a esse tratamento arendtiano do movimento de libertação das mulheres, na década de 1990 a teoria feminista tornou-se um dos elementos que impulsionaram o renovado interesse pela teoria política de Arendt. Apareceram então releituras importantes da sua obra pela mão de teóricas reconhecidas, como Seyla Benhabib, Adriana Cavarero, Françoise Collin, Nancy Fraser, Bonnie Honig ou Mary G. Dietz.

113. ARENDT, Hannah. *The Origins of Totalitarianism*, p. 209.

114. Apesar de se apoiar nos argumentos de Edmund Burke relativos ao caráter abstrato dos Direitos do Homem e que sugeriam que, de fato, são direitos dos cidadãos dos estados-nações, Arendt também mostra como esse autor, conservador e partidário dos privilégios de nobreza herdados, elabora o racismo ao transferir os privilégios herdados ao estado-nação: "O argumento principal de Burke contra os 'princípios abstratos' da Revolução Francesa é encontrado na frase: 'A política uniforme da nossa constituição tem sido afirmar e assegurar nossas liberdades como uma herança transmitida pelos nossos antepassados e que tem que ser legada à nossa posteridade, como uma condição pertencente especialmente ao povo desse reino, sem referência a nenhum outro direito mais geral ou anterior'. O conceito de herança, aplicado à própria natureza da

liberdade, foi a base ideológica a partir da qual o nacionalismo inglês extraiu o seu curioso toque de espírito racial desde a Revolução Francesa" (ARENDT, Hannah. *The Origins of Totalitarianism*, p. 232).

115. ARENDT, Hannah. *On Revolution*, p. 66; ARENDT, Hannah. *Desobediència civil*. Palma: Lleonard Muntaner, 2022, p. 65.

116. ARENDT, Hannah. Reflections on Little Rock. *Dissent*. Atualmente em ARENDT, Hannah. *Responsibility and Judgment*. p. 196.

117. Em diversas ocasiões Arendt menciona Otanes (Heródoto, *Histórias*, III, 80-83), que diz que "não deseja obedecer nem ser obedecido", ao defender a isonomia. Ver também BALIBAR, Étienne, (De)Constructing the Human as Human Institution: A Reflection on the Coherence of Hannah Arendt's Practical Philosophy, p. 735 e seg.

118. ARENDT, Hannah. *The Origins of Totalitarianism*, p. 383.

119. Arendt conhecia bem as reclamações do Black Power. Temos uma mostra disso no fato de que, entre os livros de sua biblioteca privada que doou ao Bard College, encontremos o manifesto de Stokely Carmichael e Charles Hamilton, *The Politics of Liberation*, cheio de frases sublinhadas, anotações à margem e pontos de exclamação (Jacob Dlamini deixou isto evidente em sua intervenção "Arendt on South Africa: Insights and Limitations" nas IV Primaveras Arendtianas, 2014. Disponível em: https://gappblog.files.wordpress.com/2014/03/bluntarendt-articlejacob-dlamini.doc). Acesso em: 9 mar. 2025. Ver também as considerações de Arendt em *Desobediència civil*, p. 65 e seg.

120. GINES, Kathryn T. *Hannah Arendt and the Negro Question*. Bloomington: Indiana University Press, 2014. Gines escreve sempre os termos Black, Negro e Jew em maiúsculas. Kathryn Sophia Belle (antes Kathryn T. Gines) critica Arendt pelo fato de esta entender a questão como um problema negro e não um problema de racismo branco contra os negros, e que seu tratamento do julgamento e do pensamento representativo evidencie um eurocentrismo no qual não parece perceber a parcialidade; ou, enfim, critica-a por caracterizar o racismo direcionado aos negros como uma questão social e não como um fenômeno político, como, sim, havia feito no caso do ódio contra os judeus (de fato, o título do livro de Gines parodia o de BERNSTEIN, Richard. *The Jewish Question*). Numa linha similar, Sophie Bessis escreve a Arendt: "Sou uma europeia incurável" e critica ter esquecido do judaísmo árabe (BESSIS, Sophie. *Je vous écris d'une autre rive. Lettre à Hannah Arendt*. Túnis: Elyzard, 2021).

121. Françoise Collin, p. 175. É preciso dizer que, nos escritos e entrevistas arendtianos, também encontramos comentários que indicam certo desconhecimento e menosprezo pelas culturas africanas, por exemplo, em *As origens do totalitarismo* cataloga como selvagens as culturas não escritas; também detectamos isso na grande resistência que demonstrou ao fato de se ministrarem cursos sobre culturas, línguas e literaturas africanas nas universidades. Ver também Richard Sennett, "Entrevista", Anatxu Zabalbeascoa, *El País*, 18 de agosto de 2018.

122. ELLISON, Ralph. The World and the Jug. In: *Shadow and Act*. Nova York: Vintage, 1995, p. 108.

123. Ver YOUNG-BRUEHL, Elisabeth. *Hannah Arendt*, p. 399; MOREY, Maribel. "Reassessing Hannah Arendt's 'Reflections on Little Rock' (1959)". *Law, Culture and the Humanities*, v. 10, n. 1, p. 88-110, 2014.

124. Parafraseio as palavras de Norman Podhoretz, referidas ao artigo de Arendt, em seu livro PODHORETZ, Norman. *The Ex-Friends*. New York: The Free Press, 1999. p. 328.

125. ARENDT, Hannah. Reflections on Little Rock. In: *Responsibility and Judgment*, p. 196.

126. Ibid., 204.

127. Ralf Ellison afirma isso em entrevista com Robert Penn Warren, publicada em 1965 (WARREN, Robert Penn. *Who Speaks for the Negro?* New Haven: Yale University Press, 2014. p. 342).

128. Paradoxalmente, talvez essa tenha sido a única ocasião em que Arendt estabelece um paralelismo entre o ódio contra os judeus e a segregação dos negros.

129. WARREN, Robert Penn. *Who Speaks for the Negro?* p. 342-344.

130. 29 de julho de 1965.

131. PITKIN, Hannah. *The Attack of the Blob: Hannah Arendt's Concept of the Social*. Chicago: The University of Chicago Press, 1998; GINES, Kathryn T. *Hannah Arendt and the Negro Question*; e KING, Richard H. *Arendt and America*. Chicago: The University of Chicago Press, 2015.

132. ARENDT, Hannah. Reflections on Little Rock. In: *Responsibility and Judgment*, p. 208.

133. On Black Lives Matter's abolitionist grammar, Palestine, and the general strike. *Mondoweiss*, 21 jul. 2020. Disponível em: https://mondoweiss.net/2020/07/on-black-lives-matters-abolitionist-grammar-palestine-and-the-general-strike/. Acesso em: 9 mar. 2025.

134. WITTGENSTEIN, Ludwig. *Investigacions filosòfiques*. Barcelona: Edicions 62, 1997. §373, §241.

135. ZERILLI, Linda. Doing without Knowing. In: HEYES, Cressida J. (ed.). *The Grammar of Politics: Wittgenstein and Political Philosophy*. New York: Cornell University Press, 2003.

136. WITTGENSTEIN, Ludwig. *Investigacions Filosòfiques*, §241.

137. WITTGENSTEIN, Ludwig. *Gramática filosófica*. Cidade do México: Universidad Nacional Autónoma de México, 1992, X, §133.

138. ZERILLI, Linda. Doing without Knowing, p. 136; WITTGENSTEIN, Ludwig. *Aforismos. Cultura y valor*. Madri: Espasa-Calpe, 1995, §375 (o grifo é meu).

139. Sobre a violência é uma versão ampliada de "Reflections on Violence" (publicado em 1969, primeiro no *Journal of International Affairs* e posteriormente, em 17 de fevereiro, em *The New York Review of Books*). O livro foi traduzido para o alemão por Gisela Uellenberg com o título *Macht und Gewalt* e publicado no mesmo ano do original inglês. Arendt supervisionou a tradução e, como era habitual, não resistiu a acrescentar algum esclarecimento ou até mesmo alguma informação adicional bem relevante; posteriormente, em 1972, incluiu-o em ARENDT, Hannah. *Crises of Republic*. Em castelhano: ARENDT, Hannah. *Sobre la violència*.

140. Para as tomadas de posição e de apoio de Arendt ao movimento dos estudantes, ver YOUNG-BRUEHL, Elisabeth. *Hannah Arendt*, capítulo 9.

141. Assim caracteriza Margaret Canovan o pensamento de Arendt CANOVAN, Margaret. Terrible Truths: Hannah Arendt on Politics, Contingency and Evil. *Revue Internationale de Philosophie*, v. 53, n. 208, 1999.

142. BALIBAR, Étienne. (De)Constructing the Human as Human Institution: A Reflection on the Coherence of Hannah Arendt's Practical Philosophy. p. 727.

143. Como tem dito Antonio Gómez Ramos, "El mérito 'y a la vez el talón de Aquiles' del ensayo de Arendt [...] está en haber intuido, sin hacerla explícita, esta ambigüedad de la violencia, por la que, en su condición instrumental, pertenece al reino de los

medios al servicio de los fines, y es parte de la labor o de la obra; pero, por su propia dinámica, es siempre inherente al dominio de las acciones y de la política" ("Política sin medios y violencia sin fines: Hannah Arendt y Walter Benjamin sobre la violencia". Disponível em: http://www.uc3m.es/portal/pge/portal/gruposinvestigacion/hermes/AntonioGomezRamos/politica%20sin%20medios-violencia%20sin%20fin.pdf. Acesso em:9 mar. 2025).

144. ARENDT, Hannah. *The Human Condition*, p. 200.

145. ARENDT, Hannah. *Sobre la violència*, p. 68.

146. Ibid., p. 82. Vale pena recordar que, como já foi assinalado, Arendt se sente muito distante da hipótese de um movimento dialético que necessite do negativo ou do mal para produzir o positivo ou o bem (ver "A tradição e a época moderna", em *Between Past and Future*, p. 24; ou ARENDT, Hannah. Hannah Arendt on Hannah Arendt. In: *Thinking without a Bannister. Essays in Understanding 1953-1975*, p. 464-465).

147. ARENDT, Hannah. *Sobre la violència*, p. 109 (o grifo é meu).

148. Ibid., p. 84.

149. Na página 79 e nas seguintes de seu ensaio sobre a violência, Arendt sublinha que se, em vez de enfrentar a Inglaterra, Gandhi tivesse encarado um inimigo diferente, o desenlace da sua poderosa e eficaz estratégia de resistência não violenta não teria sido a descolonização, e sim a matança e a submissão. Por outro lado, vale lembrar que, como temos visto, pouco depois de chegar a Nova York, Arendt começou a escrever artigos para o semanário judeu em língua alemã *Aufbau*, nos quais reclamava a criação de uma armada judaica para participar da guerra (ver *Participar del món. Escrits 1941-1945*, sobre esse ponto; além dos textos de Arendt reunidos, são interessantes a introdução de Stefania Fantauzzi, "Introducció: la llibertat no és cap regal", e a nota de apresentação das "Actes del Jove Grup Jueu", a cargo de Edgar Straehle).

150. Como observa Claudia Hilb no seu rigoroso artigo: HILB, Claudia. Violencia y política en la obra de Hannah Arendt. *Al Margen*, n. 21-22, 2007. p. 120-149.

151. ARENDT, Hannah. The Aftermath of Nazi Rule: Report from Germany. In: *Essays in Understanding: 1930-1954*, p. 249. Em 1967, os psicanalistas Alexander e Margarete Mitscherlich talvez repercutissem a reflexão arendtiana ao utilizarem a expressão "impossibilidade do luto" para indicar que tanto a geração que viveu sob o regime nazista quanto a do primeiro pós-guerra foram incapazes de processar seu passado culpável,

de chorar as vítimas de seus crimes, e passaram da adesão entusiasta à frieza amnésica. Com isso apontavam para o fato de que, no caso de haver culpabilidade política dos alemães, ela teria que ser buscada na ausência de virtude cidadã da maioria da população (MITSCHERLICH, Alexander; MITSCHERLICH, Margarete. *Fundamentos del comportamiento colectivo: la incapacidad de sentir duelo.* Madrid: Alianza, 1972).

152. Nesse contexto, e em sintonia com o ânimo de restabelecer a disposição de refletir, manifestada por Karl Jaspers ao dar um curso sobre o problema da culpa e da responsabilidade política ao longo dos anos 1945-1946, Arendt escreve "A culpa alemã" (ARENDT, Hannah. German Guilt, *Jewish Frontier*, n. 12, 1945; Organized Guilt and Universal Responsibility. In: *Essays in Understanding: 1930-1954*). Posteriormente, e logo ao término da guerra, Jaspers publicou suas lições no livro JASPERS, Karl. *Die Schuldfrage.* Zürich: Artemis Verlag, 1946. Em castelhano: JASPERS, Karl. *El problema de la culpa.* Barcelona: Paidós, 1998.

153. Já foi dito que na preocupação arendtiana pelo mundo estariam entrelaçadas, com as expressões *amor mundi* e *Tikkun Olam*, duas tradições, a cristã e a judaica. Arendt teria desejado dar o título de *Amor mundi* ao seu livro de 1958, mas, de fato, e pelo que consta, apenas menciona o *Tikkun Olam* em uma ocasião (ARENDT, Hannah. Jewish History, Revised. In: *Jewish Writings*, 2007), embora muitos de seus intérpretes a tenham enfatizado.

154. ARENDT, Hannah. Política i revolució: conversa amb Adelbert Reif. In: *Converses amb Hannah Arendt.* p. 52. Ver uma interessante reflexão sobre a felicidade pública em CAVARERO, Adriana. *Democrazia sorgiva.* p. 55 e seg.

155. ARENDT, Hannah. Civil Disobedience. *The New Yorker*, 12 set. 1970. Posteriormente incluiu esse artigo na sua compilação *Crises of the Republic.*

156. ARENDT, Hannah. *Desobediència civil*, p. 71. Arendt centra sua atenção na busca da felicidade que Jefferson incluiu entre os direitos enunciados na Declaração de Independência, e a identifica com a felicidade pública, na qual a América pré-revolucionária tinha experiência por meio da participação espontânea dos colonos nos assuntos públicos. Segundo os historiadores, nas colônias reinava uma atividade contratual intensa; as decisões eram tomadas pelos colonos reunidos em assembleias locais ou provinciais, que representavam amplos estratos da opinião pública. Para Arendt, essa prática contratual indicava que a fundação não foi o resultado de uma teoria elaborada previamente, mas da experiência.

157. ARENDT, Hannah. *Desobediência civil*, p 60.

158. BALIBAR, Étienne. (De)Constructing the Human as Human Institution: A Reflection on the Coherence of Hannah Arendt's Practical Philosophy. p. 735.

159. ARENDT, Hannah. *Desobediência civil*, p. 75.

6. Em consideração ao mundo

1. Como diz em ARENDT, Hannah. The Gap between Past and Future. Prefácio. In: *Between Past and Future.* New York: Viking Press, 1968. p. 15.

2. LEIBOVICI, Martine; MRÉJEN, Aurore (dirs.). Avant-propos. In: *Hannah Arendt. Cahier de l'Herne*, n. 35. Paris: Éditions de l'Herne, 2021. p. 9.

3. "Comprehension, in short, means the unpremeditated, attentive facing up to, and resisting of, reality – whatever it may be" (ARENDT, Hannah. *The Origins of Totalitarianism*, p. xxvi). Agradeço a Teresa Hoogeveen e a Eric Sancho pela ajuda na tradução dessa frase.

4. NELSON, Deborah. *Tough Enough: Arbus, Arendt, Didion, McCarthy, Sontag, Weil.* Chicago; London: The University of Chicago Press, 2017. p. 48.

5. HABIB, Claude. Introduction. In: ARENDT, Hannah. *Penser l'événement.* Paris: Belin, 1989.

6. FAULKNER, William. *Rèquiem per a una Monja.* Barcelona: Destino e Edicions 62, 1984. p. 89 (Ato I, cena 3).

7. AGOSTINHO DE HIPONA. *De Civitate Dei.* Livro 12, capítulo 20. "Para que houvesse um início, antes da criação do homem não havia ninguém."

8. ARENDT, Hannah. The Destruction of Six Million. *Jewish Writings*, p. 494; Tadeusz Borowski, Bei uns in Auschwitz. Munique: Piper, 1963 (This Way for the Gas, Ladies and Gentlemen. Nova York: Viking Press, 1967).

9. MANDELSTAM, Nadejda. *Contra Tota Esperança.* Barcelona: Quaderns Crema, 2012. Ver uma crônica da intervenção de Arendt no Columbia University's Seminar on Communism (26 de abril de 1972) em AEHR, Peter. Stalinism in Retrospect: Hannah Arendt. Ver também HILL, Samantha Rose. When hope is a hindrance. *Aeon*, [s.l.], [s.d.]. Disponível em: https://aeon.co/essays/for-arendt-hope-in-dark-times-is-no-match-for-action. Acesso em: 9 mar. 2025.

10. McCARTHY, Mary. La "Vita Activa". In: *Al Contrario*. Barcelona: Seix Barral, 1967. p. 167.

11. HILL, Samantha Rose. The Promise of Mourning. 2015. Doctoral dissertation – University of Massachusetts. p. 66. Disponível em: https://scholarworks.umass.edu/dissertations2/304. Acesso em: 9 mar. 2025.

12. ARENDT, Hannah. Walter Benjamin 1892-1940. In: *Men in Dark Times*, p. 205-206 ("Walter Benjamin", Merkur, XXII, 1968). Cabe lembrar que, quando saíram de Lisboa para os Estados Unidos, Arendt e Blücher traziam o manuscrito que depois seria conhecido como *Sobre o conceito de história*, que Benjamin lhes confiara para que o fizessem chegar a Theodor W. Adorno.

13. DINESEN, Isak. *Anécdotas del destino*. p. 29 (o grifo é meu).

14. McCARTHY, Mary. Saying Good-by to Hannah. *The New York Review of Books*, 22 jan. 1976. Em castelhano: McCARTHY, Mary. In: BIRULÉS, Fina (ed.). *Hannah Arendt. El orgullo de pensar*.

15. GORDON, Mordechai. Introduction e Hannah Arendt on Authority: Conservatism in Education Reconsidered. In: *Hannah Arendt and Education: Renewing Our Common World*. New York: Avalon Publishing, 2008. p. 3, 37 e seg. Ver também CARVALHO, José Sergio Fonseca de. *Educação, uma herança sem testamento*. São Paulo: Perspectiva, 2017.

Índice onomástico

A

Abensour, Miguel 178, 184

Adorno, Theodor W. 207

Agostinho de Hipona 1, 206

Alcibíades 183

Alighieri, Dante 63

Althusser, Louis 175

Anders, Günther 159, 180

Aristóteles 62, 65, 159, 177, 183

Aron, Raymond 11

Aschheim, Steven 179

Assy, Bethânia 66, 184

Auden, Wystan Hugh 58, 84, 187

Auffret, Dominique 165

Aurore Mréjen 206

Azoulay, Ariella 28, 95, 117, 137, 160, 190, 196

B

Baehr, Peter 168, 171, 179

Balibar, Étienne 158, 168, 201, 203, 206

Barnouw, Dagmar 115, 194, 195

Bataille, Georges 165, 175

Beauvoir, Simone de 132

Ben Gurion, David 103, 191

Benhabib, Seyla 20, 169, 177, 186, 191, 200

Benjamin, Walter XI, 11, 16, 153, 154, 165, 167, 189, 196, 204, 207

Benveniste, Émile 185

Berkowitz, Roger 197

Bernstein, Richard 18, 158, 168, 169, 194, 201

Bessis, Sophie 201

Birmingham, Peg 175, 189

Birulés, Fina 160, 175, 178, 179, 187

Blixen, Karen 58, 59

Bloch, Ernst 177

Blochmann, Elisabeth 1

Blücher, Heinrich 11, 207

Blumenfeld, Kurt 10, 131, 165, 166, 200

Bocheński, Józef Maria 184

Boella, Laura 163

Borowski, Tadeusz 152, 206

Brecht, Bertolt 58, 192

Bultmann, Rudolf Karl 1

Burckhardt, Jacob 182

Burke, Edmund 200

Butler, Judith 91, 117, 188, 196

C

Canovan, Margaret 68, 92, 161, 171, 175, 177, 179, 182, 184, 203

Carmichael, Stokely 201

Carthill, Al 170

Carvalho, José Sergio Fonseca de 207

Cassin, Barbara 6, 7, 162, 182

Cavarero, Adriana 93, 189, 196, 200, 205

Cedronio, Marina 170

Celan, Paul 162, 178

Cesarani, David 191

Chalier, Jonathan 198

Char, René 58, 75

Chesterton, Gilbert K. 28, 170

Chomsky, Noam 139

Clemenceau, Georges 123

Coetzee, J. M. 192

Collin, Françoise 4, 47, 60, 81, 90, 93, 161, 167, 173, 181, 188, 189, 200, 202

Conrad, Joseph 58

Cornford, Francis M. 182

Correia, Adriano 186, 196

Crítias 183

Curtius, Kimberley 177

D

Deleuze, Gilles 175

Dempf, Alois 177

Derrida, Jacques 6, 162, 172, 197

Di Cesare, Donatella 117, 196

Didi-Huberman, Georges 54, 176, 177, 180

Dietz, Mary G. 198, 200

Dinesen, Isak (ver Karen Blixen) XI, 59, 87, 124, 154, 180, 188, 198, 207

Disch, Lisa 58, 160, 166, 168, 178, 180

Disraeli, Benjamin 180

Dlamini, Jacob 201

Dohm, Christian Wilhem 166

Domin, Hilde 8, 164

Dostoiévski, Fiódor 192

Dreyfus, Alfred 41, 180

Durst, Margarete 189

E

Eckford, Elizabeth 133, 135

Egge, Johanna 164

Eichmann, Adolf 102, 191, 193

Ellison, Ralph 133, 135, 136, 202

Embree, Lester E. 161

Enegrén, André 162

Engel-Jonosi, Friedrich 176

Enzensberger, Hans Magnus 173

Enzensberger, Hans Magnus Errera, Roger 192

Esposito, Roberto 176

F

Fanon, Frantz 60

Fantauzzi, Stefania 162

Faubus, Orval 133

Faulkner, William 58, 151, 178, 206

Feinberg, Joel 174

Feldman, Ron 162

Ferrié, Christian 162

Fest, Joachim 192, 196

Fistetti, Francesco 198

Forcina, Marisa 177

Forti, Simona 43, 168, 174, 180, 182, 193, 196, 197

Foucault, Michel 174

Fraser, Nancy 200

Fuster, À. Lorena XII, 50, 161, 175, 178, 179, 181

G

Gandhi, Mohandas 204
Gaus, Günter X, 3, 6, 12, 158
Geoghegan, Vincent 177
Gilson, Étienne 63
Gines, Kathryn T, (Kathryn Sophia Belle) 201
Goebel, Eckart 162
Gómez Ramos, Antonio 168, 194, 203
Gordon, Mordechai 207
Gray, Glenn 183
Grunenberg, Antonia 158, 164, 1691, 175
Guaraldo, Olivia 180, 198
Gündoğdu, Ayten 190
Gurian, Waldemar 169

H

Habib, Claude 206
Hadot, Pierre 161
Hahn, Barbara 164, 166

Hamilton, Charles 201
Händel, Georg F. 177
Hardwick, Elizabeth 200
Hausner, Gideon 104, 191
Hegel, G. W. F. 3, 11
Heidegger, Martin 1, 2, 3, 10, 11, 131, 157, 159, 161, 164, 169, 182, 184, 189, 199
Heller, Ágnes 73, 166, 181, 185
Heredia, David 160
Hernando, César de Vicente 159
Heródoto 62, 201
Herzog, Annabel 193, 195
Heuer, Wolfgang 180
Heydrich, Reinhard 102
Hilb, Claudia 157, 180, 191, 192, 204
Hilberg, Raul 109
Hill, Samantha Rose 92, 188, 206
Himmler, Heinrich 19
Hitler, Adolf 6, 13, 24, 29, 62, 103, 173, 192
Homero 62
Honig, Bonnie 28, 160, 190, 197, 200
Hoogeveen, Teresa 208
Hook, Sidney 133, 134
Husserl, Edmund 3, 161

J

Jaeger, Werner 182

Jaspers, Karl 1, 2, 3, 7, 11, 12, 30, 46, 62, 158, 159, 162, 164, 166, 171, 175, 181, 182, 199, 200, 205

Jefferson, Thomas 205

Jonas, Hans 1, 160, 161

Jovanovich, William 167, 176, 190, 197, 198

Jung, Hwa Yol 161

K

Kafka, Franz 58, 124, 198

Kant, Immanuel 1, 16, 19, 60, 108, 168, 181, 193

Khan, Gêngis 29

Kierkegaard, Søren 1, 77

King, Richard H. 202

Knott, Marie Luise 7, 160, 163, 180, 196

Kofman, Sarah 178

Kohler, Lotte 159

Kohn, Jerome 9, 158, 160, 162, 163, 164, 165, 167, 171, 179, 182, 183, 184, 188, 192

Kojève, Alexandre 11, 165

Koyré, Alexandre 160, 165 , 197

Kravchenko, Viktor Andreevich 175

Kristeva, Julia 180

L

Lafer, Celso 180

Laguillo, Manolo 173

Laskin, David 200

Laurenzi, Elena XII, 177

Lawrence, T. E. (Lawrence da Arábia) 180

Lazare, Bernard 199

Leibniz, Gottfriend 121

Leibovici, Martine 13, 108, 109, 157, 166, 168, 169, 176, 188, 193, 199, 206

Lênin, Vladimir Ilich 26

Lessing, Gotthold Ephraim X, 52, 53, 54, 55, 175, 176, 178, 179, 181, 199

Levet, Bérénice 28, 61, 170, 182

Levi, Primo 110, 194

Locke, John 147

Lowell, Robert 139

Löwith, Karl 1

Ludz, Ursula 157, 159, 176, 192, 197

Lyotard, Jean-François 161

M

Maier, Joseph 166

Mailer, Norman 192

Mandelstam, Nadejda 152, 171, 206

Marcuse, Herbert 1

Marx, Karl 2, 45, 77, 139, 171, 188

May, Derwent 170, 206

McCarthy, Mary 8, 108, 153, 163, 193, 207

McFarland, James 164

McNamara, Robert 124

Medvedev, Roy 171

Mendus, Susan 177

Merleau-Ponty, Maurice 162

Mitscherlich, Alexander 205

Mitscherlich, Margaret 205

Montaigne, Michel de 4, 61

Montesquieu, Charles Louis de Secondat, barão de 19, 147

Moreault, Francis 183

Morey, Maribel 202

Mréjen, Aurore 206

N

Nelson, Deborah 101, 150, 206

Nemes, László 180

Nietzsche, Friedrich 77

Nixon, Jon 169, 187

Nixon, Richard 124

Nordmann, Ingeborg 157, 165, 178

O

O'Brien, Conor Cruise 139

O'Brien, William 142

O'Grady, William 178

P

Palma, Massimo 165

Palmier, Jean-Michel 163, 165

Pasolini, Pier Paolo 54

Patočka, Jan 182

Péguy, Charles 192

Penn Warren, Robert 202

Pérez, Andrea 192

Pillinf, Iris 165

Pirro, Robert 178

Pitkin, Hannah F. 170, 202

Platão 2, 19, 62, 63, 64, 66, 67, 68, 182

Podhoretz, Norman 202

Possenti, Ilaria 97, 148, 183, 190

Porcel, Beatriz 158

Power, Samantha 163

Prior, Ángel 181

Proust, Françoise 178

Proust, Marcel 174, 180

Putz, Kerstin 174

Q

Quintana, Laura 85, 187

R

Rancière, Jacques 175

Reif, Adelbert, 145, 158, 205

Revault d'Allonnes, Myriam 71, 158, 184, 185, 188, 190, 198

Ricoeur, Paul 73, 93, 185, 189

Rilke, Rainer Maria 58, 189

Ring, Jennifer 184

Rivero, Ángel 181

Roviello, Anne-Marie 108, 109, 173, 193

Rühle-Gerstel, Alice 199

S

Saez Tajafuerce, Begonya 196

Sánchez, Cristina 168, 194

Sánchez Madrid, Nuria 166

Sancho, Eric 206

Saner, Hans 159

Sarraute, Nathalie 116, 178, 196

Sartre, Jean-Paul 139

Scholem, Gershom 11, 113, 114, 115, 116, 159, 160, 165, 193, 195, 196

Schürmann, Reiner 189

Sebald, W. G. 196

Sennett, Richard 185, 202

Shakespeare, William 153

Sócrates 61, 63, 64, 65, 66, 67, 68, 111, 112, 113, 116, 117, 182, 183, 184

Sólon 63

Solzhenitsyn, Aleksandr 171

Sorel, Georges 139

Stafford, Jean 200

Stálin, Iosef 171, 172, 173

Stangneth, Bettina 107, 191, 193

Stern, Clara 159

Stern, Günter 1, 11

Stern, William 159

Stonebridge, Lyndsey 195

Storey, Ian 197

Straehle, Edgar 185, 204

T

Taminiaux, Jacques 180

Tassin, Étienne 65, 161, 175, 183, 199

Thompson, Kevin 161

Tocqueville, Alexis de 160

Topolski, Anya 23, 169, 187

Traverso, Enzo 169

Trilling, Diana 200

Trótski, Lev 38, 173

Trump, Donald 126, 198

Tsao, Roy T. 169, 169, 186

Tucídides 63

U

Uellenberg, Gisela 203

V

Vargas, Julio 187

Varikas, Eleni 199

Varnhagen, Rahel 13, 20, 21, 24, 164, 167, 169

Vatter, Miguel 93, 186

Villa, Dana 29, 158, 171, 182

Voegelin, Eric 30, 31, 57, 177

W

Wahl, Jean 11, 160

Weber, Max 12, 128, 166

Weigel, Sigrid 7, 163

Wein, Friederike 164

Wild, Thomas 192

Williams, Garrath 187

Wittgenstein, Ludwig 137, 203

Wolin, Sheldon 59, 158, 180, 188, 197, 198

Y

Young-ah Gottlieb, Susannah 158, 179, 196

Young-Bruehl, Elisabeth 160, 161, 162, 172, 177, 178, 202, 203

Z

Zabalbeascoa, Anatxu 202

Zerilli, Linda 51, 126, 137, 176, 188, 199, 203

Zertal, Idith 191, 194

Sobre a autora

Fina Birulés (Girona, 1956) foi professora de Filosofia Contemporânea na Universidade de Barcelona entre 1979 e 2020. Desenvolveu sua pesquisa no âmbito do Seminário de Filosofia e Gênero-ADHUC, que cofundou em 1990. É autora de artigos e ensaios sobre subjetividade política e memória, teoria feminista e produção filosófica feminina, com especial atenção ao pensamento de Hannah Arendt.

Traduziu diversas obras de filosofia contemporânea e coeditou volumes coletivos, como *Lectoras de Simon Weil* (2013), com Rosa Rius Gatell; *Hannah Arendt. Más allá de la filosofia. Escritos sobre cultura, arte y literatura* (2014), com À. Lorena Fuster, e *Judith Butler* (2022), com Doris Leibetseder.

Birulés é autora de *Una herencia sin testamento: Hannah Arendt* (2017); *Entreactes. Entorn del pensament, la política i el feminisme* (2014); *Feminisme, una revolució sense model. Feminism, a Revolution without a Model* (2018); *Hannah Arendt. El orgullo de pensar* (2018); *L'embolic del gènere. Per què els cossos importen. Gender Trouble: Why Do Bodies Matter?* (2019), com Judith Butler e Marta Segarra, e *Hannah Arendt: llibertat política i totalitarisme* (2019).